नमो वाणी

नमो वाणी

सं. अरुण आनंद

प्रभात पेपरबैक्स
प्रभात प्रकाशन
ISO 9001:2008 प्रकाशक का उद्यम
www.prabhatbooks.com

प्रकाशक
प्रभात पेपरबैक्स
4/19 आसफ अली रोड, नई दिल्ली-110002
फोन : 23289555 • 23289666 • 23289777 ❖ फैक्स : 23253233
इ-मेल : prabhatbooks@gmail.com ❖ वेब ठिकाना : www.prabhatbooks.com

संस्करण
2015

मूल्य
एक सौ पच्चीस रुपए

अ.मा.पु.स. 978-93-5048-555-2

मुद्रक
आर-टेक ऑफसेट प्रिंटर्स, दिल्ली

NAMO VANI
Ed. Arun Anand

Rs. 125.00

Published by **Prabhat Paperbacks** (A Division of Prabhat Prakashan)
4/19 Asaf Ali Road, New Delhi-2

ISBN 978-93-5048-555-2

मित्रों के लिए

प्रस्तावना

दो दशक की पत्रकारिता के दौरान कई राष्ट्रीय नेताओं की राजनीतिक यात्रा को करीब से जानने और समझने के सुअवसर मुझे मिले। इनमें से मात्र नरेंद्र मोदी पर ही पुस्तक लिखने का विचार इसलिए बना, क्योंकि उनमें कई ऐसी विशेषताओं का मेल है, जो व्यक्तिगत तौर पर तो अलग-अलग नेताओं में मिल जाती हैं, लेकिन एक ही नेता में उन सभी का मिलना अपवादस्वरूप ही होता है।

श्री नरेंद्र मोदी का देश को लेकर एक खास विजन है, जिसके मूल में गुजरात में बतौर मुख्यमंत्री उनका शानदार प्रदर्शन है। उनके आलोचक भी इस बात को मानते हैं कि उनकी मजबूत इच्छाशक्ति, दूरगामी सोच और वैश्विक संदर्भों में विकास की अवधारणा ने गुजरात को देश का अग्रणी राज्य बना दिया है।

इस पुस्तक के माध्यम से मोदी को मूलत: उनके वक्तव्यों, टिप्पणियों और भाषणों के माध्यम से जानने का प्रयास किया गया है। मोदी के भाषण स्वत:स्फूर्त होते हैं, इसीलिए उनके विचार मौलिक भी हैं। ये विचार उनके लंबे राजनीतिक व प्रशासनिक अनुभव तथा राष्ट्रवाद के उनके मजबूत वैचारिक पक्ष से उभरे हैं।

मोदी के बौद्धिक पक्ष पर इस पुस्तक में विशेष बल दिया गया है। उनके विचारों से रूबरू होना महत्त्वपूर्ण है और दिलचस्प भी; क्योंकि भारत में राष्ट्रीय राजनीतिक परिदृश्य पर आजादी के बाद ऐसे कम ही नेताओं का उदय हुआ है, जो भावनात्मक मुद्दों के बजाय विकास की ठोस अवधारणा को आधार बनाकर अपनी राजनीतिक यात्रा को आगे बढ़ाने में सक्षम हुए हों।

अपने देश की राजनीति मूलत: भावनात्मक मुद्दों से प्रभावित होती रही है। नरेंद्र मोदी की राजनीतिक यात्रा इस मायने में अलग है कि उनकी छवि विकास और सुशासन से जुड़ी है। ऐसा इसलिए भी हुआ, क्योंकि उन्होंने भारतीय राजनीति को 'विश्वसनीयता' के अभाव के संकट से उबारा है।

मोदी की अपनी विशिष्ट कार्यशैली है, जो उनकी विश्वसनीयता को और मजबूत बनाती है। आज अगर देश भर में लोग उनकी ओर आकर्षित हो रहे हैं तो उसके पीछे उनकी यह विश्वसनीयता ही एक महत्त्वपूर्ण भूमिका निभा रही है। मोदी के अपने शब्दों में कहा जाए तो 'वे वायदों की नहीं बल्कि इरादों की बात' करते हैं।

मोदी के भाषणों और टिप्पणियों में एक बात समान रूप से मिलती है। वे इस बात पर जोर देते हैं कि हमें देश के विकास को सर्वोच्च प्राथमिकता देनी होगी और इसके लिए दुनिया के दूसरे देशों से जो भी सीख सकें, उसे सीखना होगा। वे अकसर अपने भाषणों में अन्य विकासशील व विकसित देशों की तरक्की के उदाहरण देते हैं।

लेकिन आर्थिक विकास पर उनके विचार उनके बौद्धिक व वैचारिक पक्ष का एक हिस्सा हैं। समग्र रूप से देखा जाए तो वे भारत को एक ऐसे राष्ट्र के रूप में देखना चाहते हैं जिसमें प्रबल आत्मविश्वास हो, जो अपनी सांस्कृतिक परंपराओं पर गर्व करे और जहाँ समावेशी विकास हो। उनकी विकास की अवधारणा केवल आर्थिक विकास पर ही नहीं ठहरती है, बल्कि वे सामाजिक व सांस्कृतिक विकास को भी विकास-क्रम का अटूट हिस्सा मानते हैं।

इस पुस्तक को लिखने के दौरान मुझे इस बात का अनुभव हुआ कि मोदी के वक्तव्यों के कारण आज भारतीय राजनीतिक परिदृश्य पर तीन महत्त्वपूर्ण विषय चर्चा और बहस के केंद्र में हैं। ये तीन विषय हैं—राष्ट्रवाद, विकास व सुशासन। भारत के भविष्य के लिए यह एक सकारात्मक संकेत है। आशा है यह पुस्तक देश में चल रहे वैचारिक मंथन और राष्ट्र-निर्माण की दिशा में होनेवाली सकारात्मक चर्चाओं में अपना विनम्र योगदान कर पाएगी।

चिल्ड्रंस यूनिवर्सिटी, गांधीनगर (गुजरात) के उप-कुलपति श्री हर्षद भाई शाह का इस पूरी पुस्तक के पुनरावलोकन के लिए हार्दिक आभार।

फरवरी, 2014

—अरुण आनंद

सुपरिचय

जीवन-चरित

नाम—नरेंद्र दामोदर दास मोदी। लोकप्रिय नाम—नरेंद्र मोदी। आयु—63 वर्ष। निवासी—गुजरात। व्यवसाय—मुख्यमंत्री, गुजरात। राजनीतिक दल—भारतीय जनता पार्टी। उपलब्धियाँ—स्वतंत्र भारत के सर्वाधिक सफल मुख्यमंत्री, अंतरराष्ट्रीय ख्यातिप्राप्त प्रशासक और भारत के वर्तमान राजनीतिक मानचित्र में निर्विवाद रूप से सर्वाधिक लोकप्रिय राजनेता।

यह परिचय उस व्यक्तित्व का है, जिसे किसी परिचय की आवश्यकता नहीं। यह परिचय है नरेंद्र भाई मोदी का, जिनके परिचय से इस पुस्तक को पढ़नेवाले मेरे सुधी पाठक कदापि अपरिचित नहीं होंगे। यह वो नाम है, जिसकी उपलब्धियों की लंबी कतार को पूर्णरूपेण प्रस्तुत करना मेरे लिए यहाँ संभव नहीं; किंतु सार रूप में यह कहा जा सकता है कि भारत के समर्थतम राज्य के सफलतम निर्माता का नाम है मोदी, नरेंद्र मोदी।

यह नाम गुजरात में प्यार और सम्मान के साथ लिया जाता है, भारत में प्रेरणा और स्पृहा के साथ लिया जाता है और अंतरराष्ट्रीय परिदृश्य में सफल प्रशासन के एक आदर्श उदाहरण के तौर पर जाना जाता है।

चलिए, समय के नेपथ्य में थोड़ा पीछे चलते हैं। मूल रूप से बनासकाँठा जिले के नादोत्रा ग्राम का रहनेवाला मोदी परिवार तीन पीढ़ी पहले गुजरात के अमदावाद से 100 किलोमीटर दूर वडनगर जिला : महेसाणा स्थानांतरित हो गया था। यहीं मगनलाल रणछोड़ दास के बेटे मूलचंद भाई के घर सन् 1915 में दामोदर दास का जन्म हुआ और दामोदर दास की तीसरी संतान के रूप में वडनगर के मोदी मोहल्ले में नरेंद्र का जन्म हुआ। तारीख थी 17 सितंबर, 1950। छह भाई-बहनों के बीच तीसरे क्रम में विराजमान नरेंद्र के सबसे बड़े भाई का नाम सोम भाई और दूसरे भाई का नाम अमृत भाई है। छोटी बहन का नाम वासंती तथा उससे छोटे दोनों भाइयों का नाम प्रह्लाद भाई और पंकज भाई

है। महेसाणा जिले के इस छोटे से कस्बे की सँकरी गलियों में खेल-कूदकर बड़े हुए नरेंद्र मोदी की न जाने कितनी स्मृतियाँ बिखरी हुई हैं।

नरेंद्र मोदी की पारिवारिक परिस्थितियों ने सभी छह भाई-बहनों को उच्च शिक्षा प्राप्त करने का अवसर नहीं दिया। तीन कमरों के ईंट-गारेवाले घर से नरेंद्र ने अपने जीवन की पहली पारी प्रारंभ की। माँ घर को अंदर से गोबर से लीप देती थी तो घर की स्वच्छता और पवित्रता में सोंधेपन की हिंदुस्तानी खुशबू भर जाती थी। घर में बने छोटे से शौचालय का उपयोग परिवार के महिला सदस्यों द्वारा किया जाता था। परिवार के शेष सदस्य स्नान करने और कपड़े धोने के लिए पास की झील में जाते थे।

नरेंद्र की प्रथम औपचारिक शिक्षा स्थानीय सरकारी प्राथमिक पाठशाला में हुई। तदनंतर उन्होंने भागवताचार्य नारायाणाचारी हाई स्कूल में प्रवेश लिया। कुशाग्र बुद्धि नरेंद्र के प्रिय विषय थे—अंग्रेजी और सामाजिक विज्ञान। उनके घनिष्ठतम मित्र का नाम था जसूद खान, जो आज उम्र के सातवें दशक में हैं। जसूद खान कहते हैं कि मुझे याद नहीं आता कि कभी मेरे और नरेंद्र के बीच कोई झगड़ा हुआ हो या कोई सांप्रदायिकता की बात आई हो। (नरेंद्र दामोदर दास) स्कूल के बाद वे अपने पिता की छोटी सी चाय की दुकान में उनका हाथ बँटाते थे। नरेंद्र के दो खास शौक थे—पुस्तकें पढ़ना और तैरना। उनका खाली समय वडनगर के पुस्तकालय में व्यतीत होता था। माता-पिता के आज्ञाकारी नरेंद्र घर की सफाई और दूसरे कामों में माँ की मदद करते थे। उन्हें पशु-पक्षियों से बहुत प्रेम था, विशेषकर गाय से। उनके घर में भी गाय पली हुई थी, जिसकी सेवा वे पूरे मनोयोग से करते थे। परिवार के शुद्ध सनातनी वातावरण ने सभी सांस्कृतिक मूल्य विरासत में दे दिए।

अपने बाल्य जीवन से ही अनुशासनप्रिय रहे नरेंद्र सहनशील भी बहुत थे। परिवार में किसी से झगड़ा हो जाने की दशा में वे उन्हें भला-बुरा कहने की अपेक्षा शांत होकर बैठ जाना बेहतर मानते थे। सेवाभावी नरेंद्र 9 वर्ष की उम्र में ही तापी नदी में आई बाढ़ के राहत कार्य में अपने मित्रो को साथ लेकर जुट गए थे।

स्कूली जीवन से ही उनके लेखन की प्रतिभा रंग लाने लगी थी। पीला फूल नामक नाटक लिखकर उन्होंने स्वयं ही निर्देशित व अभिनीत भी किया था, जो स्कूल में बहुत पसंद किया गया। इसके अतिरिक्त धैर्य, मनोबल और साहस जैसे गुण उनके व्यक्तित्व में प्रारंभ से ही विद्यमान थे।

साहसी बचपन

वडनगर के शर्मिष्ठा सरोवर के बीचोबीच एक छोटा सा मंदिर था। उस मंदिर पर

एक झंडा लहराता था; लेकिन हर श्रावण महीने में यह ध्वज बदला जाता था, परंतु उस सरोवर के बीचोबीच स्थित उस मंदिर को मगरमच्छ घेरे हुए थे। मंदिर के चारों ओर मौजूद उन मगरमच्छों के कारण नदी में उतरकर उस भगवा ध्वज को बदलकर उसके स्थान पर नया भगवा ध्वज लहराने की हिम्मत किसी की भी नहीं हो रही थी।

गाँव के सभी लोग चुपचाप उस नदी के किनारे पर खड़े थे, लेकिन नदी में उतरने को कोई तैयार नहीं था। तभी वहाँ 12 साल का एक बालक आया। उसके मन में शुरू से ही धर्म के प्रति अपार श्रद्धा थी। जैसे ही उसे सारी बात का पता चला, वह बिना कुछ सोचे और बिना अपने प्राणों की परवाह किए झंडा लेकर नदी में कूद पड़ा और मगरमच्छों से बचता हुआ नदी के बीचोबीच उस मंदिर तक जा पहुँचा और उस ध्वज को बदल डाला।

सारा गाँव उस बालक की जय-जयकार के नारों से गूँज उठा। आज से 50 साल पहले गुजरात के वडनगर में घटी एक सत्य घटना का साहसी नायक वह 12 वर्षीय बालक और कोई नहीं बल्कि नरेंद्र मोदी थे। उसे आज भी मित्रों और परिचितों द्वारा स्मरण किया जाता है।

देश-भक्ति और मानवता सिखाई नहीं जाती, महापुरुषों में वह स्थायी भाव की तरह जन्मजात होती है। 1962 में जब भारत और चीन का युद्ध हुआ तब नरेंद्र मोदी अपने गाँव से महेसाणा जाते। और महेसाणा रेलवे स्टेशन से ट्रेन से गुजरनेवाले सैनिकों की सेवा में अपने मित्रों के साथ जुट जाते थे। इसी तरह सन् 1967 में जब गुजरात में भयंकर बाढ़ आई तब भी नरेंद्र अपने साथियों के साथ बाढ़-पीड़ितों की मदद और सेवा में कूद पड़े।

एक साधु ने उनकी कुंडली देखकर यह भविष्यवाणी की थी कि यदि यह बालक राजनीति में गया तो एक सम्राट् की तरह प्रभावशाली होगा, अन्यथा यह संन्यासी बनकर शंकराचार्य की भाँति यशस्वी होगा। यह बात आगे चलकर सही लगने लगी, जब परिवारजनों ने पाया कि नरेंद्र साधु-संन्यासियों से मिलने और उनकी सेवा में विशेष रुचि रखते हैं। फिर आगे चलकर हुआ भी वैसा ही कुछ जैसा उस साधु-ज्योतिषी ने कहा था।

17 वर्ष की आयु में नरेंद्र विसनगर कॉलेज के विद्यार्थी बने। परंतु एक वर्ष पश्चात् ही उन्होंने पढ़ाई और घर दोनों का ही त्याग कर आध्यात्मिक ज्ञान की प्राप्ति हेतु हिमालय जाने का निर्णय किया और घर में अपने इस निर्णय की बाकायदा घोषणा भी कर दी। परिवारजन दृढ़ संकल्पी नरेंद्र को रोकने-मनाने में अक्षम सिद्ध हुए। तब सर्वसम्मति से एक शुभ मुहूर्त निकालकर नरेंद्र ने माता-पिता का आशीर्वाद प्राप्त किया और चल पड़े हिमालय की ओर।

मात्र 18 वर्ष की उम्र में नरेंद्र ने प्रथम बार घर छोड़ा था और कदाचित् अंतिम बार भी। कहा जाता है कि जिस दैवी सुयोग से नरेंद्र (विवेकानंद) को गुरु-रूप में रामकृष्ण परमहंस मिले थे, इस नरेंद्र को भी वहाँ उस निर्जन हिम भूमि में साधनारत किसी तपस्वी का

वरदहस्त प्राप्त हुआ। जिसने आध्यात्मिकता के साथ ही उन्हें राष्ट्र-सेवा की प्रेरणा भी प्रदान की। कदाचित् उन्हीं के निर्देशानुसार नरेंद्र की वापसी हुई। दो वर्ष हिमालय की रहस्यपूर्ण अध्यात्म भूमि पर व्यतीत कर जब नरेंद्र वापस आए तो उनका जीवन-दर्शन परिवर्तित हो चुका था। अब वे कर्मयोग की ओर प्रवृत्त होकर राष्ट्र-सेवा और मानव-सेवा को अपना लक्ष्य बना चुके थे। इस कर्म के धर्म-दर्शन ने उन्हें विश्व के सबसे बड़े और अनुशासित समाज-सेवी संगठन से जुड़ने की प्रेरणा दी और नरेंद्र ने राष्ट्रीय स्वयंसेवक संघ का अंग बनकर राष्ट्र-सेवा के लिए अपने आपको समर्पित कर दिया। नरेंद्र परिवार के प्रति अपने कर्तव्यों से कभी विमुख नहीं हुए। परिवार में चल रही एक छोटी मिल और चाय की दुकान परिवार की आर्थिक आवश्यकताओं हेतु अपर्याप्त नहीं थी। शेष भाई-बहन परिवार से जुड़े हुए थे और नरेंद्र परिवार से दूर रहकर भी परिवार से बाहर कदापि न थे।

अतएव परिवार ने नरेंद्र द्वारा लिये गए उनके जीवन के निर्णयों में बाधा नहीं डाली। ऐसा भी नहीं कि परिवार ने उनके निर्णयों में कभी कोई हस्तक्षेप नहीं किया; किंतु नरेंद्र के अकाट्य तर्कों के समक्ष किसी की चलती कहाँ थी! विशेषकर विवाह न करने के उनके निर्णय का परिवार में काफी प्रतिरोध हुआ था; किंतु सदा की तरह नरेंद्र अपने संकल्प पर अडिग ही रहे। उन्होंने 21 वर्ष की उम्र में आजीवन ब्रह्मचारी रहने का संकल्प किया और अपने आप को राष्ट्र- सेवा के निमित्त समर्पित कर दिया। यह बात थी सन् 1958 की और यह दिन था दीपावली का, जब गुजरात आर.एस.एस. के पहले प्रांत प्रचारक लक्ष्मणराव इनामदार उर्फ वकील साहब ने नरेंद्र मोदी को बाल स्वयंसेवक की शपथ दिलवाई थी। और फिर नरेंद्र ने संघ की शाखा में नियमित रूप से जाना प्रारंभ कर दिया।

आर.एस.एस. से जुड़ने के बाद स्वास्थ्य को सेवा का साधन बनाने के उद्देश्य से हठी नरेंद्र ने कुछ समय के लिए तो नमक और तेल खाना भी बंद कर दिया था। इससे उनकी माँ और भाई आशंकित हो गए कि कहीं नरेंद्र फिर से साधु बनने तो नहीं जा रहा है। किंतु इस राष्ट्र-पुत्र के योग में तो राजयोग था।

संघ में नरेंद्र कठोर परिश्रम के दौर से गुजरे। सवेरे 5 बजे उठना, दूध लाना, चाय बनाकर सबको जगाना, फिर बरतन साफ करके संघ की प्रात:कालीन शाखा में उपस्थित होना। वहाँ से वापस आकर सबके लिए प्रातराश (नाश्ता) बनाना, तत्पश्चात् नौ कमरेवाले संघ भवन का झाड़ू-पोंछा करना। उसके बाद भी नरेंद्र विश्राम के आग्रही नहीं थे, क्योंकि तब वे वकील साहब और अपने वस्त्र-प्रक्षालन (कपड़े धोने) में जुट जाते थे। मध्याह्न भोजन हेतु वे क्रम से प्रत्येक स्वयंसेवक के घर जाया करते थे। तदुपरांत पुन: हेडगेवार भवन पहुँचकर वे सबके लिए चाय लेकर आते थे। यह जीवन-चर्या थी संघ के शुरुआती दौर में नरेंद्र की, जिसे प्रसन्नतापूर्वक सिर-माथे लिया था उन्होंने।

इसी कालक्रम में उन्हें संघ की ओर से अतिरिक्त दायित्व प्रदान किया गया—प्रांतीय कार्यालय में पत्र-व्यवहार का। एक वर्ष के उपरांत उन्हें गुजरात और गुजरात बाहर से आनेवाले स्वयंसेवकों की देखभाल का कार्य दिया गया। नरेंद्र पूरी निष्ठा और समर्पण से संघ-प्रदत्त दायित्वों के निर्वहण के लिए जुट जाया करते थे। कोई नहीं जानता था कि नरेंद्र विश्राम कब करते थे। उनकी इसी कर्मठता ने संघ का विश्वास जीत लिया और नरेंद्र को और भी कार्य दिए जाने लगे, यथा—यात्रा में लगे हुए संघ के पदाधिकारियों के लिए बस और रेल में सीट आरक्षित करवाने का कार्य। फिर देखते-ही-देखते नरेंद्र संघ के विश्वस्त कार्यकर्ताओं की श्रेणी में आ गए।

नरेंद्र मोदी का मैनेजमेंट और उनके काम करने के तरीके को देखने के बाद आर.एस.एस. में उन्हें बड़ी जिम्मेदारी देने का फैसला लिया गया। सन् 1971 में 21 वर्ष की वय में आर.एस.एस. के नागपुर मुख्यालय में प्रशिक्षण लेकर नरेंद्र गुजरात आर.एस.एस. के प्रचारक बनकर लौटे। इसी दौरान नरेंद्र का परिचय संघ के बड़े नामों से हुआ, जिनमें दत्तोपंत ठेंगड़ी और एकनाथ रानडे जैसे संघ के स्तंभ थे। कुछ समय बाद वकील साहब के निर्देश पर उन्होंने दिल्ली विश्वविद्यालय से स्वाध्यायी छात्र के तौर पर राजनीति-शास्त्र विषय के साथ अपनी एम.ए. की पढ़ाई पूरी की।

नरेंद्र का सामाजिक आंदोलन से प्रथम परिचय 17 वर्ष की उम्र में ही हो गया था, जब वर्ष 1967 में उन्होंने गो-रक्षा आंदोलन में भाग लिया था। उस दौरान उन्हें जनसंघ को जानने का अवसर मिला। जनसंघ के लिए भी उन्होंने अपनी देशभक्ति-भावना से पूर्ण सेवाएँ दीं। तदनंतर सन् 1973 में भ्रष्टाचार-विरोधी नवनिर्माण आंदोलन के समय जयप्रकाश नारायण अमदावाद आए और नरेंद्र को उनके सान्निध्य से बहुत कुछ सीखने का अवसर प्राप्त हुआ।

नरेंद्र को अपने बाल्यकाल से कई तरह की विषमताओं एवं विपरीत परिस्थितियों का सामना करना पड़ा है; किंतु अपने उदात्त चरित्र-बल एवं साहस से उन्होंने तमाम अवरोधों को अवसर में बदल दिया, विशेषकर जब उन्होंने उच्च शिक्षा हेतु कॉलेज तथा विश्वविद्यालय में प्रवेश लिया। उन दिनों वे कठोर संघर्ष एवं दारुण मन:ताप से घिरे थे; परंतु अपने जीवन-समर को उन्होंने सदैव एक योद्धा की तरह लड़ा है।

आगे कदम बढ़ाने के बाद वे कभी पीछे मुड़कर नहीं देखते और पराजय तो वैसे भी उन्हें स्वीकार्य नहीं है।

नरेंद्र मोदी का लालन-पालन एक ऐसे वातावरण में हुआ, जिनसे उन पर उदारता, परोपकार और समाज-सेवा जैसे श्रेष्ठ मानव-मूल्यों का परावर्तन हुआ। मात्र पारिवारिक संस्कार ही नहीं, नरेंद्र के व्यक्तित्व की उत्कृष्टता में संघ का भी अमूल्य योगदान है। भारत के सामाजिक एवं सांस्कृतिक विकास पर ध्यान केंद्रित करनेवाले संगठन राष्ट्रीय

स्वयंसेवक संघ (आर.एस.एस.) से उन्होंने नि:स्वार्थ वृत्ति, सामाजिक दायित्व-बोध एवं राष्ट्रवाद की भावना को आत्मसात् किया।

फिर आया स्वतंत्र भारत के इतिहास का सबसे काला अध्याय। वर्ष 1975 में 26 जून को लगभग 21 महीनों के लिए तत्कालीन प्रधानमंत्री इंदिरा गांधी ने देश को आपातकाल नामक एक तानाशाही अराजकता में झोंक दिया। सभी विपक्षी दलों के प्रमुख नेताओं को जेल में ठूँस दिया गया। संघ को राष्ट्र-विरोधी घोषित कर स्वयंसेवकों की धर-पकड़ शुरू हो गई। नरेंद्र भी भूमिगत हो गए और संघ की जिम्मेदारियों को छिपकर अंजाम देते रहे। इस दौरान उनको स्वयंसेवकों के लिए छिपने के स्थानों का प्रबंध करने और आवश्यक सुविधाएँ जुटाने का काम सौंपा गया। इसके अतिरिक्त कुछ अहम दायित्व भी उनको दिए गए, जैसे बैठकें आयोजित कराना और जन-जागृति की सामग्री का प्रकाशन व वितरण इत्यादि।

भारतीय राजनीतिक समय के इस अस्वीकार्य अंतराल में नरेंद्र मोदी कभी गेरुआ वस्त्रधारी संन्यासी के रूप में तो कभी केश और दाढ़ी बढ़ाकर पगड़ीधारी सरदारजी के रूप में बाहर निकलते थे। इसके अतिरिक्त एक बड़ी और महत्त्वपूर्ण जिम्मेदारी भी नरेंद्र मोदी ने बखूबी निभाई—जेल में बंद संघ के कार्यकर्ताओं के परिवारों के लिए आर्थिक मदद मुहैया कराना। और नरेंद्र मोदी ने इस दायित्व का भी सफलतापूर्वक निर्वाह किया।

आपातकाल के मुश्किल हालात में नरेंद्र मोदी की संघ के प्रति समर्पित सेवा ने जहाँ एक तरफ उन्हें संघ के सबसे निष्ठावान् कार्यकर्ताओं में स्थान दिया, वहीं दूसरी तरफ उनके परिचय-क्षेत्र का भी काफी विस्तार हुआ।

किंतु वह विशेष योग्यता, जो नरेंद्र मोदी में ईश्वर-प्रदत्त थी, उसका भान औरों के साथ-साथ उन्हें भी प्रथम बार हुआ। और यह विशेष योग्यता थी विरोध-प्रबंधन और आपात-प्रबंधन की। तमाम विरोधी शक्तियों को एकजुट करना और उन्हें अपने अभीष्ट लक्ष्य के प्रति प्रेरित करना—इन दोनों ही अहम राजनीतिक गुणों की उपस्थिति सभी ने देखी नरेंद्र के अंदर।

आपातकाल के उपरांत सन् 1978 में संघ ने नरेंद्र के कार्यभार का विस्तार किया। अब वे विभाग प्रचारक नियुक्त कर दिए गए थे और उन्हें छह जिलों का कार्य देखना था। उन्हें उन्हीं दिनों प्रांत सह-व्यवस्था प्रमुख का दायित्व भी प्रदान कर दिया गया। कदाचित् इस विनम्र व्यक्तित्व की योग्यता और क्षमता पर विश्वास उनसे अधिक संघ को हो चला था। दो वर्ष उपरांत सन् 1980 में उन्हें संभाग प्रचारक के तौर पर पदोन्नत कर दिया गया।

इमरजेंसी (आपातकाल)के वक्त वे एक सशक्त संगठक के तौर पर सामने आए। इस दौरान उन्होंने मजबूत कार्यकर्ताओं की फौज तैयार की। मोदी को बेहतरीन रणनीति बनाने के लिए जाना जाता था।

फिर आया वर्ष 1985, जब वकील साहब ने इहलोक में अंतिम साँस ली। वकील साहब का न होना नरेंद्र के लिए एक ऐसी क्षति थी, जिसे पूरा नहीं किया जा सकता था। नरेंद्र ने किसी तरह स्वयं को सँभाला और अपने मानस पिता के पद-चिह्नों पर चलने का संकल्प लिया। विधाता के मन में क्या है, कोई कैसे जान सकता है। कदाचित् नरेंद्र को भी इसका कोई पूर्वाभास नहीं था कि नियति ने उनके लिए एक नई कर्मभूमि की रचना की है। जी हाँ, भारतीय राजनीति का रंगमंच सज चुका था और उसे प्रतीक्षा थी अपने नए नायक की। नरेंद्र के कदमों की धीमी पदचाप अब उसे सुनाई देने लगी थी।

देखते-ही-देखते दो वर्ष व्यतीत हो गए। व्यस्तता-प्रिय नरेंद्र को कैलेंडर देखने की आदत नहीं थी, उन्हें तो बस अपना काम ही दीखता था। 1987 वह वर्ष था, जब संघ के इस प्रचारक का भारतीय जनता पार्टी में आमंत्रण सहित प्रवेश हुआ। यह वर्ष उनकी योग्यता के परीक्षण का नव-वर्ष बनकर आया, जिसमें नव-दायित्व नई चुनौतियों और सफलताओं का वेश धरकर आए थे और नरेंद्र से अपने वरण की अपेक्षा कर रहे थे। मातृभूमि के आराधक नरेंद्र को ईश्वर-प्रेरणा हुई और उनके उर्वर मस्तिष्क में एक नई योजना का अनुसंधान हुआ। हमने इस योजना को जाना एक यात्रा के तौर पर, जिसे कहा गया—'न्याय यात्रा'। गुजरात में यह अपनी तरह की प्रथम यात्रा थी, जिसने 15,000 गाँवों की परिधि पार की थी। भारतीय जनता पार्टी को जनता के करीब लाने में यह यात्रा काफी हद तक कामयाब रही थी।

दो वर्ष के भीतर ही सन् 1989 में नरेंद्र ने 'लोकशक्ति यात्रा' निकाली, जिसका नेतृत्व केशुभाई पटेल ने किया। तीन माह चली इस यात्रा के माध्यम से भाजपा ने गुजरात के कोने-कोने में पैठ बना ली। तीसरी यात्रा, जो ऐतिहासिक सिद्ध हुई, वह भी नरेंद्र की ही वैचारिक देन थी—1990 की 'अयोध्या-सोमनाथ यात्रा'। यह यात्रा श्री लालकृष्ण आडवाणी के नेतृत्व में और नरेंद्र के कुशल निर्देशन में सफलतापूर्वक संपन्न हुई। 'एकता यात्रा', जो चौथी यात्रा थी, अगले ही वर्ष अर्थात् 1991 में निकाली गई। यह भारत की सबसे बड़ी यात्रा थी, जिसने कश्मीर से कन्याकुमारी तक भारत भूमि का आशीष प्राप्त किया। भाजपा के तत्कालीन राष्ट्रीय अध्यक्ष मुरली मनोहर जोशी के नेतृत्व में संपन्न यह 46 दिवसीय यात्रा बिना किसी बड़े अवरोध के पूर्ण हुई, जो कि आम जनता को आतंकवाद के प्रति जाग्रत् करने के उद्देश्य हेतु समर्पित थी। इस यात्रा के साथ गुजरात भाजपा एक प्रभावशाली राजनीतिक शक्ति बन चुकी थी।

नरेंद्र की राजनीतिक सक्रियता ने भारतीय जनता पार्टी का आधार मजबूत करने में प्रमुख भूमिका निभाई।

वर्ष 1991 में नरेंद्र मोदी को भाजपा ने अपनी अखिल भारतीय चुनाव समिति का सदस्य बना दिया। 17 सदस्यीय इस राष्ट्रीय स्तर की कार्यकारिणी में चयन ने नरेंद्र के

लिए यह तय कर दिया कि आगामी दस वर्ष अभ्यास के लिए हैं और उसके बाद के राजकाज के लिए। नरेंद्र को भी कहाँ पता था कि यह काज-पथ नहीं, राजपथ है और अब उनकी सौभाग्य-यात्रा का प्रारंभ हो गया है, जो एक दशक बाद गुजरात की और दो दशक बाद हिंदुस्तान की सौभाग्य-यात्रा में रूपांतरित होने वाली है।

अप्रैल 1990 से जब केंद्र में मिली-जुली सरकारों के दौर की शुरुआत हुई तो मोदी की मेहनत रंग लाई और गुजरात में वर्ष 1995 के विधानसभा चुनावों में भारतीय जनता पार्टी ने अपने बलबूते दो-तिहाई बहुमत प्राप्त कर सरकार बनाई।

नरेंद्र के लिए संघ और भाजपा में सेवाएँ देना किसी महत्त्वाकांक्षा का हिस्सा नहीं था, यह उनके लिए सदा राष्ट्र-धर्म ही था। सौभाग्य की देवी मेघ मालिका के पार अनंत अंतरिक्ष के वातायन में बैठी मुसकरा रही थी और मोदी नाम का यह मतवाला राही अपनी परवाज के सफर पर बढ़ चला था।

राजनीति में अस्वच्छता का प्रथम दर्शन द्वेष के रूप में होता है। नरेंद्र की समर्पित सेवा किसी की आँखों में काँटा बने, इसका कोई कारण नहीं था। इस समर्पित साधना ने उन्हें सफलता और सम्मान समान रूप में प्रदान किए। और नरेंद्र की सफलता के इस पड़ाव ने कुछ अपने ही लोगों के सीने पर साँप लोटते देखा। इस तरह सामने आया नरेंद्र का प्रथम विरोधी, जो उनकी अपनी ही पार्टी का और अपनी ही भूमि का था। इस व्यक्ति को शंकर सिंह वाघेला के नाम से जाना जाता है।

वर्ष 1991 के बाद 1992 को भी आना ही था, जब नरेंद्र की ख्याति उड़ती हुई सात समंदर पार अमेरिका तक जा पहुँची। एक मेधावी युवा नेता के तौर पर नरेंद्र को अमेरिका की सरकार ने निमंत्रण दिया। फिर दो-तीन साल और बीते। सन् 1995 में भाजपा ने फिर नरेंद्र को पदोन्नत किया और वे पार्टी के राष्ट्रीय सचिव बना दिए गए। अब से पार्टी की गतिविधियों के प्रबंधन का दायित्व उन्हें सँभालना था।

नरेंद्र मोदी की सटीक चुनावी रणनीति के कारण भाजपा ने भव्य विजय प्राप्त की और इसी वर्ष केशुभाई पटेल के नेतृत्व में गुजरात में भारतीय जनता पार्टी ने अपनी सरकार बनाई।

नरेंद्र के बढ़ते कद से ईर्ष्याग्रस्त वाघेला कुपित हो गए। उन्होंने पहले तो विरोध का, फिर विद्रोह का झंडा भी बुलंद कर दिया और बदले में जो खामियाजा उन्हें भुगतना पड़ा, उसने उनको पार्टी छोड़ने पर विवश कर दिया। नरेंद्र के मार्ग में काँटे बिछानेवाला राजनीतिक प्रतिद्वंद्वी जब उनकी अपनी ही पार्टी का हो तो वैसे भी ऐसे तत्त्वों का उपचार कदाचित् दुष्कर हो जाता है। एक तरह से यह अच्छा भी हुआ। शत्रु जब सामने हो तो साफ दिखता है—वह भी और उसका प्रहार भी। महान्यायी परमेश्वर ने अब घर का एक भेदी कम कर दिया था।

वर्ष 1996 आया और नरेंद्र की भूमिका में फिर विस्तार हुआ। आडवाणी के नेतृत्व में निर्मित भाजपा की नई राष्ट्रीय टीम में नरेंद्र को पाँच राज्यों में पार्टी के संगठन का कार्य सौंपा गया। और अब नरेंद्र के कार्यक्षेत्र की परिधि भी दिल्ली से लेकर पाँच राज्यों (हरियाणा, पंजाब, हिमाचल प्रदेश, चंडीगढ़ और जम्मू व कश्मीर) तक विस्तारित हो गई थी।

आनेवाले दिनों में इन पाँच राज्यों के चुनावों में नरेंद्र का परिश्रम रंग लाया। भाजपा को जो कामयाबी मिली वह उम्मीद से बढ़कर थी। फिर तो भाजपा केंद्रीय दल ने नरेंद्र को गुजरात से दिल्ली बुला लिया। नरेंद्र की मेहनत का नतीजा इसके पश्चात् इस रंग-रूप में सामने आया कि आगामी दो वर्षों में पार्टी को नरेंद्र का कायल होना पड़ा। और वर्ष 1998 ने भाजपा को एक नया महासचिव दिया, जिसका नाम था नरेंद्र मोदी।

भाजपा के विजय रथ के परोक्ष-अपरोक्ष सारथि नरेंद्र मोदी की ख्याति अंतरराष्ट्रीय क्षितिज पर उदयमान होने लगी और कई राष्ट्रों के नेताओं ने उनसे मिलने की इच्छा जाहिर की। ऑस्ट्रेलिया के विदेश मंत्री एलेक्जेंडर डोनर ने उन्हें आमंत्रित किया। विदेशी राष्ट्रों की जिज्ञासा भारत के कई मूल विषयों से संबंधित थी। वे जानना चाहते थे कि भाजपा किस तरह से कांग्रेस से अलग है? भारत की चुनाव प्रणाली कैसी है? किस तरह राजनीतिक दल इतने बड़े लोकतंत्र को लेकर चल पाते हैं? नरेंद्र की ऑस्ट्रेलिया यात्रा वर्ष 2001 में संपन्न हुई। वहाँ से वे न्यूजीलैंड और मलेशिया भी गए। नरेंद्र प्रथम ऐसे भारतीय नेता थे, जिन्हें यूनाइटेड मलय नेशनल ऑर्गेनाइजेशन ने आमंत्रित किया था।

ऑस्ट्रेलिया में नरेंद्र ने दोनों प्रमुख पार्टियों लेबर पार्टी और लिबरल पार्टी के नेताओं से भेंट की। नरेंद्र ने उनसे दोनों देशों के बीच साझा उपक्रमों की संभावना पर चर्चा की। मलेशिया में तो नरेंद्र ने प्रधानमंत्री महातिर के साथ बातचीत कर मलेशिया की भारत के साथ 1 अरब 80 करोड़ डॉलर की योजना स्वीकृत करा ली। इस तरह नरेंद्र ने अंतरराष्ट्रीय क्षितिज पर प्रथम सफलता अंकित की।

उसके बाद इतिहास ने अपने आपको फिर दोहराया। पाकिस्तान ने फिर एक बार विषधर बनकर फन फैलाया और कारगिल का काला अध्याय लिखा गया। भाजपा ने नरेंद्र मोदी के कंधों पर एक अतिरिक्त दायित्व डाल दिया और अब उन्हें प्रवक्ता की अहम भूमिका का निर्वाह भी करना था। इस सुअवसर ने सिद्ध किया कि विपरीत परिस्थितियाँ विभिन्न सुषुप्त क्षमताओं की जनक होती हैं। नरेंद्र की जिह्वा पर मानो सरस्वती विराजती हैं। वाक्पटु नरेंद्र वक्तृत्व कौशल के अपने जौहर दिखाने लगे। वडनगर के पुस्तकालय में अर्जित जानकारियाँ, हिमालय में उनके अज्ञात गुरु द्वारा दिया गया हार्दिक आशीष, ईश्वर-प्रदत्त वाक्चातुर्य और अनुभवों के शिक्षक से प्राप्त ज्ञान—नरेंद्र के पास सबकुछ था और बड़ी मात्रा में था, जिसे आनेवाले वर्षों में सारे देश ने सुना, जाना और सराहा। अटलजी के बाद रिक्त हुए वाचिक सम्मोहन के कलाकार के

स्थान पर उभरे भाषा और भाव के नए जादूगर—नरेंद्र मोदी।

कारगिल के ऊपर प्रतिक्रिया ले रहे एक टेलीविजन संवाददाता के जवाब में नरेंद्र ने साफ कह दिया—'चिकन बिरयानी नहीं, बुलेट का जवाब अब बम से दिया जाएगा!' पक्ष, प्रतिपक्ष और पाकिस्तान तक इस वाक्य की ध्वनि साफ-साफ पहुँची। सबने अपने-अपने अर्थों में इसका निहितार्थ समझ लिया और भारतीय युवा जनमानस को अचानक लगा कि उन्हें अपना नेता मिल गया।

वर्ष 1999 के अंत होने तक वाजपेयी के मन में नरेंद्र की अच्छी छवि बन चुकी थी। अब वे महत्त्वपूर्ण विषयों पर नरेंद्र को साथ लेने लगे थे। मुशर्रफ-वाजपेयी के मध्य हुई वर्ष 2001 की आगरा शिखर वार्ता के बाद तो नरेंद्र का कद और भी ऊँचा हो गया। मीडिया का सामना करते समय नरेंद्र नम्र किंतु दृढ़ स्वर में बात करते थे। मीडिया या पार्टी को प्रसन्न रखने का भाव उनकी बातों में कभी परिलक्षित नहीं हुआ। वे सत्य के सारथि हैं और सत्य की प्रतिष्ठा में विश्वास रखते हैं। असत्य-वादन यदि विवशता बन जाए तो वे मौन की शरण में जाना अधिक उपयुक्त मानते हैं। किंतु यहीं दूसरी ओर राजनीतिक पैंतरेबाजी का वाचिक रूप भी उनमें दर्शित हुआ, जो कि रणनीति के स्तर पर जहाँ सामयिक सिद्ध होता है वहीं रणभूमि के स्तर पर सामरिक भी।

और फिर आया वर्ष 2001 का वह ऐतिहासिक दिन, जिस दिन अचानक वाजपेयीजी ने नरेंद्र को बुला भेजा। यह सितंबर माह की बात है। नरेंद्र पहुँचे तो प्रेम-परिहास के मिश्रित स्वर में उन्होंने कहा, 'यहाँ दिल्ली का खाना खा-खा के तुम मोटे होते जा रहे हो। अब तुमको वजन कम करने के लिए यहाँ से जाना होगा।' हैरान नरेंद्र ने पूछा, 'कहाँ जाऊँ?' 'गुजरात जाओ। वहाँ चुनाव लड़ो।' वाजपेयी ने जवाब दिया। नरेंद्र को कुछ समझ नहीं आया। परंतु सदा की तरह अपने कप्तान का आदेश शिरोधार्य कर नरेंद्र को गुजरात आना पड़ा।

गुजरात आकर उनकी हैरानी दुगुनी हो गई, जब वहाँ उन्होंने अपने आगमन से भाजपा कार्यकर्ताओं को बहुत उत्साह में देखा। फिर उन्हें पता चला कि गुजरात भाजपा दल ने ही नरेंद्र की माँग की थी। गांधीनगर में नरेंद्र से भेंट करने के बाद मुख्यमंत्री केशुभाई ने अपना इस्तीफा सौंप दिया। अक्तूबर की 4 तारीख को नरेंद्र को भाजपा विधायक दल ने अपना नेता चुन लिया। और फिर 7 अक्तूबर का दिन भारतीय राजनीति के दस्तावेजों में एक सुनहरे दिन के रूप में दर्ज हो गया, जब गुजरात के चौदहवें मुख्यमंत्री के रूप में शपथ ली नरेंद्र यानी कि नरेंद्र मोदी ने!

नियति के सितारे भवितव्यता की ओर संकेत कर जाज्वल्यमान हो गए। भारत के भाल का राजमुकुट बनना अभी शेष है, परमपिता के इस वरद पुत्र को, जिसने गुजरात का सम्राट् बनकर मानो ऐलान कर दिया हो कि अश्वमेध का यह विजयी अश्व गुजरात

से चलकर अब अखिल भारत भूमि को नापकर ही विश्राम करेगा।

राजनीति के पंडितों को अब धुँधला ही सही, पर दिखने लगा था कि यह विलक्षण राजनेता गुजरात में रोके नहीं रुकेगा। इसकी यात्रा तो भारत भूमि का सिरमौर बनकर ही विराम लेगी।

नरेंद्र ने राजतिलक के उपरांत गद्दी पर बैठ जाने की अपेक्षा जन-प्रांगण में पैठ बनाना बेहतर समझा। उन्होंने राज नहीं, काज को वरण किया। अपने साथियों से उन्होंने कह दिया कि हमारे पास आगामी चुनाव तक 500 दिन शेष हैं। गुजरात के इस राजनीतिक क्रिकेट मैदान में उन्होंने अपनी टीम से रन गति तेज रखने की अपील की। और फिर जन-आकांक्षाओं को पूरा करने के लिए नरेंद्र और उनकी टीम ने कड़ी मेहनत की। अपने प्रदेश को उन्होंने एक नए नारे से सजाया—'आपणुं गुजरात, आगवुं गुजरात!' अर्थात्—अपना गुजरात, अद्वितीय गुजरात!

यह विजय मात्र नरेंद्र या भाजपा की नहीं बल्कि यह राष्ट्रीय स्वयंसेवक संघ की भी एक ऐतिहासिक विजय थी। कारण कि प्रथम बार संघ का कोई प्रचारक किसी प्रदेश के मुख्यमंत्री पद पर आसीन हुआ था। महीने भर के भीतर वाजपेयी के साथ उन्हें रूस यात्रा का अवसर प्राप्त हुआ, जहाँ उन्होंने पुतिन और वाजपेयी की उपस्थिति में रूस के अस्ताराखान क्षेत्र के साथ व्यापार, वाणिज्य और कई तरह के सांस्कृतिक आदान-प्रदान के समझौतों पर हस्ताक्षर किए।

मुख्यमंत्री बनने के बाद नरेंद्र ने एक नए आदर्श की स्थापना की। मुख्यमंत्री के तौर पर स्वयं को मिलनेवाले उपहार वे राजकोष में जमा कर देते हैं, फिर उनकी नीलामी करके उससे मिलनेवाला पैसा बालिका शिक्षा जैसे कल्याणकारी कार्य में उपयोग किया जाता है।

नरेंद्र के मुख्यमंत्री बनने के पूर्व ब्यूरोक्रेसी सुपर-सुस्त थी। रोज-रोज के तबादले और उनके काम में राजनेताओं की दखलंदाजी के कारण अधिकारी कुछ भी न करना कुछ करने से बेहतर समझते थे। मुख्यमत्री नरेंद्र ने आएदिन होनेवाले तबादले रोक दिए। कुशल और कर्मठ कर्मचारियों की पहचान करके उन्हें महत्त्वपूर्ण कार्य सौंपे। अधिकारियों की ईमानदारी और सत्यनिष्ठा को उनकी योग्यता के साथ जोड़ा गया। दीर्घकालिक योजनाओं के सफल कार्यान्वयन को लक्ष्य बनाकर अधिकारियों को अधिक स्थिर कार्यकाल दिया गया और उनके कामों में दखलअंदाजी पर निषेधाज्ञा जारी कर दी गई।

ब्यूरोक्रेसी ने पहली बार आजाद हिंदुस्तान में चैन की साँस ली थी। नौकरशाही का यह वो स्वर्णयुग था, जिसके यूटोपियन सपने भी शायद उसने पहले कभी नहीं देखे थे। मुख्यमंत्री कार्यालय में समस्याओं को सरकारी तरीके से नहीं, पेशेवराना तरीके से निपटाया जाने लगा। सचिवालय में पहली बार आधी रात को बत्तियाँ जलने लगीं, जिसे

देखकर देखनेवालों को अपनी आँखों पर यकीन नहीं हुआ।

अपनी आँखों में भारत के भावी विकास का स्वप्न सँजोए नरेंद्र ने एक नया नारा बुलंद किया—आई.टी. = इंडियन टैलेंट (भारतीय प्रतिभा) = आई.टी. = इन्फॉर्मेशन टेक्नोलॉजी (सूचना प्रौद्योगिकी) = आई.टी. = इंडिया टुमॉरो (आनेवाले कल का भारत)। नरेंद्र की दृष्टि दूरगामी है। उनके पास न केवल विजन है बल्कि उसे अस्तित्वमान करने के लिए सोच और योजना भी है। उनको पता है कि भारत का वैश्विक अस्तित्व सूचना प्रौद्योगिकी के अन्यतम मार्ग पर चलकर ही संभाव्य है।

औद्योगिक विकास पर जोर देने के साथ-साथ नरेंद्र ने सामाजिक व आर्थिक विकास में उचित समन्वय स्थापित कर विकास में आए असंतुलन को ठीक करने का समयोचित प्रयास किया।

26 जनवरी, 2001 को कच्छ में आए विनाशकारी भूकंप का जिस तीव्रता और सफलता के साथ नरेंद्र ने सामना किया, उससे दुनिया भर में उनके प्रशासन की सराहना के स्वर सुनाई देने लगे। भूकंप राहत के साथ ही पुनर्वास का कार्य भी सैन्य स्तर पर किया गया। नरेंद्र द्वारा स्थापित 'गुजरात राज्य आपदा प्रबंधन प्राधिकरण' को 2003 का 'यू.एन. सासाकावा अवार्ड' (UN Sasakawa Award) भी प्राप्त हुआ और विश्व बैंक ने इसे 'ग्रीन अवार्ड' देकर सम्मानित किया।

नरेंद्र के मुख्यमंत्री बनने के चौथे महीने में ही एक ऐसी दुर्घटना हुई, जो इतिहास के पन्नों में दर्ज हो गई। हम उसे गोधरा कांड के नाम से जानते हैं। 27 फरवरी, 2002 को हुई इस घटना में फैजाबाद से चलकर अमदावाद जानेवाली साबरमती एक्सप्रेस की तीन बोगियों पर हमला कर उन्हें आग के हवाले कर दिया गया। गोधरा स्टेशन पर हुए इस हादसे में महिलाओं और बच्चों सहित 58 यात्री को जिंदा जलाया गया।

माननेवालों ने इसे दुर्घटना कह दिया और जाननेवाले इसे षड्यंत्र मानते हैं। इसे दुर्घटना माननेवालों पर षड्यंत्र माननेवालों का यह तर्क भारी पड़ता है कि दुर्घटना हमला नहीं होती और जब हथियारों के साथ हल्ला बोला जाता है तो वह हादसा नहीं होता, अपितु वह एक षड्यंत्र होता है। खैर, पुस्तक की सीमाओं को दृष्टिगत रखते हुए इस विषय पर फिलहाल मैं कोई टिप्पणी नहीं करना चाहूँगा। किंतु इतिहास सब जानता है, क्योंकि वह सब देखता है; इसीलिए इतिहास अपना न्याय भी स्वयं कर लेता है, फिर वह चाहे जैसा हो। क्रिया की प्रतिक्रिया हुई। गुजरात में सांप्रदायिक दंगे हो गए, जिसमें सैकड़ों जानें चली गईं। परंतु प्रशासन नरेंद्र का था। उन्होंने पूरी दृढ़ता से इन चुनौतियों का सामना किया और शांति-व्यवस्था बहाल करने में कामयाब रहे। मई 2002 में हुए इन दंगों के चौथे चरण के बाद फिर गुजरात में कभी कोई दंगा नहीं हुआ। नरेंद्र के सुरक्षा सलाहकार के.पी.एस. गिल ने इन दंगों में आई.एस.आई. के हाथ होने की पुष्टि की है।

दंगों के दौरान शहीद पुलिसकर्मियों को श्रद्धांजलि देते हुए और अस्पताल के कर्मचारियों को उनकी सेवाओं के लिए धन्यवाद देते हुए नरेंद्र ने कहा, ''आँखों में उदासी, दिल में दर्द और करुणा का भाव लिये मैं आपसे करबद्ध प्रार्थना करता हूँ कि गुजरात को महान् बनाएँ!''

गुजरात के गौरव-वर्धन के प्रयोजन से नरेंद्र ने वर्ष 2003 में 'गौरव यात्रा' का आयोजन किया, जिसमें उनके साथ राजनाथ सिंह और केशुभाई पटेल भी थे। जनता ने बड़े उत्साह से यात्रा का स्थान-स्थान पर स्वागत किया।

नरेंद्र ने 5 अक्तूबर को अपनी यात्रा फिर से शुरू की। यात्रा के बाद नरेंद्र ने अमदावाद की एक जनसभा को संबोधित करते हुए पाक की इस नापाक हरकत का कड़ा जवाब दिया। पाकिस्तान के तत्कालीन राष्ट्रपति परवेज़ मुशर्रफ को चुनौती देते हुए उन्होंने कहा कि ''मियाँ मुशर्रफ, हम पर हमला कीजिए। हमारे यहाँ आतंकवादी भेजकर निर्दोष लोगों पर हमला करना बंद कीजिए। हम जान पर खेल करके भी उनका मुकाबला करने को तैयार हैं!''

वर्ष 2005 में नरेंद्र की क्षमता को देखकर केंद्र सरकार को भी ईर्ष्या हुई होगी, जब उनके द्वारा आयोजित वाइब्रेंट गुजरात (वैश्विक निवेशकों के शिखर सम्मेलन) के प्रथम दिन ही 87,000 करोड़ के एम.ओ.यू. साइन किए गए और सम्मेलन के समापन तक देश-विदेश से आए इन 5,000 औद्योगिक प्रतिनिधियों की 226 इकाइयों के साथ एम.ओ.यू. के रूप में 1,06,000 करोड़ रुपए मूल्य के निवेशों पर हस्ताक्षर हो चुके थे।

व्यवसाय को अपने डी.एन.ए. का हिस्सा माननेवाले नरेंद्र ने वर्ष 2007 में पुनः वाइब्रेंट गुजरात सम्मेलन आयोजित किया और इस बार इस चार दिवसीय सम्मेलन में 343 एम.ओ.यू. साइन हुए और कुल प्रत्याशित निवेश की राशि थी—4,61,835 करोड़ रुपए।

और फिर उसके बाद वर्ष 2011 में हुए वाइब्रेंट गुजरात के पाँचवें संस्करण में तो सारे कीर्तिमान ध्वस्त करते हुए नरेंद्र ने इस दो दिवसीय अंतरराष्ट्रीय निवेशक सम्मेलन के माध्यम से 21 लाख करोड़ रुपए के निवेश पर हस्ताक्षर किए।

नरेंद्र के उर्वर व्यवसायी मस्तिष्क में गुजरात के 40 करोड़ रुपए प्रतिवर्ष के पतंग बाजार का व्यवसायीकरण करके उसे कई गुना बढ़ा देने का खयाल आया। बस, फिर क्या था—गुजराती अनिवासी भारतीयों को आकर्षित करने की योजना बनाई गई और विश्व गुजरात परिवार पतंग उत्सव-2004 का आयोजन किया गया, जिसमें अंतरराष्ट्रीय गुजराती व्यवसायियों के अतिरिक्त 18 देशों के पतंगबाज भी सम्मिलित हुए। इससे सामाजिक समरसता भी बढ़ी और एक घरेलू उद्योग फिर से जीवंत हो गया। आय भी हुई और संस्कृति की रक्षा भी हुई।

वर्ष 2004 में ही नरेंद्र ने कर्मचारियों को कर्मयोगियों में बदलने के अपने अनुष्ठान

को नाम दिया 'कर्मयोगी महाअभियान' जो कि 700 दिनों तक चला। मीठे पानी की पाइपलाइन परियोजना को विकसित कर उसका नाम रखा गया—'सुजलां सुफलाम् परियोजना'। उन्होंने वर्ष 2004 को ई-गवर्नेंस वर्ष, 2005 को शहरी विकास वर्ष, 2006 को पर्यटन वर्ष और 2007 को निर्मल गुजरात वर्ष घोषित कर क्रमिक रूप में प्रदेश का व्यवस्थित विकास प्रारंभ किया। जल अभाव दूर करने के उद्देश्य से नरेंद्र द्वारा शुरू की गई 'कल्पसर परियोजना' इतनी सफल हुई कि कहा गया—यदि मोदीजी ने गुजरात के लिए कुछ भी न किया होता तो भी कल्पसर योजना के द्वारा उनका नाम गुजरात के उद्धारकों में सदा के लिए अंकित हो गया है।

फिर एक अजीब सी घटना हुई। यह साल था 2005 का और महीना था मार्च का, जब नरेंद्र एशियन अमेरिकन होटल ओनर्स एसोसिएशन के वार्षिक सम्मेलन में भाग लेने के लिए अमेरिका जाने वाले थे। तब अनपेक्षित रूप से 21 कांग्रेसी नेताओं ने अमेरिकी सरकार को पत्र लिखकर गुजरात दंगों की दुहाई देकर नरेंद्र को वीजा न देने की याचना की। न जाने किस चतुर समझदारी में अमेरिका ने उनके वीजा को प्रकारांतर से निरस्त करने के कारण भी ढूँढ़ लिये। एक प्रजातांत्रिक देश में संवैधानिक तौर पर जनता के द्वारा चुने गए प्रतिनिधि का वीजा निरस्त करना उस देश और उसके संविधान का अपमान है।

किंतु नरेंद्र ने बिना कुछ बोले अमेरिका और भारत में बैठे बहुत से ईर्ष्याग्रस्त अप्रजातांत्रिक कांग्रेसी नेताओं को करारा जवाब दिया, जब 21 मार्च की सुबह उन्होंने न्यूयॉर्क सिटी के मशहूर मेडिसन स्क्वायर गार्डन में इकट्ठा हुए 'एशियन अमेरिकन होटल ओनर्स एसोसिएशन' के सदस्यों को वीडियो कॉन्फ्रेंसिंग के जरिए संबोधित किया। इस संबोधन को अमेरिकी या भारतीय कांग्रेसी सरकार कानून वर्जित नहीं कर सकती थी। नरेंद्र ने अनिवासी भारतीयों और अनिवासी गुजरातियों से आग्रह किया कि वे अपने प्यारे भारत देश से जुड़े हुए फैसलों को चंद स्वार्थ-प्रेरित गुटों की धारणा से प्रभावित न होने दें। लगभग 100 मिनट तक चले इस भाषण में कई बार श्रोताओं ने खड़े होकर तालियाँ बजाईं और उतनी देर के लिए नरेंद्र को अपना भाषण रोकना पड़ा। उन्होंने अपने श्रोताओं को भारतीय गौरव का रक्षक कहते हुए उनसे भारत की समृद्ध विरासत का प्रहरी बनने का आग्रह किया।

फिर आया मौसम 2007 के गुजरात चुनाव का। कांग्रेस को जीत की गलतफहमी भी थी, मगर अंदर से डर भी था कि पहले भी ऐसा हो चुका है। गुजरात की जनता शायद सचमुच मोदी के प्रेम में पड़ गई है, इसलिए चुनाव परिणाम उनके लिए दुःखद भी हो सकते हैं।

और वास्तव में, चुनाव परिणाम आने पर कांग्रेस की यह अप्रत्याशित प्रत्याशा वास्तविकता में बदल गई और सचमुच मोदी के प्यार में गिरफ्तार गुजरात की जनता ने कांग्रेस को मुँह की खाने पर विवश कर दिया। नरेंद्र के सुशासन ने उन्हें 116 सीटें

जिताकर कांग्रेस को फिर बुरी तरह पटखनी दे दी। राजनीति के पंडितों को कहना पड़ा कि गुजरात में कांग्रेस की तो रस्सी भी जल गई और ऐंठन भी चली गई।

देखते-ही-देखते वर्ष 2007 से गुजरात की विकासयात्रा के आगामी पाँच वर्ष भी सफलतापूर्वक बीत गए और 2012 के चुनाव आ गए। कांग्रेस ने एड़ी-चोटी का जोर लगा लिया, किंतु मोदी के आगे उनकी एक न चली। 120 सीटें जीतकर सरकार बनानेवाले नरेंद्र ने कांग्रेस को 56 सीटों पर सीमित कर दिया था।

लगातार तीसरी जीत के बाद अमदावाद में बीजेपी कार्यालय के सामने कार्यकर्ताओं के हाथ की तख्तियों में मानो आनेवाले कल की कहानी पहले ही लिख दी गई थी, जो कह रही थीं कि मोदी हिट ही नहीं, पी.एम. पद के लिए फिट भी हैं! और ये तो ट्रेलर है, पूरी फिल्म 2014 में दिखाई जाएगी! मोदी की हैट्रिक ने यह भी साबित कर दिया है कि लोकसभा चुनाव में वह राहुल गांधी के खिलाफ भाजपा का सबसे ताकतवर मोहरा होंगे, जिसकी काट शायद राजकुँवर के लिए भी मुश्किल होगी!

नरेंद्र ने किसान को देश की अर्थव्यवस्था का मेरुदंड माना। यह उनका धरातल की सच्चाइयों से जुड़े होने का पर्याप्त साक्ष्य है। उन्होंने वर्ष 2005 से ही 'कृषि महोत्सव' और 'किसान रथ' जैसे आयोजनों की शुरुआत करके कृषि की आय को दोगुना करने की दिशा में सार्थक प्रयास किया है। नरेंद्र ने अपने आदर्शों को व्यवहार के कैनवास पर भी सफलता के साथ उकेरा है। उन्होंने गुजरात की भूमि पर श्रमयोगी, समूह लग्नोत्सव, निर्मल ग्राम, पंचामृत, ज्योतिग्राम, विद्यालक्ष्मी बॉण्ड, कन्या केळवनी निधि, स्वाभिमान, ई-पारदर्शिता, ई-ग्राम, गोकुल ग्राम, विश्व ग्राम, समरस ग्राम और तीर्थ ग्राम योजनाओं के जरिए समग्र विकास की दृष्टि का सफल प्रारूप निर्मित कर दिया है।

नरेंद्र के लिए यह जितने गौरव की बात है, उससे अधिक अन्य राज्यों के लिए प्रेरणा की मिसाल है कि गुजरात उन गिनती के राज्यों में से एक है, जहाँ योजना खर्च के लिए निर्धारित सरकारी राशि का लगभग 99 प्रतिशत तक उपयोग में लाया जाता है। यह मात्र प्रभावशाली वृद्धि दर हासिल करने का प्रयोजन नहीं है, बल्कि राज्य की वित्तीय दशा में सुधार का भी संकेत है।

कृषि को राष्ट्र की अर्थ-शक्ति का मेरुदंड और औद्योगिक विकास को उसका संवाहक माननेवाले नरेंद्र यह भी मानते हैं कि उच्चतर और तकनीकी शिक्षा में क्रांतिकारी परिवर्तन लाए बिना आर्थिक और औद्योगिक क्षेत्रों में प्राप्त प्रगति को आगे नहीं बढ़ाया जा सकता। इसी को दृष्टि में रखकर उन्होंने तकनीकी शिक्षा में सीटें 5,000 से बढ़ाकर 60,000 कर दीं और तकनीकी उत्कृष्टता का लक्ष्य प्राप्त करने हेतु प्रदेश में निरमा विश्वविद्यालय, धीरूभाई अंबानी सूचना एवं प्रौद्योगिकी संस्थान, धर्मसिंह देसाई विश्वविद्यालय, गणपत विश्वविद्यालय, सी.ई.पी.टी. विश्वविद्यालय, संस्कृत विश्वविद्यालय, बाल विश्वविद्यालय

(चिल्ड्रंस यूनिवर्सिटी), टीचर्स यूनिवर्सिटी, पेट्रोलियम यूनिवर्सिटी, फोरेंसिक यूनिवर्सिटी, रक्षा शक्ति यूनिवर्सिटी, योग यूनिवर्सिटी और कामधेनु यूनिवर्सिटी जैसे तकनीकी और जीवनोपयोगी अनेकविधि विश्वविद्यालयों की स्थापना की।

उन्होंने उभरते हुए उद्योगों की आवश्यकताओं को देखते हुए उच्चतर और तकनीकी शिक्षण संस्थानों में कई नए विषयों को जोड़ा है। अधोस्नातक पाठ्यक्रम में भी जैव प्रौद्योगिकी, जैव औषधियों, नैनो टेक्नोलॉजी, ऑटोमोबाइल इंजीनियरिंग, एयरोनॉटिकल इंजीनियरिंग, मरीन इंजीनियरिंग, ओशनोग्राफी और दूसरे कई विषयों का समावेश किया गया है।

अंतरराष्ट्रीय स्तर पर भारत के इस करिश्माई प्रशासक की क्षमताओं का छुपा आकलन शुरू हो चुका है। 7 जनवरी, 2013 को यूरोपीय संघ के राजदूत ने मोदी के साथ दोस्ती का हाथ बढ़ाया और दिल्ली में उनके साथ लंच किया। ब्रिटेन सहित यूरोप के कुछ देशों के राजकीय प्रतिनिधियों ने उन्हें आमंत्रित किया है।

गुजरात को ऊँची विकास दर देनेवाले मुख्यमंत्री मोदी निजी जिंदगी में बेदाग हैं। राज्य में लोकायुक्त की गैर-मौजूदगी पर सियासत करनेवाली कांग्रेस इस चुनाव के दौरान कभी खुलकर उन पर भ्रष्टाचार का आरोप नहीं लगा पाई। इधर मोदी नए जमाने की तकनीकों का इस्तेमाल कर नई दुनिया साधते रहे। थ्री-डी के जरिए चुनाव प्रचार, ट्विटर पर लगातार संदेश, गूगल प्लस के जरिए अमेरिका में रह रहे गुजरातियों के साथ वीडियो कॉन्फ्रेंसिंग आदि साइबर वर्ल्ड की हर तकनीक का इस्तेमाल मोदी ने अपने पक्ष में किया। परिणाम यह है कि मोदी के समर्थकों में ज्यादातर 25 से 35 वर्ष के युवा हैं।

नरेंद्र ने गुजरात का विकास और विधाता ने उनका राजनीतिक उन्नयन जारी रखा। 9 जून, 2013 के निर्णायक दिन गोआ में भाजपा कार्यसमिति की बैठक में उनको 2014 के लोकसभा चुनाव अभियान की कमान सौंपी गई। आगामी लोकसभा चुनाव उन्हीं के नेतृत्व में लड़ा जाएगा।

आज नरेंद्र मोदी एक ऐसी शख्सियत हैं, जो राष्ट्रीय राजनीति का पलड़ा अपने दम पर झुकाने की ताकत रखते हैं, यह वो राजनेता है, जिसने भाजपा को प्रांतीय और राष्ट्रीय फलक पर गौरवपूर्ण स्थिति में ऊँचा उठाया है। और यह वो नाम है, जिसके बारे में या तो हर कोई अपनी राय रखता है या फिर अपनी राय रखना चाहता है।

मोदी वर्ष 2014 के चुनावों में भारत के प्रधानमंत्री बनेंगे, यही भ्रष्टाचार, महँगाई और असुरक्षा से त्राहि-त्राहि करती जनता की चाह भी है और अनबूझ राजनीतिक समीकरणों में उलझे देश के राजनीतिक भविष्यवक्ताओं की वाणी भी है। यह वो आवाज है, जो खामोश तो है, पर इसमें कल आनेवाले तूफान की आहट भी है और उसके तेवर भी हैं। एक सुनहरा कल हमारी प्रतीक्षा कर रहा है।

अनुक्रम

व्यक्तित्व और कृतित्व

हिमालय की गोद में

हिमालय की गोद में जाकर विचरण और खोज करनेवाले नरेंद्र मोदी पहले व्यक्ति नहीं थे। स्वामी विवेकानंद, अरविंद घोष, नेताजी सुभाषचंद्र बोस, माधव सदाशिवराव गोलवलकर, (श्री गुरुजी) इत्यादि अनेक महापुरुषों ने यह मार्ग अपनाया था। एक साधक साधना करता है, किंतु प्रामाणिक रूप से वह क्या करता है? इस प्रश्न का हल नहीं मिला है। साधना का मंगल निरामय विश्व त्याग करके एक साधक पुनः सांसारिक होने आए और 'विश्व के सर्वमंगल' की आशा के साथ सामाजिक कार्य में लग जाए, ऐसा प्रायः देखने में कम ही आता है।

समर्पित संघ प्रचारक

नरेंद्र मोदी संघ के प्रचारक थे। सन् 1970 में वे प्रचारक बने। प्रश्न यह है कि व्यक्ति प्रचारक क्यों बनता है? संघ के लिए, हिंदुत्व के लिए अपना पूरा जीवन समर्पित करने की प्रेरणा कैसे उत्पन्न होती है? प्रचारक बनने का निर्णय लेते समय कौन से संस्कार जाग्रत् होते हैं? सारा जीवन संघ-कार्य में समर्पित करने की इच्छा कैसे जागती होगी? ऐसे अनेक प्रश्न मन में उठते हैं। संघ का कार्य करते हुए कार्यकर्ता का जयकार नहीं होता। उसे स्तुति-सुमन अर्पित नहीं किए जाते।

संघ के प्रत्येक प्रचारक ज्ञानी और उच्च शिक्षा प्राप्त होते हैं। वे जीविकोपार्जन के लिए प्रचारक नहीं बनते। स्वार्थ जैसा क्षुद्र विचार उनके मन में आता भी नहीं है। व्यक्ति का स्वभाव है कि वह अपनी उपलब्धियों पर गर्व करता है। किंतु संघ का कार्यकर्ता अपने 'स्व' का त्याग करके सामाजिक कार्य करने का संकल्प लेता है। यह विचारणीय बात है कि आखिर वे इतना बड़ा निर्णय कैसे लेते हैं और अपने संकल्प पर जीवन भर टिके कैसे रहते हैं ?

सन् 1970 में जब मोदी प्रचारक बने थे, उस समय संघ के आलोचक स्वप्न में भी नहीं सोच सकते थे कि संघ विचारधारा के राजनीतिक दल को कभी केंद्र व राज्य की सत्ता प्राप्त होगी। '70 के दशक में संघ का प्रचारक बनने के पीछे कोई स्वार्थ या लिप्सा नहीं थी। वह समाज के प्रति समर्पण की शुद्ध भावना है। संघ में तो बस शपथपूर्वक स्वीकार करने का कार्य है, जिसमें सामाजिक परिवर्तन हेतु पूर्ण समर्पित सेवा के एकमात्र मार्ग पर चलना होता है।

नरेंद्र मोदी के जीवन में सकारात्मक कार्य हेतु राजनीतिक बंधन बाँधा गया है। वर्तमान मूल्यहीन राजनीति और सामाजिक कार्य की पृष्ठभूमि पर एक तत्त्वनिष्ठ और स्वच्छ छविवाले व्यक्तित्व का मिलना दैवी विधान ही कहा जा सकता है।

अनुशासनपूर्ण समर्पित जीवन-शैली

नरेंद्र मोदी अपनी विशिष्ट जीवन-शैली के लिए समूचे राजनीतिक हलके में जाने जाते हैं। उनके निजी स्टाफ में केवल तीन ही लोग रहते हैं, कोई भारी-भरकम अमला नहीं होता। लेकिन कर्मयोगी की तरह जीवन जीनेवाले मोदी के स्वभाव से सभी परिचित हैं। इस नाते उन्हें अपने कामकाज को अमली जामा पहनाने में कोई दिक्कत पेश नहीं आती।

वे एक लोकप्रिय वक्ता हैं, जिन्हें सुनने के लिए बहुत भारी संख्या में श्रोता आज भी पहुँचते हैं। धोती-कुरता व सदरी के अतिरिक्त वे कभी-कभार सूट भी पहन लेते हैं। गुजराती, जो उनकी मातृभाषा है, के अतिरिक्त वे हिंदी व अंग्रेजी में भी बोलते हैं।

नरेंद्र मोदी अपने आनेवाले समय की प्लानिंग और भविष्य की प्लानिंग बहुत ही सधे व सटीक ढंग से करते हुए आगे बढ़ते हैं। जब बीजेपी में वह सिर्फ एक ऑर्गेनाइजर की भूमिका में थे, तब भी पार्टी नेताओं को उनकी प्लानिंग का लोहा मानना पड़ा था।

महत्त्वपूर्ण योजनाएँ

मुख्यमंत्री के रूप में नरेंद्र मोदी ने गुजरात के विकास के लिए जो महत्त्वपूर्ण योजनाएँ प्रारंभ कीं, उनमें से कुछ का संक्षिप्त विवरण इस प्रकार है—

पंचामृत योजना—राज्य के एकीकृत विकास की पंच-आयामी योजना।

पंचामृत की पाँच शक्ति हैं—ज्ञान शक्ति, ऊर्जा शक्ति, जन शक्ति, जल शक्ति और रक्षा शक्ति।

सुजलां सुफलाम्—राज्य में जल-स्रोतों का उचित व समेकित उपयोग जिससे जल की बरबादी को रोका जा सके

कृषि महोत्सव—उपजाऊ भूमि के लिए शोध प्रयोगशालाएँ।

चिरंजीवी योजना—नवजात शिशुओं की मृत्यु दर में कमी लाने हेतु।

मातृ-वंदना—जच्चा-बच्चा के स्वास्थ्य की रक्षा हेतु।

बेटी बचाओ—भ्रूण-हत्या व लिंगानुपात पर अंकुश हेतु।

ज्योतिग्राम योजना—प्रत्येक गाँव में बिजली पहुँचाने हेतु।

कर्मयोगी अभियान—सरकारी कर्मचारियों में अपने कर्तव्य के प्रति निष्ठा जगाने हेतु।

कन्या केलवणी योजना—महिला साक्षरता व शिक्षा के प्रति जागरूकता।

बालभोग योजना—निर्धन छात्रों को विद्यालय में दोपहर का भोजन प्रदान करने हेतु।

वन बंधु विकास कार्यक्रम इत्यादि।

उपर्युक्त विकास योजनाओं के अतिरिक्त नरेंद्र मोदी ने आदिवासी व वनवासी क्षेत्र के विकास हेतु गुजरात राज्य में वनबंधु विकास हेतु एक अन्य दस सूत्री कार्यक्रम भी चला रखा है, जिसके सभी 10 सूत्र निम्नानुसार हैं—

1. पाँच लाख परिवारों को रोजगार, 2. उच्चतर शिक्षा की गुणवत्ता, 3. आर्थिक विकास, 4. स्वास्थ्य, 5. आवास, 6. साफ-स्वच्छ पेयजल, 7. सिंचाई, 8. समग्र विद्युतीकरण, 9. प्रत्येक मौसम में सड़क मार्ग की उपलब्धता और 10. शहरी विकास।

मुखर आतंकवाद-विरोध

18 जुलाई, 2006 को उन्होंने एक भाषण में आतंकवाद निरोधक अधिनियम जैसे आतंकवाद-विरोधी विधान लाने को लेकर भारतीय प्रधानमंत्री मनमोहन सिंह की अनिच्छा की आलोचना की। मुंबई की उपनगरीय रेलों में हुए बम विस्फोटों के मद्देनजर उन्होंने केंद्र से राज्यों को सख्त कानून लागू करने के लिए सशक्त करने की माँग की।

नरेंद्र मोदी ने कई अवसरों पर कहा भी है कि यदि भाजपा केंद्र में सत्ता में आई तो वह सन् 2004 में उच्चतम न्यायालय द्वारा अफजल गुरु को फाँसी दिए जाने के निर्णय का सम्मान करेगी। भारत के उच्चतम न्यायालय ने अफजल को 2001 में भारतीय संसद् पर हुए हमले के लिए दोषी ठहराया था और 9 फरवरी, 2013 को तिहाड़ जेल, दिल्ली में उसे फाँसी दे दी गई।

स्वतंत्रता दिवस पर ऐतिहासिक संबोधन

स्वतंत्र भारत के इतिहास में शायद यह पहली बार हुआ है कि जहाँ एक ओर प्रधानमंत्री मनमोहन सिंह ने 15 अगस्त को स्वतंत्रता दिवस पर परंपरागत तरीके से दिल्ली के लाल किले से देश को संबोधित किया, वहीं दूसरी ओर भुज प्रांत में लालन कॉलेज के मैदान से नरेंद्र मोदी ने। देश की दुर्दशा पर व्यग्र होकर उन्होंने केंद्र सरकार पर सीधा आरोप लगाया कि "यह सरकार अब केवल एक परिवार का गुणगान करनेवाली मशीनरी बनकर रह गई है। उसे न तो देश के आम आदमी की कोई चिंता है और न ही देश की आंतरिक व बाह्य सुरक्षा की।"

बी.बी.सी. संवाददाता जुबैर अहमद ने तो इस पर प्रतिक्रिया व्यक्त करते हुए साफ-साफ शब्दों में लिखा—"अगर भारत में अमेरिका की तरह राष्ट्रपति शासन प्रणाली होती तो आज नरेंद्र मोदी अपने भाषण के आधार पर मनमोहन सिंह से बाजी मार ले जाते और अगले साल चुनाव के बाद उनके समर्थकों का सपना भी साकार हो जाता। गुजरात के मुख्यमंत्री का आज का दबंग और अभूतपूर्व कदम अगले साल के लिए एक ड्रेस रिहर्सल कहा जा सकता है।"

गुजरात के सफलतम मुख्यमंत्री

केशुभाई पटेल के इस्तीफे के बाद नरेंद्र मोदी गुजरात के मुख्यमंत्री बने। नरेंद्र मोदी गुजरात के सबसे ज्यादा लंबे समय तक सत्तासीन मुख्यमंत्री हैं। भारतीय जनता पार्टी के कार्यकर्ताओं के अनुसार, गुजरात में भारतीय जनता पार्टी के वर्चस्व की मूल वजह वही हैं। नरेंद्र मोदी के नेतृत्व में भारतीय जनता पार्टी ने दिसंबर 2002, दिसंबर 2007 और दिसंबर 2012 में अभी तक लगातार तीन बार विधानसभा चुनावों में भारी बहुमत हासिल किया।

मुख्यमंत्री मोदी ने ग्यारह सालों में गुजरात की छवि बहुत बदल डाली है। देश के बड़े-से-बड़े उद्योगपति गुजरात जाना चाहते हैं। बड़े-से-बड़े सितारे गुजरात जाना चाहते हैं। अंतरराष्ट्रीय पत्रिका 'टाइम' मोदी की फोटो कवर पेज पर छापती है। ब्रिटेन जैसे देश दस साल बाद गुजरात के साथ कारोबारी रिश्ते सुधारने को मजबूर हैं।

एक दौर था, जब कहा जाता था कि इंदिरा ही कांग्रेस है और कांग्रेस ही इंदिरा। गुजरात में आज ऐसी ही बात नरेंद्र मोदी के लिए कही जा सकती है। गुजरात में नरेंद्र मोदी ही बीजेपी हैं और बीजेपी ही नरेंद्र मोदी।

विश्वास और प्रयास

नरेंद्र मोदी की छवि एक कठोर प्रशासक और कड़े अनुशासन के आग्रही की

मानी जाती है, लेकिन साथ ही अपने भीतर वे मृदुता एवं सामर्थ्य की अपार क्षमता भी सँजोए हुए हैं। वे मानते हैं कि जीवन के प्रत्येक क्षेत्र में सफलता के लिए स्पष्ट दृष्टि, उद्देश्य या लक्ष्य का परिज्ञान और कठोर अध्यवसाय अत्यंत ही आवश्यक गुण हैं।

नरेंद्र मोदी को शिक्षा-व्यवस्था में पूरा विश्वास है। एक ऐसी शिक्षा-व्यवस्था जो मनुष्य के आंतरिक विकास एवं उन्नति का माध्यम बने और समाज को अँधेरे, मायूसी व गरीबी के विष-चक्र से मुक्ति दिलाए।

विज्ञान और प्रौद्योगिकी में उनकी गहरी दिलचस्पी है। उन्होंने गुजरात को ई-गवर्न्ड राज्य बना दिया है और प्रौद्योगिकी के कई नवोन्मेषी प्रयोग सुनिश्चित किए हैं। 'स्वागत ऑनलाइन' और 'टेली फरियाद' जैसे नवीनतम प्रयासों से ई-पारदर्शिता आई है, जिसमें आम नागरिक सीधा प्रशासन के उच्चतम कार्यालय से संपर्क कर सकता है।

जन-शक्ति में अखंड विश्वास रखनेवाले नरेंद्र मोदी ने बखूबी करीब 5 लाख कर्मचारियों की मजबूत टीम की रचना की है। वे यथार्थवादी होने के साथ ही आदर्शवादी भी हैं। उनमें आशावाद कूट-कूटकर भरा है। उनकी हमेशा एक उदात्त धारणा रही है कि असफलता नहीं, बल्कि उद्देश्य का अनुदात्त होना अपराध है। और आज नरेंद्र मोदी गुजरात में या भारत में ही नहीं, विदेशों में भी ब्रांड बन चुके हैं।

पुरस्कार सिलसिलेवार

मुख्यमंत्री के रूप में व्यक्तिगत रूप से और गुजरात के लिए नरेंद्र ने 60 से अधिक पुरस्कार विजित किए, जो अपने आप में भारत के किसी भी मुख्यमंत्री के लिए एक कीर्तिमान है। पिछले कई सालों का जनमत सर्वेक्षण दरशाता है कि नरेंद्र मोदी की लोकप्रियता जितनी गुजरात के अंदर है उतनी ही गुजरात के बाहर भी है। जिन लोगों ने मुख्यमंत्री मोदी को गुजरात के विकास के लिए अथक रूप से काम करते हुए देखा है, वे जानते हैं कि कैसे उन्होंने कड़ी मेहनत से 'सबका साथ, सबका विकास' मंत्र के साथ सम्मिलित विकास का एजेंडा निर्धारित किया है। उनके कार्यों का उस इलेक्ट्रॉनिक मीडिया को भी कायल होना पड़ा है, जो उनकी आलोचना के अवसर तलाशता रहता था।

वर्ष 2012 की शुरुआत में वे 'भारतीय कारोबार की संस्थापना में उत्कृष्ट योगदान' के लिए सी.एन.बी.सी. टीवी-18 पुरस्कार से सम्मानित किए गए थे। वाइब्रेंट गुजरात शिखर सम्मेलन, गुजरात में आर्थिक वातावरण और गुजरात में रिकॉर्ड निवेश की सफलता नरेंद्र मोदी को ऐसे पुरस्कारों के लिए सबसे उचित सार्वजनिक व्यक्ति

के रूप में सिद्ध करती है।

नवंबर 2011 में कंप्यूटर सोसाइटी ऑफ इंडिया ने ई-गवर्नेंस के क्षेत्र में उनके योगदान के लिए उन्हें पुरस्कार और 'ई-रत्न' सम्मान द्वारा सम्मानित किया था। मुख्यमंत्री कार्यालय ने अपनी इन्फॉर्मेशन एंड कम्युनिकेशन टेक्नोलॉजी (आई.सी.टी.) आधारित पहल के लिए सी.एस.आई निहिलेंट ई-गवर्नेंस अवाड्र्स 2011 में 'अवार्ड ऑफ एक्सीलेंस—डिपार्टमेंटल लेवल' जीता। इसके अतिरिक्त वर्ष 2012 के अंत में मुख्यमंत्री कार्यालय में ई-गवर्नेंस की योजनाएँ और आई.सी.टी. आधारित पहल आयोजित हुईं। ई-इंडिया समिट में 'बेस्ट गवर्नमेंट टू सिटीजन इनीशिएटिव ऑफ दि इयर अवार्ड' भी प्रदान किया गया था।

मुख्यमंत्री मोदी के विजित पुरस्कारों में से कुछ का उल्लेख इस प्रकार है—

(दिनांक)	(पुरस्कार)
16-10-2003	आपदा प्रबंधन और खतरा टालने की दिशा में संयुक्त राष्ट्र की ओर से सासाकावा पुरस्कार।
अक्तूबर 2004	प्रबंधन में नवीनता लाने के लिए 'कॉमनवेल्थ एसोसिएशंस' की ओर से CAPAM गोल्ड पुरस्कार।
27-11-2004	'इंडिया इंटरनेशनल ट्रेड फेयर-2004' में इंडिया ट्रेड प्रमोशन ऑर्गेनाइजेशन फॉर गुजरात्स एक्सीलेंस' की ओर से 'स्पेशल कमेंडेशन गोल्ड मेडल'।
24-02-2005	भारत सरकार की ओर से गुजरात के राजकोट जिले में सेनिटेशन सुविधाओं के लिए 'निर्मल ग्राम' पुरस्कार।
25-04-2005	भारत सरकार के सूचना व तकनीकी मंत्रालय और विज्ञान एवं तकनीकी मंत्रालय द्वारा 'भास्कराचार्य इंस्टीट्यूट ऑफ स्पेस एप्लिकेशन' और 'जिओ-इन्फॉर्मेटिक्स', गुजरात सरकार को 'PRAGATI' के लिए 'एलिटेक्स' पुरस्कार।
21-05-2005	राजीव गांधी फाउंडेशन, नई दिल्ली की ओर से आयोजित सर्वेक्षण में देश के सभी राज्यों में गुजरात को श्रेष्ठ राज्य का पुरस्कार।
01-06-2005	भूकंप के दौरान क्षतिग्रस्त हुए गुरुद्वारा के पुनःस्थापन के लिए यूनेस्को द्वारा 'एशिया पैसिफिक हेरिटेज' अवार्ड।
05-08-2005	'इंडिया टुडे' द्वारा श्रेष्ठ निवेश पर्यावरण पुरस्कार।
05-08-2005	'इंडिया टुडे' द्वारा सर्वाधिक आर्थिक स्वातंत्र्य पुरस्कार।
27-11-2005	नई दिल्ली में आयोजित अंतरराष्ट्रीय व्यापार मेले में गुजरात

	पैविलियन को प्रथम पुरस्कार।
18-05-2006	गुजराती साप्ताहिक 'चित्रलेखा' के पाठकों ने श्री नरेंद्र मोदी को 'पर्सन ऑफ दि इयर' चुना।
12-11-2005	इंडिया टेक फाउंडेशन की ओर से ऊर्जा क्षेत्र में सुधार और नवीनता के लिए इंडिया टेक्नोलॉजी एक्सीलेंस अवार्ड।
30-01-2006	'इंडिया टुडे' द्वारा देशव्यापी स्तर पर कराए गए सर्वेक्षण में श्री नरेंद्र मोदी देश के सर्वश्रेष्ठ मुख्यमंत्री।
23-03-2006	सेनिटेशन सुविधाओं के लिए केंद्र सरकार द्वारा गुजरात के कुछ गाँवों को 'निर्मल ग्राम पुरस्कार'।
31-07-2006	बीस सूत्रीय कार्यक्रम के अमलीकरण में गुजरात को एक बार फिर से प्रथम पुरस्कार प्राप्त हुआ।
02-08-2006	सर्व शिक्षा अभियान में देश के 35 राज्यों में गुजरात प्रथम स्थान पर रहा।
12-09-2006	अहिल्याबाई नेशनल अवार्ड फंक्शन, इंदौर द्वारा उत्कृष्टता पुरस्कार।
30-10-2006	प्रसूति समय जच्चा-बच्चा मृत्यु दर कम करने के लिए चिरंजीवी योजना के अंतर्गत 'वॉल स्ट्रीट जर्नल' और 'फाइनेंशियल एक्सप्रेस' की ओर से सिंगापुर में 'एशियन इनोवेशन अवार्ड' दिया गया।
04-11-2006	भू-रिकॉर्ड्स के कंप्यूटराइजेशन के लिए चल रही ई-धरा योजना के लिए ई-गवर्नेंस पुरस्कार।
10-01-2007	देश के सबसे श्रेष्ठ ई-गवर्न्ड राज्य का ELITEX 2007-पुरस्कार भारत की केंद्र सरकार की ओर से प्राप्त।
05-02-2007	इंडिया टुडे-ओआरजी मार्ग के देशव्यापी सर्वेक्षण में तीसरी बार श्रेष्ठ मुख्यमंत्री चुने गए।

सफल 'स्वागत' तकनीक

मुख्यमंत्री मोदी टेक्नोलॉजी की शक्ति में बहुत विश्वास रखते हैं; लेकिन खास बात यह है कि उन्होंने सरकार के कामकाज में भी आधुनिक टेक्नोलॉजी को शामिल कर लिया है, ताकि सेवा पहुँचाना आसान हो जाए। 'स्वागत' (टेक्नोलॉजी के उपयोग द्वारा राज्य व्यापी शिकायतों पर ध्यान देना) नामक शिकायत-निवारण पहल की

शानदार सफलता नरेंद्र मोदी के लिए एक महान् सीमाचिह्न साबित हुई है, जिनकी दूरदर्शिता के कारण इस पहल का निर्माण और बाद में विस्तार हो सका। वर्ष 2003 में शुरू हुई 'स्वागत' ने गुजरात में शिकायत-निवारण सेवा में क्रांतिकारी परिवर्तन किया है, जिसने राज्य के लोगों को मुख्यमंत्री सहित राज्य के सर्वोच्च अधिकारियों के साथ सीधे संपर्क करने के लिए सक्षम किया है। सार्वजनिक सेवाओं के प्रदान में अपनी भूमिका में परिवर्तन लाने के लिए 'स्वागत' ने प्रतिष्ठित 'संयुक्त राष्ट्र लोक-सेवा पुरस्कार' जीता है। हाल ही में उसने सार्वजनिक सेवाओं में सुधार के लिए 'सी.एक्स.ओ.-2011' पुरस्कार भी जीता है। भूतकाल में इसे राष्ट्रीय पुरस्कार भी मिला है।

गौरवपूर्ण पुरस्कारों और उपलब्धियों की सूची यहाँ समाप्त नहीं हो रही है। स्वास्थ्य से लेकर बुनियादी सुविधाओं तक, पर्यटन से लेकर पंचायती राज तक गुजरात सरकार के सारे विभाग अद्‌भुत काम कर रहे हैं, जिसके लिए मोदी और उनका प्रशासन लगातार सम्मानित हो रहा है।

बदलता गुजरात : विकास की ओर उन्मुख गुजरात

नरेंद्र मोदी का लक्ष्य है कि 21वीं सदी का गुजरात अपने सुदृढ़ विकास के साथ-साथ औद्योगिक विकास, विश्व स्तरीय संस्थान, ऊर्जावान् युवाओं की क्षमता की ऐसी तसवीर पेश करे कि दुनिया देखे। 'बदलता गुजरात : विकास की ओर उन्मुख गुजरात', मोदी का यही नारा है और वे अपने लक्ष्य की तरफ सफलता से उन्मुख होते हुए दृष्टिगत भी हो रहे हैं।

प्रदेश में विकास का जो फॉर्मूला उन्होंने अपनाया, वह आज हर तरफ मिसाल की तरह पेश किया जा रहा है। नरेंद्र मोदी गुजरात की जमीनी हकीकत जानते व पहचानते हैं और वहाँ के प्रशासनिक तंत्र से भलीभाँति परिचित हैं। अपने सपनों को साकार रूप देने के लिए प्रदेश में औद्योगिक घरानों से लेकर सामाजिक संस्थानों को नई दिशा देने का जो सूत्रपात उन्होंने किया है, आज वह बदलते गुजरात की नई दास्तान बयाँ कर रहा है।

कॉमन मैन मोदी

चुनाव जीतने के बाद नरेंद्र मोदी की यह टिप्पणी उनकी धरातल से जुड़ी सोच का परिचायक है कि ''मैं 7 अक्तूबर, 2001 को राज्य (गुजरात) का मुख्यमंत्री नहीं बना। मैं तो शुरू से 'सी.एम.' हूँ। आज भी सी.एम. हूँ और कल भी रहूँगा, क्योंकि सी.एम. से मेरा मतलब 'कॉमन मैन' यानी आम आदमी है।''

मीडिया से लेकर आम आदमी के बीच सुर्खियों में रहे मोदी ने यह साबित कर दिया कि वह एक कॉमन मैन (आम आदमी) हैं और कॉमन मैन की तरह ही काम करना चाहते हैं। वर्ष 2001 में जब मोदी मुख्यमंत्री बने थे तब मीडिया ने उनकी छवि एक कट्टर हिंदूवादी नेता की निर्मित की थी और वही छवि आज उसी मीडिया की नजर में बदल चुकी है और सारी दुनिया में सराहे गए सफल प्रशासक की सफलताओं को वह भी सलाम करने लगा है।

गुजरात के विकास कार्य

यह बात सच है कि पाँच सालों में गुजरात ने जो समृद्धि हासिल की, उसकी मिसाल बहुत कम देखने को मिलती है। मोदी का जनाधार बढ़ा, लेकिन मीडिया ने हमेशा उनकी छवि अलग रूप से पेश की। नरेंद्र मोदी तीसरी बार गुजरात के मुख्यमंत्री बने। गुजरात दंगों में उनकी भूमिका को लेकर चाहे जितने प्रश्न उठाए गए हों, हर विरोध और व्यवधान को पार करते हुए अपने विकास कार्यों से उन्होंने इस बात का प्रमाण दिया है कि दृढ़ निश्चयी अपराजेय होता है।

उनका यह तर्क सहज अकाट्य है कि क्या अगर गुजरात का विकास हो रहा है, हर गाँव में पीने का पानी जा रहा है, हर गाँव में पक्की सड़कें हैं तो क्या उस पर यह लिखा होगा कि हिंदू या मुसलमान के लिए है? यह तो सबके लिए है। मोदी भाईचारे की बात करते हैं, न कि हिंदुत्व की।

सबके लिए आम

नरेंद्र मोदी के व्यक्तिगत जीवन का उद्‌देश्य था कि वह सबके लिए आम हों, किसी के लिए खास न हों। यह बात गुजरात में भाजपा के उन नेताओं को खटकती थी, जो एयरकंडीशंड कमरों में बैठकर राजनीति करना चाहते थे। जिनके लिए कॉमन मैन जैसी कोई बात नहीं थी। बस, बात यही थी कि उन्हें किसी तरह से सत्ता मिल जाए। नरेंद्र मोदी ने आम आदमी की नब्ज को पहचाना और गुजरात के विकास कार्यों की ओर ध्यान देना शुरू किया। उनके लिए आम आदमी का विकास हमेशा प्राथमिकता में रहा। वर्ष 2002 में जब वह मुख्यमंत्री बने तो उनका लक्ष्य गुजरात के वे 18 हजार गाँव थे, जिनका विकास करना उनकी प्राथमिकता में शामिल रहा। वर्ष 2002 में मुख्यमंत्री बनने के बाद गुजरात में ग्राम पंचायत के चुनाव होने थे। मोदी ने यह ऐलान किया कि जो गाँव सर्वसम्मति से अपने सरपंच का चुनाव करेगा, उस गाँव के विकास के लिए 1 लाख रुपए अलग से दिए जाएँगे। परिणाम यह हुआ कि गुजरात के गाँवों की ज्यादातर विवेकशील जनता ने मोदी के इसी फॉर्मूले को चुना। मोदी अपने इस काम में सफल भी हुए।

सादगीपूर्ण व्यक्तिगत जीवन

व्यक्तिगत तौर पर मोदी का जीवन सरल और सहज रहा है। आज भी उनके मुख्यमंत्री आवास पर उस तरह से भीड़ नहीं रहती है, जैसा कि अन्य राज्यों के मुख्यमंत्रियों के यहाँ रहती है; क्योंकि वह सबके लिए आम हैं और सबके लिए खास। इसी उद्देश्य के साथ मोदी अपने काम को आगे बढ़ा रहे हैं। उनका जीवन सादा है और इस बात का प्रमाण उनके निजी जीवन में भी मिलता है कि वह एक कॉमन मैन की तरह जीवन जीते हैं। भोजन में शाकाहारी और भाषण में मितभाषी मोदी आज भी विनम्र स्वभाव के हैं और सहज मानवीय सम्मान उनके व्यक्तित्व का अविभाज्य अंग है। नपे-तुले शब्दों में बात करनेवाले मोदी अतिवादिता के शिकार नहीं हैं। हमेशा वह आम आदमी की भाषा बोलते हैं और उन्होंने यह साबित भी कर दिया कि अगर जनता साथ है तो विरोध के कोई मायने नहीं रहते।

गोधरा कांड को लेकर गुजरात की जनता के बीच नरेंद्र मोदी का उस तरह से कोई विरोध देखने को नहीं मिला जिस प्रकार का विरोध दिल्ली में लोग करते रहे। वहाँ की जनता उनके द्वारा किए जा रहे विकास कार्यों से खुश है, लेकिन विरोधियों का सबसे बड़ा दर्द है कि आम जनता ख़ुश क्यों है।

तीसरी बार मुख्यमंत्री

अब नरेंद्र मोदी तीसरी बार मुख्यमंत्री बन चुके हैं। उनके तीसरी बार मुख्यमंत्री बनने से पहले और बनने के बाद मीडिया में तरह-तरह की आशंकाएँ जाहिर की जा रही थीं। दिसंबर 2012 के जिस दिन चुनाव हो रहा था उस दिन मीडियाकर्मियों को एक एस.एम.एस. मिला कि 'मोदी आउट'! यानी मोदी गए, यानी कि मोदी चुनाव हार रहे हैं और कांग्रेस सरकार बना रही है। यह एस.एम.एस. कई पत्रकारों को मिला। मीडिया में इस बात की चर्चा जोरों पर रही कि लगता है, मोदी चुनाव हार जाएँगे और कांग्रेस सरकार बना ले जाएगी।

इसके पीछे तर्क यह था कि मोदी के साथ गुजरात में कोई नहीं है। जितने बड़े नेता हैं, सब विरोध में हैं। लेकिन मोदी को विश्वास था कि कोई हो चाहे न हो, जनता उनके साथ है और वही चुनाव जीतेंगे। उनके आत्मविश्वास की झलक चुनावों में भी देखने को मिल रही थी। विरोधी परेशान थे कि आखिर मोदी क्यों इतना आत्मविश्वासी हो गए हैं।

परंतु सत्य तो यह है कि जो व्यक्ति जीवन में संघर्ष कर बुलंदियों को छूता है, उसके अंदर हमेशा आत्मविश्वास बना रहता है। यह आत्मविश्वास संघर्ष से जन्मा सत्य

है। इसलिए वे आत्मविश्वास से परिपूर्ण हैं। इस आत्मविश्वास के बल पर उन्होंने अपने आपको ऐसे मुकाम पर पहुँचाया कि देश ही नहीं, दुनिया में आज उनके नाम की चर्चा हो रही है।

मैन विद ए मिशन

मोदी, मोदी और मोदी—इसी के साथ गुजरात की जनता ने उन्हें तीसरी बार मुख्यमंत्री बनाया और 'मैन विद ए मिशन' की भाँति काम करने के लिए उनको प्रेरित किया।

आनेवाले पाँच वर्षों में वह क्या करेंगे, यह भी पूरी तरह भविष्य के आँचल में छुपा हुआ नहीं है; क्योंकि जैसे पिछले एक दशक से उनके अनवरत विकास कार्य चल रहे हैं, आगामी पाँच वर्षों में उनमें बढ़ोतरी ही होगी।

लेकिन बीते वर्षों में उन्होंने जो कुछ किया, वह करिश्मा ही कहा जा सकता है; क्योंकि गुजरात की जनता समृद्ध है और समृद्धि का यह वाहक लगातार उनकी समृद्धि के बारे में सोच रहा है। आजादी के 50 सालों के बाद गुजरात में जितना विकास नहीं हुआ उतना विकास केवल 5 सालों में हो गया। उनकी सोच एक बुद्धिमान दूरद्रष्टा की सोच है।

करिश्माई मोदी के चौतरफा हुए गुणगान ने हर उस व्यक्ति को उनके बारे में जानने को विवश कर दिया, जो उनसे भलीभाँति परिचित नहीं था। लोगों की जिज्ञासा मोदी के निजी जीवन से ज्यादा उनके कामकाज के तौर-तरीकों पर केंद्रित है। व्यक्तिगत जीवन से कहीं महत्त्वपूर्ण व्यावसायिक जीवन है, जिसके बारे में इनसान जानना चाहता है।

संघ-संस्कार—राष्ट्रधर्म

आर.एस.एस. में अपने कार्यकाल के दौरान नरेंद्र मोदी ने सन् 1974 के भ्रष्टाचार विरोधी नवनिर्माण आंदोलन और 19 महीने (जून 1975 से जनवरी 1977) की दीर्घावधि तक रहे भयंकर आपातकाल, जब भारतीय नागरिकों के मूल अधिकारों का गला घोंट दिया गया था, जैसी विभिन्न घटनाओं के वक्त अत्यंत महत्त्वपूर्ण भूमिकाएँ निभाईं। इस पूरी अवधि के दौरान भूमिगत रहते हुए उन्होंने गुप्त तरीके से केंद्र सरकार की फासीवादी नीतियों के खिलाफ जोशीले अंदाज में जंग छेड़ते हुए लोकतंत्र की भावना को जीवित रखा।

भाजपा में प्रवेश

सन् 1987 में भारतीय जनता पार्टी (भाजपा) में शामिल होकर उन्होंने राजनीति की मुख्य धारा में प्रवेश किया। एक वर्ष के भीतर ही उन्हें पार्टी की गुजरात इकाई का महामंत्री नियुक्त किया गया। तब तक उन्होंने एक अत्यंत कुशल संगठक के रूप में ख्याति अर्जित कर ली थी। उन्होंने सच्चे अर्थों में पार्टी कार्यकर्ताओं को सक्रिय करने के चुनौतीपूर्ण कार्य का बीड़ा उठाया, जिसकी वजह से पार्टी को राजनीतिक लाभ मिलना शुरू हो गया और अप्रैल 1990 में केंद्र में गठबंधन सरकार अस्तित्व में आई। यह राजनीतिक गठबंधन कुछ महीनों के अंतराल के बाद टूट गया। लेकिन 1995 में भाजपा अपने दम पर गुजरात में दो-तिहाई बहुमत के साथ सत्ता हासिल करने में सफल रही। तब से गुजरात में सत्ता की बागडोर भाजपा के हाथों में है।

कुशल रणनीतिकार

सन् 1988 से 1995 के दौरान श्री नरेंद्र मोदी की पहचान एक कुशल रणनीतिकार के रूप में स्थापित हुई, जिन्होंने गुजरात भाजपा को राज्य में सत्ताधारी पार्टी बनाने के लिए जमीनी कार्य को सफलतापूर्वक अंजाम दिया था। इस दौरान मोदी को दो महत्त्वपूर्ण राष्ट्रीय घटनाओं के आयोजन की जिम्मेदारी सौंपी गई। एक, श्री लालकृष्ण आडवाणी की सोमनाथ से अयोध्या तक की लंबी रथयात्रा और दूसरी, देश के दक्षिणी छोर पर स्थित कन्याकुमारी से उत्तर में कश्मीर तक की यात्रा। सन् 1998 में नई दिल्ली की सत्ता में भाजपा के उदय का श्रेय इन्हीं दो अत्यंत सफल घटनाओं को जाता है, जिसमें मोदी की भूमिका महत्त्वपूर्ण रही थी।

सफल दायित्व-निर्वहन

सन् 1995 में नरेंद्र मोदी को पार्टी का राष्ट्रीय सचिव नियुक्त किया गया और देश के पाँच महत्त्वपूर्ण राज्यों की जिम्मेदारी सौंपी गई, जो किसी भी युवा नेता के लिए बड़ी उपलब्धि की बात थी। सन् 1998 में उन्हें महासचिव (संगठन) के पद पर पदोन्नत किया गया। अक्तूबर 2001 में भारत के सबसे समृद्ध और प्रगतिशील राज्यों में से एक गुजरात के मुख्यमंत्री के रूप में नियुक्त होने तक वे अपनी सेवाएँ महासचिव के तौर पर पार्टी को देते रहे। राष्ट्रीय स्तर पर उनके कार्यकाल के दौरान उनको जम्मू एवं कश्मीर जैसे संवेदनशील और महत्त्वपूर्ण राज्य के अलावा उतने ही संवेदनशील उत्तर-पूर्वी राज्यों सहित अन्य कई राज्यों में पार्टी की प्रदेश इकाइयों के मामलों को देखने की जिम्मेदारी सौंपी गई। राष्ट्रीय स्तर पर कार्य करने के दौरान श्री

मोदी पार्टी के एक महत्त्वपूर्ण प्रवक्ता के तौर पर उभरकर सामने आए तथा कई महत्त्वपूर्ण घटनाओं के समय उन्होंने अहम भूमिका निभाई।

इस दौरान उन्होंने दुनिया भर के देशों में यात्राएँ कीं और अनेक प्रतिष्ठित नेताओं के साथ विचार-विमर्श किया। इन अनुभवों से न सिर्फ उनके वैश्विक दृष्टिकोण का विकास हुआ, बल्कि भारत की सेवा करने तथा दुनिया में उसका सामाजिक-आर्थिक वर्चस्व स्थापित करने का जज्बा भी तीव्र बना।

सफल नेतृत्व

मुख्यमंत्री बनने के तुरंत बाद ही भूकंप-प्रभावित इलाकों के पुनर्निर्माण और पुनर्वास की काररवाई की बड़ी चुनौती नरेंद्र मोदी के सामने थी। भुज मलबों का शहर बन गया था और हजारों लोग कामचलाऊ आश्रय-स्थानों में बिना किसी मूलभूत सुविधाओं के रह रहे थे। उन्होंने प्रतिकूल परिस्थितियों को किस तरह सर्वांगीण विकास के अवसरों में तब्दील कर दिया, भुज शहर उसका जीता-जागता सबूत है।

जब पुनर्निर्माण एवं पुनर्वास की काररवाई चल रही थी, तब भी उन्होंने व्यापक परिप्रेक्ष्य में मंथन का अभिगम छोड़ा न था। गुजरात ने हमेशा ही औद्योगिक विकास पर ध्यान केंद्रित किया। श्री नरेंद्र मोदी ने सर्वांगीण सामाजिक-आर्थिक विकास के लिए उपयुक्त तरीके से सामाजिक क्षेत्र पर ध्यान केंद्रित कर उस असंतुलन को सुधारने का निर्णय किया और राज्य के सर्वांगीण विकास के लिए पाँच सूत्रीय रणनीति—पंचामृत योजना—की परिकल्पना की।

उनके नेतृत्व में शिक्षा, कृषि और स्वास्थ्य सेवा सहित अनेक क्षेत्रों में बड़ा परिवर्तन नजर आ रहा है। उन्होंने राज्य के भविष्य के लिए अपनी एक स्पष्ट दृष्टि बनाते हुए नीति-आधारित सुधार कार्यक्रम शुरू किया। सरकार के ढाँचे को पुनर्गठित कर गुजरात को सफलतापूर्वक समृद्धि के मार्ग पर ला दिया। उनके आशय और क्षमता का पता उनके सत्ता सँभालने के 100 दिनों के भीतर ही चल गया। प्रशासनिक सूझ-बूझ, स्पष्ट दूरदर्शिता और चारित्र्य की अखंडता सहित अपनी सभी कुशलताओं की वजह से उन्होंने दिसंबर 2002 के आम चुनावों में भव्य विजय हासिल की और मोदी सरकार 182 सीटोंवाली विधानसभा में 128 सीटें जीतकर भारी बहुमत के साथ चुन ली गई। वर्ष 2007 और वर्ष 2012 के चुनावों में फिर से मोदी के नेतृत्व में भाजपा को भारी बहुमत मिला।

गुजरात की सेवा में 4,000 दिन

17 सितंबर, 2012 को नरेंद्र मोदी ने गुजरात के लोगों की सेवा में 4,000 दिन पूरे किए। लगातार तीन चुनावों में उनको गुजरात के लोगों का स्नेह और समर्थन

मिलता रहा। वर्ष 2002 और 2007 के चुनावों में विजय के बाद 2012 के विधानसभा चुनाव में फिर से एक बार उनके नेतृत्व में भाजपा ने भारी बहुमत प्राप्त किया। भाजपा को 115 सीटें मिलीं और 26 दिसंबर, 2012 को मोदी ने लगातार चौथी बार गुजरात के मुख्यमंत्री के तौर पर शपथ ली।

आज गुजरात के लोगों की आशाओं और अपेक्षाओं को उनकी उम्मीदों से भी ज्यादा पूरा किया गया है। आज गुजरात ई-गवर्नेंस, पूँजी निवेश, गरीबी उन्मूलन, बिजली, सेज (SEZ), सड़क निर्माण, वित्तीय व्यवस्थापन सहित कई क्षेत्रों में अग्रसर है। गुजरात की समृद्धि कृषि, उद्योग और सेवा तीनों क्षेत्रों के संतुलित विकास की वजह से है। गुजरात के सर्वांगीण विकास में श्री मोदी के 'सबका साथ, सबका विकास' मंत्र, उनके प्रो-पीपल प्रो-एक्टिव गुड गवर्नेंस (पी2जी2) सूत्र और विकास कार्यों में गुजरात के लोगों की सक्रिय भागीदारी ने महत्त्वपूर्ण भूमिका निभाई है।

सुजलां सुफलाम् योजना

अनेक अवरोध होने के बावजूद नरेंद्र मोदी ने संकल्प किया है कि नर्मदा बाँध 121.9 मीटर की ऊँचाई तक पहुँचे। उन्होंने इसके निर्माण में अवरोध खड़े करनेवालों के खिलाफ उपवास भी किए। गुजरात में जल-स्रोतों की अनेक ग्रिड बनाने के लिए कार्यरत सुजलां सुफलाम् योजना जल संरक्षण और उसके उचित उपयोग की दिशा में एक अन्य अनोखी पहल है।

सोइल हेल्थ कार्ड, रोमिंग राशन कार्ड की शुरुआत जैसी नई पहल राज्य के सामान्य-से-सामान्य व्यक्ति के लिए उनकी चिंता को दरशाती है।

कृषि महोत्सव, चिरंजीवी योजना, मातृवंदना, बेटी बचाओ अभियान, ज्योति ग्राम योजना और कर्मयोगी अभियान, ई-ममता, एम-पावर, स्कॉप, आई-क्रिएट जैसी पहलों द्वारा गुजरात का सर्वांगीण विकास संभव बना है। आज जब राजनेताओं की नजर आगामी चुनावों से आगे नहीं जाती, तब ऐसे कदम नरेंद्र मोदी को आनेवाली पीढ़ी के बारे में सोचनेवाले एक राजनेता के तौर पर प्रस्थापित करती है।

नवीन विचार-युक्त एक युवा और ऊर्जावान् जननेता के तौर पर व्यापक रूप में पहचाने जानेवाले नरेंद्र मोदी ने अपने विचारों को सफलतापूर्वक गुजरात के लोगों तक पहुँचाया और वह गुजरात के 6 करोड़ से ज्यादा लोगों का भरोसा, विश्वास और आशा जगाने में सफल रहे हैं। लाखों लोगों को, मतलब कि आम आदमी को, भी उसके नाम से बुलाने के उनकी स्मरण-शक्ति के कारण वह जनता के प्रिय बन चुके हैं।

आध्यात्मिक गुरुओं के लिए अपने अपार आदर के कारण वह विभिन्न धर्मों के बीच सेतु बने हैं। विभिन्न आयवाले समूहों, विभिन्न धर्मों और यहाँ तक कि विभिन्न

राजनीतिक विचारधाराओं वाले लोगों में बँटा गुजरात का एक बड़ा वर्ग भी एक सक्षम और दूरदर्शी नेता के रूप में नरेंद्र मोदी का आदर करता है, जो पारदर्शी और ठोस तरीके से लोगों के जीवन स्तर में सुधार कर रहे हैं। एक कुशल वक्ता और एक निपुण मंत्रणाकार मोदी ने गाँवों और शहरों के लोगों का एक समान स्नेह पाया है। उनके समर्थकों में समाज के प्रत्येक संप्रदाय, धर्म और प्रत्येक आर्थिक वर्ग के लोग शामिल हैं।

उनके सक्षम नेतृत्व में गुजरात ने दुनिया भर में से अनेक सम्मान और पुरस्कार हासिल किए हैं; जैसे कि आपत्ति-व्यवस्थापन के लिए संयुक्त राष्ट्र की ओर से सासाकावा पुरस्कार, रचनात्मक और सक्रिय प्रशासन के लिए कॉमनवेल्थ एसोसिएशन फॉर पब्लिक एडमिनिस्ट्रेशन एंड मैनेजमेंट (सी.ए.पी.एम.) और यूनेस्को का अवार्ड, ई-गवर्नेंस के लिए सी.एस.आई. पुरस्कार आदि। वास्तव में तो नरेंद्र मोदी ने लगातार तीन साल तक जनता द्वारा सर्वश्रेष्ठ मुख्यमंत्री का स्थान हासिल किया है। यही उनकी उपलब्धियों को साबित करता है।

वाइब्रेंट गुजरात

खास कमाल तो नरेंद्र मोदी ने वाइब्रेंट गुजरात कार्यक्रम करके किया है, जिसके द्वारा उन्होंने गुजरात को वैश्विक फलक पर रख दिया है। दुनिया भर के पूँजी निवेशकों के लिए गुजरात एक पसंद का स्थल बन चुका है। वर्ष 2013 की वाइब्रेंट गुजरात समिट में दुनिया भर के 120 देशों ने भाग लिया, जो एक उल्लेखनीय उपलब्धि है।

पिछले कई वर्षों से गुजरात में दो आँकड़ों वाली वृद्धि दर है। जब गुजरात वृद्धि और विकास के पथ पर निरंतर तेज गति से आगे बढ़ रहा है, ऐसे में मोदी एक अथक यात्री की तरह समय की रेत पर अपने कदमों के निशान छोड़कर मील के पत्थर को मील के पत्थर में परिवर्तित करके विकास के पथ पर अग्रसर हैं।

आधारभूत स्तर से लेकर राज्य के मुख्यमंत्री के तौर पर उनकी राजनीतिक यात्रा पर मात्र एक सरसरी नजर डाली जाए तो भी एक सक्षम नेता के तौर पर उनकी छवि स्वयं स्पष्ट हो जाती है।

रोल मॉडल

अगर एक नेता में नए विचार और आदर्श देखने हों तो मोदी इसका सुंदर उदाहरण हैं। सशक्त चारित्र्य, साहस, समर्पण और दूरदर्शिता से परिपूर्ण एक युवा किस प्रकार सृजनात्मक नेतृत्व की ऊँचाइयों पर पहुँच सकता है, इसके आदर्श रोल मॉडल के तौर पर श्री मोदी उभर आए हैं। लोगों की सेवा के लिए अपार जोश, स्थिर

उद्देश्य और लोगों का अपार स्नेह सार्वजनिक जीवन में किसी व्यक्ति को कम ही मिलता है, जो मोदी को मिला है। काफी अल्प समय में वह एक ऐसे नेता के तौर पर उभर आए हैं, जो भविष्य का निर्माण करने का सामर्थ्य रखते हैं।

जनता के प्रधानमंत्री

जनता की नजर में प्रधानमंत्री पद के लिए नरेंद्र मोदी सबसे उपयुक्त उम्मीदवार हैं। मोदी को 36 प्रतिशत वोटरों का समर्थन प्राप्त हुआ है। वहीं कांग्रेस पार्टी के उपाध्यक्ष राहुल गांधी को 22 प्रतिशत वोट मिले हैं। देश का मिजाज जानने के लिए यह सर्वे 'इंडिया टुडे' और एसी नील्सन ने किया है। इस रेस में भाजपा के लालकृष्ण आडवाणी 6 प्रतिशत वोट के साथ तीसरे स्थान पर हैं।

किड्ज सिटी

नरेंद्र मोदी का आग्रह है कि गुजरात में आनेवालों को यहाँ की 'किड्ज सिटी' जरूर देखनी चाहिए। प्रदेश में बच्चों के भविष्य को लेकर उनकी क्या कल्पना है, यहाँ यह सजीव दर्शित होती है। गुजरात में उन्होंने बाल विश्वविद्यालय की भी स्थापना की है। बच्चों को लेकर, उनके विकास और भविष्य को लेकर मोदी उत्साह से भरपूर हैं। शहर हो या गाँव, एक-एक बच्चा स्कूल जाए, यह नरेंद्र मोदी का स्वप्न है।

कर्मचारी नहीं, कर्मवीर

नरेंद्र मोदी के आदर्श स्वप्न नौकरशाही पर आधारित नहीं हैं, तथापि नौकरशाही की उपयोगिता को उन्होंने कभी अस्वीकार नहीं किया। उनका कहना है कि जिन दिनों स्कूलों में प्रवेश होता है, उन दिनों सारी सरकार सचिवालय छोड़कर गाँवों में डेरा जमाती है। अपनी तरह ही मोदी ने नौकरशाही को भी सपने देखना सिखा दिया है। इसके लिए वे बताते हैं कि उन्होंने बाबुओं के बीच अरसे से जमी हुई हायरार्की की भावना को समाप्त कर दिया है। अब वे कर्मचारी नहीं, कर्मवीर हैं। मोदी के साथ चलना है तो कर्तव्यों का नया पहाड़ा पढ़ना होगा, देखे गए सपनों को धरती पर उतारने की कला सीखनी होगी। मोदी का कहना है कि मैं किसी भी बैठक में किसी अधिकारी से यह नहीं पूछता कि आपने यह काम क्यों नहीं किया? मैं सदा यही पूछता हूँ कि पिछले दिनों जो सबसे अच्छा काम किया है, वही सभी को सुनाओ। इससे सुनानेवाले की ऊर्जा और सीमा दोनों का पता चल जाता है। मोदी सब की सीमा और सब की ऊर्जा को पहचान गए हैं।

सौर ऊर्जा और पवन ऊर्जा

सौर ऊर्जा और पवन ऊर्जा को लेकर मोदी सरकार की योजनाएँ ऊर्जा की शक्ति रेखा से होकर गुजरती हैं। विकास का रहस्य ऊर्जा में छिपा हुआ है। भविष्य उसी का है, जिसके पास ऊर्जा है। सूर्य और पवन ये दो अंतरिक्षीय स्तंभ इस ऊर्जा के अनंत भंडार हैं। मोदी गुजरात को ऊर्जा संकट से निजात दिलाने के लिए इसी सौर और पवन ऊर्जा की भावी संभावनाओं के अनुसंधान की दिशा में प्रयासरत हैं।

गुजरात मॉडल : विकास मॉडल

साम्यवादी कहते हैं कि मोदी का विकास मॉडल विकास का पूँजीवादी मॉडल है, जिससे बहुराष्ट्रीय कंपनियों को लाभ मिल रहा है। मोदी ने स्पष्ट किया, "मैं विकास उसी को मानता हूँ, जिसका लाभ समाज के पायदान पर खड़े अंतिम व्यक्ति तक पहुँचे। महात्मा गांधी और दीनदयाल उपाध्याय भी इसी को विकास की अंतिम कसौटी मानते थे।" मोदी का कहना है कि "मैं केवल ऐसा मानता ही नहीं बल्कि सुनिश्चित भी करता हूँ। जिस विकास का लाभ अंतिम व्यक्ति तक न पहुँचे, वह विकास है ही नहीं और जो विकास धारणक्षम नहीं है, वह विकास नहीं बल्कि विनाश है।"

मोदी के लिए गुजरात एक राज्य नहीं बल्कि घर है। जब वे गुजरात की योजनाओं का जिक्र करते हैं तो उनका इन्वॉल्वमेंट बताता है कि वे बाहर की नहीं, घर की बात कर रहे हैं। वे गुजरात में राजनीति नहीं कर रहे, लगता है एक मिशन की पूर्ति कर रहे हैं। गुजरात के लोग उनके लिए केवल मतदाता नहीं बल्कि उनके अपने परिवार के सदस्य हैं।

गुजरात में पर्यटन

मोदी की एक महत्त्वपूर्ण उपलब्धि गुजरात में पर्यटन को बढ़ावा देने की रही है। कच्छ का रेगिस्तान तक पर्यटकों को लुभाने लगा है। पर्यटन के बौद्ध सर्किट में वे गुजरात को ले आए हैं। 'ज्योति ग्राम' उनकी अनूठी परियोजना है, जिससे गाँवों को चौबीसों घंटे बिजली मिलती है। इसी प्रकार गाँव वालों को भी प्रसव के समय अस्पताल की सुविधा प्राप्त हो, इसकी व्यवस्था सरकार ने की है। स्थानीय डॉक्टरों को, जो गाँवों में अपने औषधालय चलाते हैं, उन्हें इस प्रकार के प्रसव के लिए निश्चित प्रोत्साहन राशि दी जाती है।

वे प्रदेश में स्थापित पेट्रोलियम विश्वविद्यालय के स्तर के बारे में बता रहे थे, प्रदेश में शिक्षा की स्थिति के बारे में बता रहे थे। उन्होंने प्रदेश में राष्ट्रीय विधि

विश्वविद्यालय स्थापित किया है, जिसमें प्रवेश लेने के लिए देश भर में जबरदस्त प्रतियोगिता होती है।

परिवहन के क्षेत्र

परिवहन के क्षेत्र में अमदावाद में बी.आर.टी.एस. अर्थात् तीव्र बस परिवहन व्यवस्था चालू की है, जो बहुत ही सफल हुई है। गुजरात में इस व्यवस्था की सफलता देखते हुए मुंबई, चेन्नई, बेंगलुरु और भुवनेश्वर में भी यह प्रयोग किया जा रहा है। गुजरात के इस प्रयोग को अंतरराष्ट्रीय पुरस्कार मिल चुका है। अमदावाद में सड़कें खुली और चौड़ी हैं। ड्राइवरों की जमात यह कहते हुए खुशी महसूस करती है कि मोदी ने सड़कों पर से अवैध कब्जे हटा दिए हैं। धरातल से जुड़ी अपनी सोच के साथ नरेंद्र मोदी ने अपने आपको गुजरात से एकाकार कर लिया है।

प्रशासन साफल्य

आज गुजरात को एक ऐसा नेता मिला है, जिसकी प्रशासन पर मजबूत पकड़ है और जो कवि हृदय व आध्यात्मिक स्वभाव का होने के कारण सामाजिक समरसता के आधार पर समग्र विकास के लिए सदैव तत्पर रहता है। हाल ही में नरेंद्र मोदी की प्रशासनिक क्षमता का सम्मान करते हुए संयुक्त राष्ट्र संघ ने भी उनको एक प्रशस्ति-पत्र दिया है। इन दिनों एक नया शब्द 'रेशनल' अर्थात् तार्किक प्रचलन में है। ऐसा माना जाता है कि जो 'रेशनल' है वह धार्मिक वृत्ति का नहीं हो सकता। वस्तुत: श्रद्धा का मतलब अज्ञानता नहीं है। ज्ञान जब परिपक्व हो जाता है तब वह श्रद्धा में परिवर्तित होता है। केवल मोदी ही नहीं, अपितु अनेक श्रेष्ठ कर्तव्यशील व्यक्ति श्रद्धावान् होते हैं, धार्मिक प्रवृत्ति के होते हैं।

सावरकर-साहित्य के प्रेमी

नरेंद्र मोदी बाल्यकाल से ही पुस्तक-प्रेमी और अध्ययनशील रहे हैं। पूर्वकृत कर्म, पारिवारिक संस्कार और संघ के अमूल्य जीवन मौक्तिक आज के नरेंद्र मोदी की पूर्ण व्याख्या हैं। किंतु यह बहुत कम लोग जानते हैं कि वे विवेकानंद की भाँति वीर सावरकर से भी उतने ही प्रभावित थे। प्रचंड राष्ट्रभक्ति के लौह पुरुष सावरकर के व्यक्तित्व के कुछ रूप तो नरेंद्र मोदी में जन्मजात हैं। राष्ट्रभक्ति, साहसिकता, लेखनप्रियता और स्पष्टवादिता आदि कई ऐसे गुण हैं, जो मोदी को सावरकर मार्ग का पथिक घोषित करते हैं। बस, मंच बदल गया है, भूमिकाएँ काफी कुछ वही हैं।

शूरता परमो धर्मः

नरेंद्र मोदी के भव्य मुख्यमंत्री आवास में केवल दो लोग रहते हैं—वे स्वयं तथा उनका रसोइया। उनको जो कुछ भी उपहार-स्वरूप प्राप्त होता है, उसे वे कन्याओं के पालन-पोषण, शिक्षा-दीक्षा, विकास एवं सुरक्षा के निमित्त दान कर देते हैं। उनके द्वारा आज तक 5 करोड़ रुपए से अधिक की निधि उपलब्ध कराई गई है। उनके बँगले के द्वार पर 'दया परमो धर्मः' के स्थान पर 'शूरता परमो धर्मः' वाक्य लिखा हुआ है।

गुजरात-योगदान

गुजरात के मुख्यमंत्री पद पर रहते हुए नरेंद्र मोदी ने पार्टी और अपने राज्य में बहुत लोकप्रियता हासिल कर ली। उन्हें एक प्रगतिशील नेता के रूप में पहचान भी मिली।

जिस समय नरेंद्र मोदी को गुजरात का प्रभार सौंपा गया, उस समय गुजरात आर्थिक और सामाजिक दोनों ही क्षेत्रों में बहुत पिछड़ा हुआ था। नरेंद्र मोदी के उत्कृष्ट प्रयासों द्वारा गुजरात ने उनके पहले कार्यकाल के दौरान ही सकल घरेलू उत्पाद में 10 प्रतिशत तक की बढ़ोतरी दर्ज की, जो अपने आप में एक रिकॉर्ड है।

गुजरात के एकीकृत विकास के लिए नरेंद्र मोदी ने कई योजनाओं को भी लागू किया, जिसमें 'पंचामृत योजना' सबसे प्रमुख है। जल संसाधनों का एक ग्रिड बनाने के लिए नरेंद्र मोदी ने सुजलां सुफलाम् नामक योजना का भी संचालन किया, जो जल संरक्षण के क्षेत्र में बहुत प्रभावी सिद्ध हुई है। कृषि महोत्सव, बेटी बचाओ योजना, ज्योति ग्राम योजना, कर्मयोगी अभियान, चिरंजीवी योजना जैसी विभिन्न योजनाओं को भी नरेंद्र मोदी द्वारा लागू किया गया।

□

विचार-मौक्तिक

धर्मनिरपेक्षता

धर्मनिरपेक्षता की मेरी परिभाषा काफी साधारण है—'पहले भारत'। आप जो भी करें, जहाँ कहीं भी काम करें, इसके सभी नागरिकों के लिए भारत ही सर्वोच्च प्राथमिकता होनी चाहिए।

लोगों को इसी सिद्धांत का पालन करना चाहिए। मैं इससे सहमत हूँ मित्रो, कि एक भारतीय के तौर पर, भारत से प्रेम करनेवाले एक नागरिक के तौर पर आप भी मेरी इस परिभाषा से सहमत होंगे। हम कोई भी काम करें या कोई भी फैसला करें, सबसे ऊपर भारत ही होना चाहिए।

गुजरात और भारत को बड़ा पर्यटन स्थल

भारतीय समुदाय दूसरे देशों के नागरिकों को पर्यटन के लिए भारत आने को कहें। यदि एक बार उन्होंने भारत आना शुरू कर दिया तो इससे देश के पर्यटन उद्योग को काफी बढ़ावा मिलेगा और इससे अर्थव्यवस्था भी मजबूत होगी। आपकी ओर से यह भारत की बड़ी सेवा होगी। जरूरी नहीं है कि हमेशा भारत में निवेश ही किया जाए या डॉलर भेजे जाएँ, भारत आने के लिए लोगों को प्रेरित करना भी सेवा का एक दूसरा रास्ता है।

जनता

जनता अच्छे-बुरे का अंतर जानती है, समझती है और स्वतंत्र रूप से निर्णय करती है। उसका यह निर्णय भविष्य को नजर में रखकर किया जाता है। गुजरात के चुनाव ने यह सिद्ध कर दिया है कि गुजरात का मतदाता परिपक्व हुआ है। सभी वोटरों ने गुजरात के भले के लिए वोट किया है।

गुजरात का मतदाता

गुजरात ने '80 के दशक के जातिवाद के जहर और उसके दुष्परिणामों को देखा है, अनुभव किया है और उसके कारण गुजरात के मतदाता उस दशक का हाल नहीं चाहते। गुजरात के मतदाता ने जातिवाद से ऊपर उठकर वोट दिया है।

लोगों ने सरकारों को जवाबदेह बनाना सीख लिया है। गुजरात के मतदाता ने सूझ-बूझ का परिचय दिया है और हर लुभावने वादों को ठुकरा दिया, हर झूठ को मानने से इनकार कर दिया है। इलेक्शन मैनिफेस्टो (चुनावी घोषणा-पत्र) को घूस में बदल देने के बाद भी लोग उससे मोहित नहीं हुए।

आज का अगर कोई हीरो है तो मेरे 6 करोड़ गुजराती हैं। अगर कुछ सीखना है तो गुजरात के मतदाताओं से सीखिए। गुजरात ने एक मिसाल कायम की है। सारे देश में गुड गवर्नेंस और विकास के लिए दबाव पैदा होना चाहिए। लोगों को खोखले वादे और झूठे नारे से ऊपर उठना चाहिए।

मेरा गुजरात

आज मतदाता सरकारों से अपेक्षा रखता है और यह देश के राजनीतिक दल और राजनेता को समझना होगा। कुछ लोग मेरे निर्णय से नाराज हो गए होंगे, लेकिन मेरे सख्त निर्णय सिर्फ जनता की भलाई के लिए थे। मतदाताओं ने अंततः साथ दिया। मेरा पूर्ण समर्पण गुजरात के प्रति है। मेरा गुजरात, मेरा गुजरात, मेरा गुजरात।

गुजरात के सरकारी कर्मचारी

सरकारी कर्मचारियों ने भी 75 प्रतिशत वोट भाजपा को दिया है। मोदी ने कहा कि सरकारी कर्मचारी को काम करना पड़ता है और वे खुश हैं काम करके, यह वोट बताता है। कर्मचारियों ने 11 सालों में इतना काम किया है जितना उन्होंने पिछले 25 सालों में नहीं किया होगा।

पाँच साल

आनेवाले पाँच साल का हर पल मैं जनता-जनार्दन को समर्पित करता हूँ। मैं आप लोगों को विश्वास दिलाता हूँ कि पूरा समय जनता की भलाई में लगाऊँगा। आपने वोट दिया, विजयी बनाया; लेकिन मैं आज आपसे कुछ माँगने आया हूँ—मुझे आशीर्वाद दीजिए, ताकि आगे भी हमसे कोई गलती न हो। जो देश का भला चाहता है, यह विजय उसकी है।

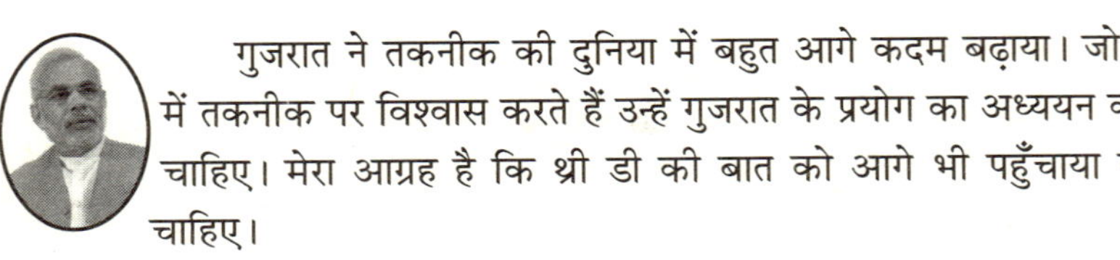

गुजरात ने तकनीक की दुनिया में बहुत आगे कदम बढ़ाया। जो देश में तकनीक पर विश्वास करते हैं उन्हें गुजरात के प्रयोग का अध्ययन करना चाहिए। मेरा आग्रह है कि श्री डी की बात को आगे भी पहुँचाया जाना चाहिए।

भारतीय जनता पार्टी

चुनाव में मैंने कहा था कि पैसे परास्त होंगे, पसीना जीत जाएगा और यही हुआ। 'भारत माता की जय' बोलनेवाले लाखों कार्यकर्ताओं के सामने मैं अपना सिर झुकाता हूँ। पार्टी माँ होती है। पार्टी की वजह से ही हम कुछ बनते हैं। आज मैं जो भी हूँ वह भारतीय जनता पार्टी की वजह से हूँ।

विकास

समाज के हर स्तर तक विकास पहुँचाना है। मैं इतनी तेजी से काम करना चाहता हूँ कि विकास का फर्क दिखाई देना चाहिए। मैं रोज एक नया काम नहीं करता हूँ तो मुझे चैन नहीं पड़ता है। मुझे खुद के लिए कुछ नहीं करना है, इसलिए पूरी शक्ति जन-हित में लगाता हूँ।

गुजरात का विकास

लोकतंत्र में अंतिम निर्णय कौन लेता है? अंतिम निर्णय मतदाता का होता है। यदि यह सिर्फ बढ़ा-चढ़ाकर कही गई बात होती, यदि यह सिर्फ झूठा-शोर होता तो जनता इसे रोज देखती। 'मोदी ने कहा था कि वह पानी देगा।' लेकिन तब लोग कहते, 'मोदी झूठा है। पानी हमारे यहाँ नहीं पहुँचा है।' तब मोदी को कौन पसंद करता? भारत के सतत परिवर्तनशील राजनीतिक तंत्र में लगातार बदलते राजनीतिक दलों के होते हुए अगर लोग मोदी को तीसरी बार चुनते हैं और उसे लगभग दो-तिहाई बहुमत मिलता है तो इसका मतलब लोग यह महसूस करते हैं कि मोदी जो बोलता है वह सच है। हाँ, सड़क बनाई जा रही है; हाँ, काम किया जा रहा है, बच्चों को शिक्षा मिल रही है। स्वास्थ्य के क्षेत्र में नई योजनाएँ आ रही हैं। 108 (आपातकालीन नंबर) की सेवा उपलब्ध है। लोग यह सब देखते हैं। इसलिए हो सकता है कि कोई यह कहे कि सिर्फ बड़ी-बड़ी बातें की जा रही हैं, लेकिन जनता उस पर विश्वास नहीं करेगी। जनता उसे ठुकरा देगी। और जनता में बहुत शक्ति है, बहुत।

सद्‌भावना मिशन और विवेकानंद युवा विकास यात्रा के दौरान मुझे गुजरात में सैकड़ों लोगों से मिलने का अवसर मिला। मैंने गुजरात के विकास को सबके साथ साझा किया और अगले पाँच वर्षों के विकास कार्यों की भी चर्चा की।

मुझे गर्व है कि पूरे विश्व में गुजरात एक ऐसा राज्य है, जिसमें अधिक-से-अधिक लोगों तक पहुँचने के लिए 3डी प्रणाली का इस्तेमाल किया गया।

हमेशा चुनावों को लेकर यही समझा जाता रहा है कि यह वोट बैंक की राजनीति है, जातिगत आधार पर वोट होते हैं; लेकिन गुजरात ने इस नजरिए को बदला है। गुजरात चुनावों ने दुनिया को यह दिखाया है कि चुनाव विकास के मुद्दों पर जीता जा सकता है। गुजरात में विकास एक अच्छे शासन के लिए हुआ है। विकास और चुनाव को एक-दूसरे से अलग नहीं किया जा सकता है और गुजरात ने इसे साबित कर दिखाया है।

हम समावेशक विकास में विश्वास करते हैं। हम मानते हैं कि इस विकास का लाभ समाज के अंतिम व्यक्ति तक पहुँचना चाहिए और उसे इससे लाभ होना चाहिए। हम यही कर रहे हैं।

समावेशक आर्थिक विकास

गुजरात एक ऐसा राज्य है, जिससे लोगों को बहुत अधिक अपेक्षाएँ हैं। हम अच्छा काम कर रहे हैं, इसलिए हमसे अपेक्षाएँ भी अधिक हैं। यह स्वाभाविक भी है। इसमें कुछ भी गलत नहीं है।

गुजरात की विजय

अभी भी वे गुजरात की विजय को पचा नहीं पा रहे हैं। उन्होंने पूछा कि गुजरात को नीचा दिखाने के लिए इतनी मेहनत क्यों कर रहे हैं? मीडियावालों को कुछ तो शर्म करनी चाहिए। भाजपा की अगर 93 सीटें होतीं तब भी शपथ भाजपा के नेता को ही लेनी थी।

आज आपने मुझे जीत लिया है और आगे आनेवाले पाँच साल मुझे आपको जीतना है।

हैट्रिक

एक सरकार का दूसरी बार जीतना बहुत बड़ी घटना होती है, लेकिन यह हैट्रिक है। इसे स्वीकारने को मीडिया तैयार नहीं है। यह चुनाव इसलिए मिसाल है कि हमने पूरी ईमानदारी से विकास के मुद्दे पर चुनाव लड़ा और जीता है। यह हिंदुस्तान के इतिहास में बहुत बड़ी घटना है। दुनिया के सामने आप गुजरात के मतदाता की मंशा पहुँचाएँ। गुजरात में अन्य राज्यों के लोग रोजी-रोटी के लिए आ रहे हैं, यह उनकी भी सेवा है। यह भारतीय जनता पार्टी की जीत है।

गुजरात में भूकंप

गुजरात में जिस तरह का भूकंप आया था, उससे उबरने में किसी भी प्रदेश को लंबा वक्त लगता; लेकिन गुजरात भूकंप की मार से तीन साल में उबरा। उन्होंने कहा कि हम हर मोरचे पर सफल रहे।

गुजरात के साथ इनसाफ नहीं हुआ। राज्य में अमन-चैन का माहौल है और गुजरात ने हर हमला सीने पर झेला है। हमारा रास्ता लोकतंत्र का है। गुजरात मॉडल की दुनिया भर में चर्चा हो रही है और गुजरात ने देश भर को रोजगार दिया। गुजरात में शांति के साथ विकास हुआ है और गुजरात ने दिखा दिया है कि तुष्टीकरण के बिना भी सबका भला किया जा सकता है।

दंगे

पीड़ित परिवारों के प्रति मेरी संवेदना उस वक्त भी थी और आज भी है। दंगे का दर्द किसी ने नहीं समझा और हमने हिंसा से उबरने में पूरी ताकत लगाई। उन्होंने कहा कि जिसे मौका मिला उसने गुजरात को कोसा, लेकिन हम सबको साथ लेकर चले।

सद्भावना मिशन

सद्भावना मिशन की सफलता का मतलब है—वोट बैंक की राजनीति को मृत्यु दंड। इसलिए हम सद्भावना मिशन को आगे बढ़ाएँगे और गाँव-गाँव तक ले जाएँगे। उपवास किसी के खिलाफ नहीं।'' गुजरात ने पीड़ा झेली है और हमारा सपना है कि सबको न्याय मिले।

कर्फ्यू

10 साल से राज में कर्फ्यू नहीं लगा। हम दायित्व निभाते आए हैं और निभाते रहेंगे। हर समय में प्रत्येक परिवार सुखी और समृद्ध होना चाहिए, तभी समुचित विकास होगा। किसी को पीछे रहने नहीं देना है, क्योंकि हमें सबको साथ लेकर चलना है।

विकास हमारा मंत्र है। हमने विकास की ऊँचाइयाँ पार कीं और हमें रुकना मंजूर नहीं है। हमें आगे बढ़ते रहना है। हमने विकास का यज्ञ शुरू किया।

भेदभाव रहित गुजरात

गुजरात में जाति-धर्म का भेद नहीं है और गुजरात के 6 करोड़ लोग मेरा परिवार है। राज्य के लोगों का दु:ख मेरा दु:ख है, उनकी चिंता मेरी चिंता है।

अपने जन्मदिन पर मैं किसी का फोन नहीं उठाता, किसी से मिलता नहीं; लेकिन

उपवास का मेरे जन्मदिन से कुछ लेना-देना नहीं। हमारा उद्‌देश्य गुजरात को शक्तिशाली बनाना है।

राज्य विधानसभा चुनाव में 20 से 25 प्रतिशत अल्पसंख्यक मतदाताओं ने भाजपा के पक्ष में वोट किया था और लोकसभा चुनाव से पहले पार्टी कार्यकर्ताओं को मुसलिमों समेत सभी वर्गों तक पहुँच बनानी होगी।

केंद्र सरकार गुजरात के साथ अन्याय करती रही है। केंद्र को प्रदेश के लिए खाद की जरूरत के बारे में पहले से बताए जाने के बावजूद आवश्यकता पड़ने पर पर्याप्त खाद उपलब्ध नहीं कराई जाती है।

केंद्र सरकार की ओर से गुजरात की कई बड़ी परियोजनाओं में बाधाएँ खड़ी की जाती रही हैं। प्रदेश सरकार ने आदिवासी बहुल उमरगाम से अंबाजी तक के क्षेत्र में सिंचाई व्यवस्था को बहाल करने के लिए 3,500 करोड़ रुपयों की योजना बनाई, जिसे केंद्र ने अभी तक स्वीकृत नहीं किया है।

अल्पसंख्यक

भाजपा को अल्पसंख्यकों समेत सभी वर्गों तक पहुँच बनानी चाहिए। गुजरात में अल्पसंख्यक समुदाय के लोगों और खासकर गरीब जनता के साथ संपर्क बढ़ाने के नतीजतन 20 से 25 प्रतिशत अल्पसंख्यकों ने भाजपा के लिए मतदान किया।

मुसलिम

मुसलिमों में शिया, सुन्नी एवं अन्य कई वर्ग हैं और उनसे जुड़ी समस्याओं के समाधान का वायदा करके संवाद स्थापित किया जा सकता है।

जब हम तिरंगा फहराएँगे तो संदेश लाल किला तक भी पहुँचेगा। राष्ट्र कल स्वतंत्रता दिवस के मौके पर प्रधानमंत्री के भाषण की तुलना नरेंद्र मोदी के भाषण से करेगा। राष्ट्र जानना चाहेगा कि वहाँ क्या कहा गया और भुज में क्या कहा गया। एक तरफ वादों की झड़ी होगी तो दूसरी ओर किए गए काम का लेखा-जोखा होगा। एक तरफ निराशा होगी तो दूसरी तरफ आशा होगी।

गुजरात

मैं उनको (यू.पी.ए. को) बताना चाहता हूँ कि गुजरात ने दिसंबर 2012 (जब राज्य विधानसभा के चुनाव हुए थे) में शानदार तरीके से परीक्षा पास कर ली। राज्य के खिलाफ दुष्प्रचार कर रहे तत्त्वों को खारिज कर दिया गया।

मैं उनसे कहता हूँ कि 2017 (गुजरात में अगला विधानसभा चुनाव) आने

दीजिए, उन्हीं चीजों को दोहराइएगा, पर अभी आपको 2014 में जवाब देना है। आपने क्या किया, यह सारा देश जानता है।

2014

अपना लेखा-जोखा बताने की बारी अब आपकी है। आपने जो किया है उसका लेखा-जोखा आपको 2014 में देना होगा और यह देश बखूबी जानता है कि आपने क्या किया है। यह जानता है कि आपने क्या किया है, किसके लिए किया है और किसने किया है। लोग यह भी जानते हैं कि इसे किस तरह किया गया और कितना अधिक किया गया।

कच्छ का रण

हमने कच्छ के रण में भी पैसे उगाए हैं। क्या मेरे मुख्यमंत्री बनने के बाद रण कच्छ में आया ? क्या आपने सोचा था कि रण से डॉलर आएँगे ? पर्यटकों ने आना शुरू कर दिया है। प्रधानमंत्री कहते हैं कि पैसे पेड़ पर नहीं उगते, पर हमने कच्छ के रण में पैसे उगाए हैं।

गुजरात चुनाव

चुनावों को लेकर ऐसा जोश कभी नहीं देखने को मिला जैसा कि गुजरात चुनावों में दिखा। बुजुर्ग से लेकर युवा तक में चुनावों को लेकर जोश नजर आया। देदियापाड़ा के 117 वर्षीय काथुरिया दादा ने सभी चुनावों में आज तक वोट दिए हैं। जूनागढ़ की मनीबेन जादव, गोपालनंद महाराज, कलसरी की रामबेन रमानी और उजीबेन काकड़िया ऐसे लोग हैं, जो अपने अधिकारों को समझते हैं, स्वतंत्रता सेनानियों के बलिदान को समझते हैं।

बच्चे

स्कूली बच्चों ने भी मेरे उत्साह को बढ़ाया। इन बच्चों ने लोकतंत्र के इस उत्सव में गुजरातियों को अपने मतों के अधिकार के लिए आगे आने को कहा। ये बच्चे वोट तो नहीं दे सकते, लेकिन इनके उत्साह को देखकर लगा कि गुजरात का भविष्य बहुत उज्ज्वल है। बच्चे और बुजुर्ग भारतीय लोकतंत्र के रोल मॉडल हैं।

संस्कृति

हमारी संस्कृति में हर तरह के जीव और जीवन की पूजा होती है और वो कीमती है। मेरे पूरे इंटरव्यू का लिंक यहाँ हैं। लोग खुद परख सकते हैं।

ऊपरवाले ने हमें जो बुद्धि दी है, मुझे जितना अनुभव है और उस परिस्थिति में

जितना संभव था, जो किया गया वह बिलकुल सही था। और एस.आई.टी. ने जाँच में यही पाया।

हम इससे सहमत हैं। लेकिन धर्मनिरपेक्षता की परिभाषा क्या है? मेरे लिए मेरी धर्मनिरपेक्षता है—भारत पहले। मेरी पार्टी की सोच है—'न्याय सबके लिए, तुष्टीकरण किसी का नहीं।' यही हमारी धर्मनिरपेक्षता है।

मैं राष्ट्रवादी हूँ, मैं देशभक्त हूँ। मैं एक हिंदू के रूप में पैदा हुआ हूँ, इसमें कुछ भी गलत नहीं। मैं एक हिंदू राष्ट्रवादी हूँ। वह मुझे उन्नतिशील, विकास-परक, जमकर काम करनेवाला कहते हैं तो कहने दें। इन दोनों में कोई विरोध नहीं है।

सबसे अच्छा मुख्यमंत्री

वर्ष 2003 से जितने भी जनमत सर्वेक्षण हुए, उनमें मुझे ही सबसे अच्छा मुख्यमंत्री बताया गया। मुझे पसंद करनेवालों में गुजरात ही नहीं, बाहर के भी लोग थे। एक बार तो मैंने 'इंडिया टुडे' ग्रुप के अरुण पुरी को चिट्ठी लिखकर आग्रह किया—हर बार मैं ही विजेता बन जाता हूँ, तो कृपा करके अगली बार गुजरात का नाम सूची में से हटा दें, किसी और को मौका दें। वरना मैं फिर जीत जाऊँगा। कृपया मुझे प्रतियोगिता से बाहर रखें और मेरे अलावा किसी और को भी मौका दें।

लाल किला

लाल किला पाकिस्तान को ललकारने की जगह है, ऐसा मैं नहीं मानता; लेकिन लाल किले से देश की सेना का मनोबल बढ़ाना चाहिए। सहन-शक्ति की सीमा क्या है? हम कब तक सहते रहेंगे, इसकी व्याख्या होनी चाहिए। सवाल सिर्फ पाकिस्तान का नहीं है। चीन ने क्या किया? ऐसे वक्त जब चीन भारत की सीमाओं पर अड़ंगा डाल रहा है और देश चुपचाप देखता हो तो चिंता होना लाजिमी है।

परिवारवाद

प्रधानमंत्री ने लाल किले से अपने भाषण में सिर्फ एक परिवार का जिक्र ही क्यों किया? क्या अच्छा नहीं होता कि वहाँ से लाल बहादुर शास्त्री और सरदार पटेल का जिक्र किया जाता? लाल बहादुर शास्त्री ने भारत के किसानों को प्रेरणा दी थी। इसमें राजनीति या परिवारवाद नहीं होना चाहिए। आपने ऐसा क्यों किया? लाल बहादुर शास्त्री और सरदार पटेल, जिन्होंने कांग्रेस के लिए जीवन खपाया था, उनका जिक्र न हो तो पीड़ा होती है।

संसद् में गतिरोध

विरोधी दल अपनी आवाज उठाने के लिए कोशिश करे, यह तो समझ में आता है, लेकिन इस देश में पहली बार शासक दल लोकसभा की काररवाई में बाधा डाल रहा है, इसलिए चिंता बड़ी हो जाती है।

भ्रष्टाचार

आज देश भ्रष्टाचार से तबाह हो रहा है। सरकार में बैठे लोग, उनके परिवार के लोग इसमें लिप्त पाए जा रहे हैं और सुप्रीम कोर्ट अगर आँखें लाल न करे तो कोई काररवाई नहीं होती।

खाद्यान्न

हमने आपसे सवाल पूछा कि क्या कोई नया फायदा होने वाला है? सभी राज्य खाद्यान्न में सब्सिडी देते हैं। आज गुजरात में बी.पी.एल. (गरीबी रेखा से नीचे) परिवार को 35 किलो अन्न मिलता है। इस विधेयक के बाद यह 25 हो जाएगा। इसलिए हमने खाद्य सुरक्षा बिल के लिए मुख्यमंत्रियों की बैठक की माँग की है।

सहन-शक्ति की सीमा/मानसिक गुलामी

देश रटी-रटाई बातें सुनकर थक गया है और अब सोचना चाहिए कि सहन-शक्ति की सीमा क्या है। हम कब तक सहते रहेंगे, इसकी व्याख्या होनी चाहिए। देश आजाद हुआ, लेकिन सभी सपने पूरे हुए क्या? क्या यह सच नहीं कि हम अभी भी मानसिक गुलामी के शिकार हैं? गुलामी की इस मानसिकता से मुक्ति पाए बिना देश तरक्की नहीं कर सकता है।

यह मेरी भावना है। उन्हें (प्रधानमंत्री) हमारे सैनिकों का मनोबल बढ़ाना चाहिए था। एक तरफ राष्ट्रपतिजी कह रहे हैं कि हमारे संयम की सीमा है, लेकिन राष्ट्रपतिजी, इस संयम की क्या सीमा है? इसके लिए सीमा रेखा क्या है? इसका फैसला केंद्र की सरकार को करना होगा।

क्या कारण है कि हमें नहीं पता कि हमारी सीमा क्या है? कब तक हम बरदाश्त करते रहेंगे? इसको साफ बताया जाना चाहिए। और यह केवल पाकिस्तान का सवाल नहीं है, आज राष्ट्र की सुरक्षा खतरे में है। चीन ने क्या किया है? एक आजाद भारत में आज चीन घुस आता है और हमारी सीमा पर अवरोधक खड़े कर देता है। वह हमारे क्षेत्र में आकर डट जाता है।

यूपीए सरकार देश की सुरक्षा में सक्षम नहीं है।

सरकारी दामाद

जब बच्चे बड़े हो जाते हैं तो माता-पिता उन्हें अपना घर बसाने की सलाह देते हैं। पर आजकल के बच्चे अपने माता-पिता से कहते हैं कि उन्हें शादी से परहेज नहीं है, पर वे सरकारी दामाद बनने के मौके का इंतजार कर रहे हैं।

देश को सुरक्षा

दिल्ली की सल्तनत देश को सुरक्षा नहीं दे सकती है। वोट बैंक की राजनीति में डूबी दिल्ली की सल्तनत देश की सुरक्षा को अनदेखा कर रही है।

केंद्र सरकार किसी भी विषय पर गंभीर नहीं है।

वाजपेयी की सरकार में गरीब की थाली में रोटी की चिंता नहीं थी, फूड सिक्योरिटी की जरूरत नहीं थी। कांग्रेस ने गरीब की थाली से रोटी छीन ली है।

मैं आंध्र की जनता का बहुत आभारी हूँ, जिन्होंने 5 रुपए देकर उत्तराखंड के बाढ़-पीड़ितों की मदद के लिए योगदान दिया है।

तेलंगाना

तेलंगाना के मुद्दे पर कांग्रेस ने विभाजन की राजनीति को बढ़ावा दिया। तेलंगाना के पक्ष में भारतीय जनता पार्टी पहले से है। लेकिन सीमांध्र की अनदेखी नहीं की ज सकती है।

कांग्रेस हैदराबाद को संयुक्त राजधानी बनाकर दस साल में नई राजधानी बनाने की बात कर रही है, लेकिन यह काम वर्ष 2004 में शुरू क्यों नहीं किया गया?

जब उत्तर प्रदेश, बिहार और मध्य प्रदेश को बाँटकर उत्तराखंड, झारखंड और छत्तीसगढ़ बनाए गए तो कोई तनाव नहीं हुआ; लेकिन कांग्रेस ने आंध्र प्रदेश में टकराव पैदा किया है।

काला धन

आडवाणीजी पूरे भारत में घूमे, काला धन वापस लाओ। कोई हमें समझाए कि विदेशी बैंकों में जो काला धन पड़ा है उसे वापस लाने में दिल्ली की केंद्र सरकार को क्या परेशानी है?

देश की मुश्किल आर्थिक हालत के लिए भी केंद्र सरकार की नीतियाँ जिम्मेदार होती हैं। जब चुनाव आते हैं, तभी कांग्रेस वोट पाने के लिए तिजोरी खोल देती है।

पाकिस्तान

(अगस्त 2013 के दूसरे हफ्ते में) 48 घंटों में पाकिस्तान ने तीन बार संघर्ष विराम का उल्लंघन किया है। मैं कांग्रेस के नेतृत्ववाली केंद्र की यू.पी.ए. सरकार से पूछना चाहता हूँ कि पाकिस्तान के साथ बातचीत का सिलसिला कब तक चलता रहेगा?

भारतीय मुद्रा की कीमत में गिरावट

अमेरिकी डॉलर के मुकाबले भारतीय मुद्रा की मजबूती के लिए केंद्र सरकार ने कोई कदम नहीं उठाया। पिछले तीन महीने में रुपए में तेजी से गिरावट आई, लेकिन सरकार ने अमेरिकी डॉलर के मुकाबले रुपए की मजबूती के लिए कोई कदम नहीं उठाया। अगर रुपया इसी तरह से गिरता रहा तो अन्य देश भारत का फायदा उठाना शुरू कर देंगे।

आज देश की जनता निराश है, क्योंकि सरकार को न तो अर्थव्यवस्था की परवाह है और न ही गिरते रुपए की। वह तो सिर्फ अपनी कुरसी बचाने को लेकर चिंतित है। रुपए की कीमत में गिरावट का सिलसिला आज भी जारी रहा और रुपया 98 पैसे और गिरकर 64 का आँकड़ा पार कर गया। डॉलर की बढ़ती माँग और घरेलू पूँजी बाजार में रुपए के कमजोरी के साथ खुलने के कारण 64.11 रुपए प्रति डॉलर के रिकॉर्ड निम्न स्तर पर कारोबार हुआ।

मुद्रा स्फीति

देश ने शायद कभी इस बात की कल्पना भी नहीं की होगी कि उसे ऐसे आर्थिक संकट से गुजरना पड़ेगा, लेकिन जब ऐसे संकट के दौरान नेतृत्व दिशाहीन हो तो ना-उम्मीदी बढ़ती है। सरकार ने लोगों में विश्वास पैदा करने के लिए कोई कदम नहीं उठाया।

उन्होंने मुद्रा स्फीति को रोक पाने में असफल रहने पर भी सरकार पर निशाना साधा और कहा, पिछले पाँच वर्ष के दौरान हर तीन महीने में हम सरकार से यह सुनते आ रहे हैं कि कीमतें कम होंगी, मुद्रा स्फीति पर अंकुश लगेगा; लेकिन कुछ नहीं हुआ।

काम

समाज के हर स्तर तक विकास पहुँचाना है। मैं इतनी तेजी से काम करना चाहता हूँ कि विकास का फर्क दिखाई देना चाहिए।

मैं रोज एक नया काम नहीं करता हूँ तो मुझे चैन नहीं पड़ता है। मुझे खुद के लिए कुछ नहीं करना है, इसलिए पूरी शक्ति जन-हित में लगाता हूँ।

लोकतंत्र में कोई दुश्मन नहीं होता है। किसी को कठोर बात बोली हो सकती है, क्योंकि राजनीति में जीत जरूरी है। अब जीत हो गई है और फिर काम करने की तैयारी है।

हिंदू आचार-व्यवहार

हिंदुओं का हर आचार प्रेम, संवेदना और ईश्वर के साथ अनुराग से स्वत: भरा होता है। ये अहिंसा, सत्य और सात्त्विकता को वरीयता देते हैं और पैशाचिक प्रवृत्तियों का निषेध करते हैं। अन्याय के विरुद्ध सावधान रहने और आवाज बुलंद करने की हमारी परंपरा रही है।

संस्कृति

केवल अपनी संस्कृति की रक्षा से ही धर्म का ध्वज लहरा सकता है और एकता बनी रह सकती है। राष्ट्रवाद, देशभक्ति और राष्ट्र के प्रति समर्पण से प्रेरित संगठन ही लोगों की असली शक्ति को प्रतिध्वनित करते हैं।

आजादी

आजादी तो मिली, लेकिन आज भी कई तरह की आजादी की जरूरत है। हम आज भी गुलामी की मानसिकता में जकड़े हुए हैं।

हमारे साथ चीन ने क्या किया? क्या यह प्रधानमंत्री को खबर नहीं है। हमारी सेना अपनी ही जमीन से हटने पर मजबूर क्यों हुई? पाकिस्तान की सेना हमारी सरहद में आकर हमारे सैनिकों की गरदन काट ले तब मुझे चिंता होती है।

कांग्रेस में सास, दामाद, बेटा सीरियल

एक वक्त था, जब देश में भ्रष्टाचार पर सीरियल बनते थे, फिर मामा और भानजे पर सीरियल बना। लेकिन अब जमाना सास, दामाद और बेटे का है।

गरीबों की थाली में एसिड न छिड़को

प्रधानंत्री ने 1991 में हुए आर्थिक सुधारों का जिक्र किया, लेकिन रुपया क्यों गिर रहा है, इस पर उन्होंने चुप्पी साध ली।

संविधान में जो समानता का हक मिला है, उसी को आपने नकार दिया।

मैं मीडिया में चल रही उस बात से हैरान हूँ, जिसमें चर्चा चल रही थी कि यह मनमोहन सिंह का लाल किले पर आखिरी भाषण है। दूसरी तरफ से प्रधानमंत्री का

कहना है कि अभी और फासले तय करने हैं। मैं प्रधानमंत्री से पूछना चाहता हूँ कि अब क्या रॉकेट में बैठकर और फासले तय करोगे?

गरीब की रोटी की सोचिए

जिस तरह से हमने देश को अंग्रेजों से मुक्त कराया उसी तरह देश को भ्रष्टाचार और महँगाई से मुक्त कराना है।

मैंने कभी नहीं कहा कि गुजरात आज जहाँ खड़ा है, उसमें केवल मेरा योगदान है। गुजरात को आगे बढ़ाने में हर सरकार का योगदान है। यहाँ की 6.30 करोड़ जनता का योगदान है। हाँ, मैंने तरक्की को गति दी है। प्रधानमंत्रीजी, आज देश में हाशिए पर खड़े आदमी को कैसे दो वक्त की रोटी मिले, इस पर सोचिए।

देश जब तिरंगा झंडा लहरा रहा है तो आपकी एक ब्रिगेड कंप्यूटर पर बैठी है और मोदी को गाली दे रही है।

उनके पास वंदे मातरम् और राष्ट्रगीत गाने का वक्त नहीं है। अरे, मोदी से कम-से-कम आज तो मुक्त रहो। प्रधानमंत्रीजी, मैं आपको खुली चुनौती दे रहा हूँ कि गुजरात और दिल्ली में विकास की स्पर्धा हो जाए।

केंद्र सरकार की सोच में ही खोट है। हिंदुस्तान का नौजवान बेरोजगार है। 21वीं सदी का पहला दशक खत्म हो गया, लेकिन हुआ क्या? 10 साल के शासनकाल में इतने गड्ढे हो गए हैं कि उसे भरने में लंबा वक्त लगेगा।

जिस देश में लोगों की पोषण की जरूरत पूरी करना एक बड़ी चिंता है, वहाँ यह बिल लोगों को कुपोषण की ओर ही धकेलेगा। इस समय गरीबी रेखा से नीचे रहनेवाले लोगों को 35 किलो अनाज मिल रहा है, लेकिन प्रस्तावित खाद्य सुरक्षा बिल में उन्हें 25 किलो अनाज देने का ही प्रावधान है।

कांग्रेस

कांग्रेस के नेता सोने की चम्मच लेकर पैदा हुए हैं। विकास के मामले में कांग्रेस की सरकार भाजपा की सरकारों से काफी पीछे है। कांग्रेस गरीबों की भलाई के नाम पर नौटंकी करती है। देश कांग्रेस से मुक्त होगा, तभी दुनिया में भारत का नाम होगा।

कांग्रेस की सरकार जवानों के सिर काटनेवाले पाकिस्तान के प्रधानमंत्री को चिकन बिरयानी खिलाती है। पड़ोसी देश चीन देश के अंदर घुस आता है और सरकार को भनक तक नहीं लगती।

वरिष्ठ नेताओं ने मुझ पर भरोसा जताया है। हम कांग्रेस-मुक्त भारत के निर्माण में कोई कसर नहीं छोड़ेंगे। समर्थन और आशीर्वाद के लिए शुक्रिया।

जो दिल्ली में बैठे हैं उन पर दिन-रात भ्रष्टाचार के आरोप क्यों लगते हैं? वे करप्शन प्रूफ हो चुके हैं। उनको कोई असर ही नहीं होता। वे विज्ञापन देते हैं कि भारत निर्माण पर हक है मेरा, पर लोग कहते हैं कि भारत निर्माण पर शक है मेरा। कांग्रेस-मुक्त भारत हमारा सपना होना चाहिए।

हमें कांग्रेस-मुक्त भारत चाहिए। यही वक्त है, जब हर वोटर को जगाना होगा। हम मान लेते हैं कि दलित और अल्पसंख्यक हमें वोट नहीं देते हैं। पर ऐसा नहीं है। अल्पसंख्यकों में भी अलग-अलग वर्ग हैं और पार्टी को उन तक पहुँचना चाहिए।

मेरा विश्वास कृषि-पूजा में है, जबकि कांग्रेस पिछले 50 वर्षों से कुरसी-पूजा को ही अपना ध्येय बनाए हुए है। कांग्रेस ने देश में पिछले पाँच दशक में शक्ति और सत्ता का खेल खेला है, जिसका अब अंत होना चाहिए। कांग्रेस गुजरात के विकास की योजनाओं में हमेशा बाधक रही है। प्रदेश को केंद्र पर्याप्त खाद तक उपलब्ध नहीं करा रहा है, जिसके चलते किसानों के साथ अन्याय हो रहा है।

हमने गुजरात में कृषि महोत्सव आयोजित किए, जिससे राज्य में किसानों की उपज में बढ़ोतरी हुई है, वहीं राज्य के कृषि उत्पादन में भी रिकॉर्ड वृद्धि हुई है।

2जी घोटाला

2जी घोटाले की रकम को जमीन पर लिखा जाए तो रकम के अंक पी.एम. आवास से सोनिया के घर तक जाएँगे।

भारत

हम एक खुशहाल भारत देखना चाहते हैं, एक मजबूत भारत देखना चाहते हैं। 21वीं सदी भारत की सदी हो, यह हमारा स्वप्न है, जिसे साकार करना है।

भारत 'स्नेक चार्मर्स' के देश से अब 'माउस चार्मर्स' के देश में बदल चुका है। (माउस से मतलब है कंप्यूटर का माउस)

कर्नाटक

कर्नाटक को बचाने के लिए कांग्रेस को भगाना जरूरी है।

कनार्टक में मुख्यमंत्री का उम्मीदवार कौन है? हाथ तो दिखाते हो, कभी चेहरा तो दिखाओ।

मुख्यमंत्री जगदीश शेट्टार को सालों से जानता हूँ। पार्टी कार्यकर्ता के तौर पर उनके साथ काम किया है। भाजपा ने कर्नाटक का विकास किया। कर्नाटक और गुजरात की जनता ने हमेशा विकास का साथ दिया है। दिल्ली की केंद्र सरकार ने दु:खी किया,

इसलिए कांग्रेस पर भरोसा मत करिए। कांग्रेस की सरकार अगर दिल्ली नहीं सँभाल सकती तो कर्नाटक क्या सँभालेगी ? 100 दिन में महँगाई कम करने का वादा किया था, महँगाई घटने के बजाय बढ़ गई। अगर कर्नाटक के विकास को तेज गति से आगे बढ़ाना है तो बीजेपी को वोट दें।

मिशन और एंबिशन

मेरे जीवन में मिशन सबकुछ है, एंबिशन कुछ भी नहीं यदि मैं नगर निगम का भी अध्यक्ष होता तो भी उतनी ही मेहनत से काम करता जितना सी.एम. होते हुए करता हूँ।

2014

इस चुनाव के बाद प्रधानमंत्री ? 2014 किसने देखा है ? मैं केवल इतना जानता हूँ कि आज की शाम मैं कहाँ होऊँगा।

कांग्रेस

चुनाव आने पर कभी समाज के इस वर्ग को, कभी उस वर्ग को टुकड़े फेंकते रहो, वोट बटोर लो और फिर पाँच साल तक अपनी मरजी के मुताबिक ऐश-ओ-आराम की जिंदगी गुजारते रहो। कांग्रेस एक ऐसी धारा है कि अच्छे-से-अच्छा अर्थशास्त्री भी अनर्थशास्त्री बन जाता है।

कांग्रेस के शासन में हर काम के लिए लाइन में लगना पड़ता है—राशन लेने से लेकर जरूरी सामान और रोजगार के लिए। वास्तव में कांग्रेस को लाइन की ऐसी आदत पड़ गई है कि वो यहाँ तक कहती है कि अफजल गुरु की फाइल लाइन में है।

शिक्षा व्यवस्था

शिक्षा व्यवस्था को आधुनिक बनाने की जरूरत है, लेकिन इसका मतलब उसका पश्चिमीकरण करना नहीं है।

राष्ट्र-निर्माण में शिक्षा की अहमियत सबसे ऊपर है। अगर हमें अच्छी शिक्षा व्यवस्था चाहिए तो हमें अच्छे शिक्षकों की जरूरत होगी, जो अभी तक प्राथमिकता नहीं रही है।

आज केरल शिक्षा के क्षेत्र में सबसे आगे है। वहाँ गाँव-गाँव तक शिक्षा फैल चुकी है। यह सरकार के बल पर नहीं। इसमें श्री नारायण गुरु का बड़ा योगदान रहा है। वह पिछड़ी जाति में पैदा हुए थे। उन्होंने प्रण लिया था कि केरल के हर मछुआरे को, हर गरीब को शिक्षित करना है। उसका परिणाम है कि केरल आज देश में शिक्षा के क्षेत्र में सबसे आगे है।

युवा

युवा दुनिया को क्या कुछ नहीं दे सकता है, दुनिया के लिए क्या कुछ नहीं कर सकता है। एक प्रकार से न सिर्फ हिंदुस्तान की समस्याएँ, बल्कि विश्व की समस्याओं के समाधान के लिए भी यह युवा शक्ति काम आ सकती है। बशर्ते कोई करनेवाला हो, कोई सोचनेवाला हो, कोई दिशा देनेवाला हो, कोई उँगली पकड़ के चलनेवाला हो।

आधुनिकता

मैं आधुनिकता का पक्षकार हूँ। लेकिन मॉडर्नाइजेशन विदाउट वेस्टर्नाइजेशन। आधुनिकता चाहिए, पश्चिमीकरण नहीं चाहिए।

पावर और एंपावरमेंट

हमारी प्राथमिकताएँ अलग हैं। उनमें और हममें बड़ा अंतर है। दूसरे लोगों की दिलचस्पी पावर (सत्ता) में है। हम एंपावर (सशक्तीकरण) को प्राथमिकता देते हैं। उन्हें पावर चाहिए और हमें देश के हर नागरिक का एंपावरमेंट।

एस.आई.टी.

मैं आपको बताता हूँ। भारत के सुप्रीम कोर्ट को आज दुनिया की बेहतरीन अदालतों में से एक माना जाता है। सुप्रीम कोर्ट ने दंगों की जाँच के लिए एस.आई.टी. गठित की थी। एस.आई.टी. की इस टीम में बहुत शानदार अफसर थे। रिपोर्ट सामने आई और उसमें मुझे क्लीन चिट दी गई।

भगवान् ने हमें जितना दिमाग दिया है, मेरे पास जितना अनुभव और उन हालात में जो कुछ भी मुमकिन था, मैंने किया। और यही बात एस.आई.टी. ने अपनी रिपोर्ट में भी कही है।

पिल्ला

कोई दूसरा गाड़ी चला रहा है और हम पीछे बैठे हैं। अगर अचानक से कोई पिल्ला भी गाड़ी के नीचे आ जाए तो क्या दु:ख नहीं होता? बिलकुल होता है। मैं चाहे मुख्यमंत्री हूँ या नहीं, मैं एक इनसान हूँ। अगर कहीं भी कुछ गलत होता है तो मुझे दु:ख होता है।

पी.एम. रोल मॉडल

मेरे जीवन का सिद्धांत है कि मैं किसी के जैसा बनने का सपना नहीं देखता। मैं

कुछ करने का सपना देखता हूँ। तो मुझे अपने रोल मॉडल से प्रेरित होने के लिए कुछ बनने की जरूरत नहीं है। अगर मुझे वाजपेयीजी से कुछ सीखना है तो मैं उसे गुजरात में कार्यान्वित करूँगा। इसके लिए दिल्ली के बड़े पद की जरूरत नहीं। अगर मुझे गांधीजी या सरदार पटेल के बारे में कुछ अच्छा लगता है तो मैं उसे अपने राज्य में लागू करूँगा।

मैं इस बात का पालन भी करता हूँ कि यदि मुझे कुछ अच्छा करना है तो उसके लिए कुछ बनने की आवश्यकता नहीं। अच्छा करना है तो किसी महापुरुष का जीवन और उनका व्यक्तित्व एवं कृतित्व मेरे लिए प्रेरणा होते हैं। प्रधानमंत्री की कुरसी के बारे में बात किए बिना भी हम इस पर चर्चा कर सकते हैं कि हाँ, हर व्यक्ति से हमें अच्छी बातें सीखनी चाहिए।

नेता

यदि आप स्वयं को नेता कहते हैं तो आप में निर्णय लेने की क्षमता होनी चाहिए। यदि आप में निर्णय लेने की क्षमता है, तभी आप नेता हो सकते हैं। ये दोनों एक ही सिक्के के दो पहलू हैं। लोग चाहते हैं कि नेता निर्णय ले। केवल तभी वे किसी व्यक्ति को अपना नेता मानते हैं। यह एक गुण है, कोई कमजोरी नहीं है। दूसरी बात यह है कि यदि कोई एकाधिकारवादी है तो वह इतने वर्षों तक कोई सरकार कैसे चला सकता है? सामूहिक प्रयास के बिना सफलता कैसे मिल सकती है? और इसीलिए मैं कहता हूँ कि गुजरात की सफलता मोदी की सफलता नहीं है, यह टीम गुजरात की सफलता है।

ओपिनियन पोल

मैं यह कह सकता हूँ कि वर्ष 2003 से जितने भी ओपिनियन पोल हुए हैं, उनमें लोगों ने मुझे सर्वश्रेष्ठ मुख्यमंत्री के रूप में चुना है। और ऐसा नहीं है कि सर्वश्रेष्ठ मुख्यमंत्री के रूप में मुझे पसंद करनेवाले लोग सिर्फ गुजरात से ही थे। गुजरात से बाहर के लोगों ने भी मेरे लिए वोट किया है। एक बार मैंने इंडिया टुडे ग्रुप के अरुण पुरीजी को एक पत्र लिखा था। मैंने उनसे अनुरोध किया—'हर बार मैं ही इसमें जीतता हूँ, इसलिए अगली बार कृपया गुजरात को हटा दीजिए, ताकि किसी और को जीतने का मौका मिले। नहीं, तो मैं ही जीतता रहूँगा। कृपया मुझे प्रतिस्पर्धा से अलग रखें। और मेरे अलावा भी किसी और को जीतने का मौका दें।'

लोकतंत्र

यदि अमेरिका में डेमोक्रेट्स और रिपब्लिकंस के बीच ध्रुवीकरण न हो तो लोकतंत्र कैसे चलेगा? यह तो (होना ही है)। लोकतंत्र में डेमोक्रेट्स और रिपब्लिकंस के बीच ध्रुवीकरण तो होगा ही। यही लोकतंत्र का मूल स्वरूप है। यही लोकतंत्र का मूल गुण है। यदि सभी लोग एक ही दिशा में जाते हों तो क्या आप उसे लोकतंत्र कहेंगे?

लोकतंत्र और आलोचना

मैं हमेशा कहता हूँ कि लोकतंत्र की शक्ति आलोचना में ही है। यदि आलोचना नहीं हो रही है तो इसका अर्थ यह है कि लोकतंत्र का अस्तित्व ही नहीं है। और यदि आप आगे बढ़ना चाहते हैं तो आपको आलोचना का स्वागत करना चाहिए। और मैं आगे बढ़ना चाहता हूँ। मैं आलोचना का स्वागत करना चाहता हूँ। लेकिन मैं आरोपों के खिलाफ हूँ। आलोचना और आरोपों में बहुत अंतर है। आलोचना करने के लिए आपको शोध करना पड़ेगा आपको चीजों की तुलना करनी पड़ती है। आपको जानकारी और तथ्य इकट्ठे करने पड़ेंगे, तभी आप आलोचना कर सकते हैं। लेकिन कोई भी आज परिश्रम करने को तैयार नहीं है। इसलिए सबसे सरल तरीका यह है कि आरोप लगा दिए जाएँ। लोकतंत्र में आरोप लगा देने से कभी स्थिति में सुधार नहीं होगा, इसलिए मैं आरोपों के खिलाफ हूँ; लेकिन मैं आलोचना का सदैव स्वागत करता हूँ।

लोगों को आलोचनात्मक होने का हक है। हम एक प्रजातांत्रिक देश में रहते हैं। हर किसी का अपना नजरिया होता है। खीज तब महसूस होती है जब आपको लगता है कि किसी ने आपको देख लिया है। 'मैं चोरी कर रहा था और पकड़ा गया।' ऐसा मेरे साथ नहीं है।

सरकार के लक्ष्य

यदि हम उन लक्ष्यों की बात करें, जो अगली सरकार को हासिल करने चाहिए तो मैं तो यही कहूँगा कि चाहे जो भी नई सरकार सत्ता में आए, उसका पहला लक्ष्य लोगों का खोया हुआ विश्वास फिर से प्राप्त करना ही होना चाहिए।

सरकार नीतियाँ थोपने की कोशिश करती है। क्या यही नीति जारी रहेगी या नहीं? अगर दो महीने बाद उन पर दबाव आता है तो क्या वे इसे बदलेंगे? क्या वे ऐसा कुछ करेंगे कि—अब कोई घटना होती है और वे सन् 2000 का कोई निर्णय बदलेंगे? यदि आप अतीत के निर्णयों को बदलते हैं तो आप पॉलिसी के बैक इफेक्ट लाएँगे। तब दुनिया में कौन यहाँ आएगा?

इसलिए चाहे जो भी सरकार सत्ता में आए, उसे लोगों को विश्वास दिलाना होगा, उसे लोगों के मन में भरोसा जगाना होगा, 'हाँ, नीतियों के मामले में संगतता बनी रहेगी।' यदि वे लोगों से एक वादा करते हैं और उसका सम्मान करते हैं, उसे पूरा करेंगे। तो आप वैश्विक पटल पर स्वयं को रख सकते हैं।

कुपोषण, शिशु मृत्यु दर

गुजरात में शिशु मृत्यु दर में अत्यधिक सुधार हुआ है। हिंदुस्तान के किसी भी अन्य राज्य की तुलना में हमारा प्रदर्शन बेहतर रहा है। दूसरी बात कुपोषण के बारे में। आज हिंदुस्तान में वास्तविक आँकड़े मौजूद नहीं हैं। जब आपके पास वास्तविक आँकड़े ही नहीं हैं तो आप विश्लेषण कैसे करेंगे?

आरक्षण

यह तो हमारे संविधान में भी कहा गया है कि जो कमजोर है, पिछड़ा है, उसे अलग से सहारा मिलना चाहिए। अगर समाज इसकी जिम्मेदारी नहीं उठाएगा तो भला कौन उठाएगा? मान लीजिए कि एक बच्चा मानसिक रूप से कमजोर है। उसके माँ-बाप की जिंदगी तो उसे पालने में खप गई! मेरा मानना है कि अगर कमजोर बच्चा है तो उसकी जिम्मेदारी सिर्फ माता-पिता की नहीं, बल्कि पूरे समाज की है। अगर हम यह कहें कि यह तुम्हारे घर में पैदा हुआ है, सिर्फ तुम इसे सँभाल लो, तो गलत होगा।

धर्म के आधार पर आरक्षण

भारत के संविधान निर्माताओं ने इस बात पर बहुत गहराई से विचार किया था और यह फैसला किया था कि धर्म के आधार पर कोई आरक्षण नहीं दिया जाएगा। यह खतरनाक होगा। उस वक्त तो कोई आर.एस.एस. वाले या बजरंग दल वाले नहीं थे।

गुजरात

यदि मुझसे कहीं किसी तरह की कोई गलती हुई है तो मैं आपसे, 6 करोड़ गुजरातियों से माफी माँगता हूँ।

आपने मुझे सत्ता दी है, अब आप मुझे अपना आशीर्वाद दीजिए, ताकि मैं कोई गलती नहीं करूँ, कोई आहत नहीं हो और मुझसे अनजाने में भी कोई गलती नहीं हो। जब लोग, जो असल में भगवान् हैं, अपना आशीर्वाद देते हैं तो गलती की कोई संभावना नहीं रहती।

जब लोगों ने मुझे सबसे बड़ा पदक दे दिया है तो उन्हें किसी से कोई प्रमाण-पत्र

लेने की आवश्यकता नहीं है।

यदि वह गुजरात की सेवा करने और राज्य को ऊँचाइयों पर ले जाने में सक्षम हुए हैं तो यह लोगों और उनकी पार्टी की संयुक्त शक्ति की वजह से हुआ है।

गुजरात ने तकनीक की दुनिया में बहुत आगे कदम बढ़ाया। जो देश में तकनीक पर विश्वास करते हैं, उन्हें गुजरात के प्रयोग का अध्ययन करना चाहिए।

पूरा देश गुजरात का दूध पीता है। देश आज से नहीं बल्कि सालों से गुजरात का नमक खाता चला आ रहा है।

सच्चर कमेटी

जिन राज्यों को आप प्रगतिशील और सेकुलर कहते हैं, वहाँ मुसलमान नौकरियों में 2 प्रतिशत हैं, 4 प्रतिशत हैं। गुजरात में मुसलमानों का आबादी में अनुपात 9 प्रतिशत है, मगर नौकरियों में 12 से 13 प्रतिशत हैं। बंगाल में 25 प्रतिशत मुसलमान हैं, मगर नौकरियों में 2 प्रतिशत हैं। यह मैं नहीं कह रहा, सच्चर कमेटी की रिपोर्ट कह रही है।

चलिए, आपकी बात मान लें। पिछले 20 सालों से गुजरात में बीजेपी की हुकूमत है। अगर हम उन्हें बरबाद कर रहे होते तो क्या आज भी इतने ही आगे होते? अगर हमारा रुख मुसलिम-विरोधी था तो वे क्या 20 सालों में पिछड़ न जाते? सच्चर कमेटी का सर्वे उस वक्त हुआ, जब मेरी सरकार थी। गुजरात में 1985 से 95 तक सरकारी नौकरियों में भरती बंद थी। भरती तो मेरे जमाने में हुई। कुल 6 लाख सरकारी नौकरियों में से 3 लाख मेरे समय में भरती किए गए।

सरकारी भरती में कितने प्रतिशत मुसलमान थे, कितने हिंदू थे, इसका मैंने हिसाब नहीं लगाया है। यह मेरी फिलॉसफी नहीं है। न ही मैं हिंदू-मुसलमान की बुनियाद पर हिसाब लगाऊँगा। मेरा काम है कि मेरिट के आधार पर बिना किसी भेदभाव के सबको मौका दिया जाए। अगर वे मुसलिम हैं, तो भी मिले। अगर वे हिंदू और पारसी हैं, तो भी उन्हें मिलेगा। आप सच्चर कमेटी की हर बात पर विश्वास करते हैं। फिर सच्चर कमेटी ने मेरे वक्त की जो रिपोर्ट दी है, उस पर भरोसा क्यों नहीं करते?

गुजरात दंगे

इसके लिए सबसे पहला काम हम लोगों ने यह किया कि शांति और अमन बनाए रखने की अपील की। यह मैंने गोधरा से ही किया। इसके बाद अमदावाद आकर शाम को रेडियो टी.वी. से अपील की। मैंने प्रशासन से कहा कि जितनी पुलिस है, सबको

लगा दो। हालाँकि यह बहुत बड़ा वाकया था। पहले ऐसा नहीं हुआ। एक वह वक्त था, जब पहले कोई वाकया होता था तो दूसरे दिन अखबार में खबर आती थी। फोटो आने में भी दो दिन लग जाते थे। इतने में आवश्यक कदम उठाने का मौका मिल जाता था। फोर्स भेजने का भी मौका मिल जाता था। आज टी.वी. पर घटना के कुछ मिनटों बाद खबर आ जाती है। तसवीरें दिखानी शुरू हो जाती हैं। प्रशासन को आज टी.वी. की स्पीड से मुकाबला करना पड़ता है। अमदावाद से बड़ौदा तो फोन कुछ मिनटों में हो जाता है। मगर पुलिस फोर्स भेजनी हो तो कम-से-कम दो घंटे लगेंगे। पुलिस फोर्स टी.वी. न्यूज की स्पीड का मुकाबला नहीं कर सकती।

1984 में दिल्ली में क्या हुआ?

मैं इस बात में विश्वास नहीं करता कि वर्ष 1984 में दिल्ली में क्या हुआ? इसके लिए हमारे यहाँ हुआ तो क्या बात है? दंगा दंगा है। 1984 के दंगे में एक भी जगह गोली नहीं चली और न लाठी चार्ज हुआ। अगर लाठी चार्ज हुआ तो सिर्फ एक जगह हुआ। जहाँ इंदिरा गांधी की डेड बॉडी रखी हुई थी, वहाँ इतनी भीड़ जमा हो गई थी कि उसको कंट्रोल करने के लिए लाठी चार्ज हुआ। लेकिन दंगा रोकने के लिए पुलिस का इस्तेमाल नहीं हुआ। गुजरात में 27 फरवरी को गुजरात में कितनी जगह गोली चली, लाठी चार्ज हुआ, कर्फ्यू लगाया गया, काररवाई हुई।

सुप्रीम कोर्ट पर तो भरोसा करें

आपको किसी पर तो भरोसा करना होगा। मुझ पर नहीं तो सुप्रीम कोर्ट पर करें। सुप्रीम कोर्ट ने जाँच करवाई। इसकी रिपोर्ट में क्या कहा गया? मैंने क्या काररवाई की? इसके बारे में मैं आपको पूरे तथ्य पेश कर रहा हूँ। कहाँ-कहाँ गोली चली? कितने लोग मारे गए? आज तो मीडिया जागा हुआ है। कोई बात छुपती नहीं है। कोई झूठ चलता नहीं है। मैं एक बहुत महत्त्वपूर्ण बात बताता हूँ, मगर छापना मत (इसके बाद मोदी ने फौज के बुलाने के बारे में कुछ बातें कहीं, मगर उन्हें प्रकाशित करने से मना कर दिया।) एक और झूठ है। 27 फरवरी को गोधरा का वाकया हुआ। 28 को दंगे भड़के। 1 मार्च को फौज बुलाई गई। मीडिया के कुछ लोग कहते हैं कि तीन दिन तक फौज नहीं बुलाई। वे यह भूल जाते हैं कि फरवरी में 28 दिन ही होते हैं। यानी हमने अगले ही दिन अमदावाद को फौज के हवाले कर दिया था। गाली देने से पहले सोच तो लीजिए।

गुजरात पुलिस की जाँच

एक स्वार्थी ग्रुप है, वह शिकार है। जिस एस.आई.टी. की आप बात कर रहे

हैं, उसने तो छह-सात मुकदमों की जाँच की है। आपकी जानकारी के लिए गुजरात में तो हजारों एफ.आई.आर. दर्ज हुईं। हजारों गिरफ्तार हुए। आज तक देश में जितने दंगे हुए, 1984 के दंगों में एक भी आदमी को सजा नहीं हुई। जबकि हमारे यहाँ 50 केसों में सजाएँ हो चुकी हैं। आप जिन दो केसों की बात करते हैं, वह गुजरात से बाहर ले गए। इनकी जाँच किसने की? गुजरात पुलिस ने। गोवा कौन लाया? गुजरात पुलिस। चार्ज शीट किसने बनाई? गुजरात पुलिस ने। हाई कोर्ट ने बरी कर दिया। इस मामले को गुजरात से बाहर ले गए। वही कागज, वही गवाह, वही गुजरात पुलिस की जाँच। महाराष्ट्र की अदालत ने सजा दी। कोई नई जाँच तो नहीं की। आपने न्यायालय पर अविश्वास किया है, गुजरात पुलिस पर नहीं। बल्किस बानो केस की जाँच गुजरात पुलिस ने की और बाद में उसे सी.बी.आई. के हवाले कर दिया। आपको यह जानकर हैरानी होगी कि गुजरात पुलिस ने इस मामले में जिन्हें गिरफ्तार किया था, उन्हें सजा हुई। सी.बी.आई. ने जिन्हें गिरफ्तार किया था, वे निर्दोष सिद्ध होकर बरी हुए। एक पुलिसवाले ने सी.बी.आई. को कागज देने में देर की तो उसे सजा हुई।

हमारे शरणार्थी शिविर

मैं सब जगह गया, सबकी फिक्र की। यह प्रॉपोगंडा फैलाया जाता है कि सरकार ने शरणार्थी शिविर नहीं चलाए। हमारे यहाँ गुजरात में सामाजिक ढाँचा बहुत मजबूत है। जब भूचाल आया था तो भी हमने कैंप नहीं लगाए थे। हमने सारा इंतजाम अनाज, राशन आदि सामाजिक संगठनों के हवाले कर दिया था। इन शिविरों को चलानेवाले मुसलमान हो सकते हैं। मगर उनकी सारी जरूरतें सरकार पूरी कर रही थी। इसका पूरा रिकॉर्ड है। कहाँ क्या दिया गया, कितना अनाज और दूसरी चीजें दी गईं? इतना ही नहीं, दसवीं के इम्तिहान थे। इसके पूरे इंतजाम हमने किए। मुसलमान बच्चों ने इम्तिहान दिए और पास हुए। इस पर भी लोग अदालत गए, मगर गलत साबित हुए। मगर कुछ लोगों ने और मीडिया ने मेरे खिलाफ झूठ फैलाने का ठेका ले रखा है।

देश के अन्य हिस्सों के एनकाउंटर्स की जाँच क्यों नहीं ?

मायावतीजी ने चुनाव से पहले अपने विज्ञापन में लिखा है कि हमने 393 एनकाउंटर करके शांति स्थापित की है। मेरे यहाँ तो सिर्फ 12 एनकाउंटर ही हुए। इनके मुकदमे चल रहे हैं। अभी किसी को सजा नहीं हुई है। मानवाधिकार आयोग ने कहा है कि देश में जो एनकाउंटर हुए, उनमें 400 फर्जी थे। सुप्रीम कोर्ट में अर्जी लगी है कि इन सबकी जाँच होनी चाहिए। ऐसा क्यों नहीं हो रहा है? सिर्फ गुजरात के एनकाउंटरों

की जाँच हो रही है। देश के बाकी हिस्सों में होनेवाले एनकाउंटरों की जाँच क्यों नहीं ?

आज मेरी मंजिल हैं 6 करोड़ गुजराती

मैं बुनियादी तौर पर संगठन का व्यक्ति हूँ। कुछ खास परिस्थितियों में मैं मुख्यमंत्री बन गया। जिंदगी में मैं किसी स्कूल के मॉनिटर का भी चुनाव नहीं लड़ा था। मैं कभी किसी का इलेक्शन एजेंट भी नहीं बना। मैं तो इस दुनिया का इनसान ही नहीं हूँ, न ही इस दुनिया से मेरा कुछ लेना-देना रहा। आज मेरी मंजिल है 6 करोड़ गुजराती। उनकी भलाई, उनका सुख। मैं अगर गुजरात में अच्छा काम करता हूँ तो उ.प्र. और बिहार के दस लोगों की नौकरी लगती है। मैं हिंदुस्तान की सेवा गुजरात के विकास द्वारा करूँगा। गुजरात में अगर नमक अच्छा पैदा होगा तो सारा देश गुजरात का नमक खाएगा। मैंने गुजरात का नमक खाया है और सारे देश को गुजरात का नमक खिलाता हूँ।

गुजरात : शिक्षा अभियान

ऐसा नहीं है। गुजरात में ओ.बी.सी. में 36 मुसलिम बिरादरियाँ हैं, जो पिछड़ों में आती हैं। उन्हें वे सभी सुविधाएँ मिलती हैं, जो दूसरे पिछड़ों को मिलती हैं। मैं भी पिछड़ी जाति से हूँ। हमें रास्ता ढूँढ़ना होगा कि सबको इसमें हिस्सेदारी मिले। जैसे आज स्कूल हैं, टीचर हैं, इसके बावजूद लोग अनपढ़ हैं। इसका हल हमने गुजरात में ढूँढ़ा। हमने यह अभियान चलाया कि शत-प्रतिशत लड़कियों को शिक्षा मिले। जून के महीने में जब बहुत गरमी होती है तो सारे अधिकारी, सारे मंत्री, सारी सरकार गाँव-गाँव और घर-घर जाते हैं। यह देखते हैं कि क्या लड़कियाँ पढ़ रही हैं। आज 99 प्रतिशत लड़कियाँ स्कूलों में हैं। इनमें सभी धर्मों की लड़कियाँ हैं। पहले ड्रॉप आउट 40 प्रतिशत था, आज वह मुश्किल से 2 प्रतिशत ही रह गया है। अब इसका फायदा किसको मिल रहा है? मेरी हिंदू-मुसलमान की फिलॉसफी नहीं है। मैं तो सिर्फ यह देखता हूँ कि गुजरात में रहनेवाले हर बच्चे को हक मिले। मेरी दस साल की कोशिशों में सबसे खुशी इस बात की है कि मैं किसी हिंदू स्कूल में अभिभावकों की बैठक बुलाता हूँ तो उसमें 60 प्रतिशत आते हैं, जबकि मुसलमान क्षेत्रों की बैठकों में शत-प्रतिशत लोग आते हैं।

गुजरात में अल्पसंख्यक सबसे खुशहाल

पहली बात तो यह है कि आज गुजरात में अल्पसंख्यकों की जो जगह है, वह पूरे देश की तुलना में ज्यादा अच्छी है। और दूसरे, बेहतर होने की गुंजाइश इतनी ही है, जितनी किसी हिंदू की। मुसलमान को भी आगे बढ़ने का उतना ही मौका मिलना चाहिए,

जितना किसी हिंदू को। अगर क्लेश हो तो एक घर भी नहीं चल सकता। एक बहू अच्छी लगे और दूसरी न लगे, तो घर में सुकून नहीं हो सकता।

मुसलमान भाई सिर्फ एक वोट बनकर न रहें

मैं अपने मुसलमान भाइयों से कहना चाहूँगा कि वे किसी के लिए सिर्फ एक वोट बनकर न रहें। आज हिंदुस्तान की राजनीति में मुसलमान को सिर्फ वोट बना दिया गया है। मुसलमान स्वप्न देखें। उनके स्वप्न, उनके बच्चों के स्वप्न पूरे हों। वे वोटर रहें और अपने वोट का खुलकर इस्तेमाल करें। मगर उन्हें इसके आगे एक इनसान, एक भारतीय के रूप में देखा जाए, उनकी तकलीफों को समझा जाए। मैं अगर उनके किसी काम आ सकता हूँ तो आऊँगा; मगर उन्हें भी खुले दिमाग से देखना होगा, सोचना होगा।

कश्मीर से कन्याकुमारी तक भारत एक रहे, नेक रहे

मेरा स्वप्न है कि कश्मीर से कन्याकुमारी तक भारत एक रहे, नेक रहे। सब सुखी रहें, सबका कल्याण हो। जो साम्राज्यवादी मनोवृत्ति के लोग हैं, वे पाकिस्तान में अखंड भारत का आंदोलन चला रहे हैं। पाकिस्तान में आंदोलन चल रहा है कि पाकिस्तान, हिंदुस्तान और बँगलादेश एक हो जाएँ, ताकि यहाँ पर मुसलमान बहुसंख्यक हो जाएँ। आज कल आप लोगों के भी मुँह में पानी आ रहा है, इसलिए कि आप अखंड भारत के नाम पर मुसलिम बहुल देश बनाना चाहते हैं। सब मुसलमानों को इकट्ठा करके, हिंदुस्तानी मुसलमानों को आगे लाकर तनाव पैदा किया जाए। आपका भी यह सपना होगा।

शिक्षा और मुसलमान

अभी मैं आपको बताऊँ कि दाँता के पास एक गाँव में मैं गया। वहाँ 70 प्रतिशत मुसलिम आबादी थी। वहाँ तीन बच्चियों ने मुझसे कहा कि उन्हें मुझसे अलग से बात करनी है। मुझे नहीं पता था कि वे किस धर्म से हैं। बच्चियाँ सातवीं-आठवीं कक्षा की थीं। मैंने जब उनसे अलग से बात की तो यह पता चला कि वे तीनों मुसलमान हैं। उनका कहना था कि वे आगे पढ़ना चाहती हैं, मगर उनके माता-पिता इसके खिलाफ हैं। उनकी इस बात ने मेरे दिल को छुआ कि मेरे राज्य में तीन लड़कियाँ ऐसी हैं, जो आगे की शिक्षा प्राप्त करने के लिए मुख्यमंत्री से मदद माँगने से हिचक नहीं रही हैं। मैंने उनके माँ-बाप को कहलवाया कि वे लड़कियों की बात मानें। यह दो साल पहले की बात है। तीनों लड़कियाँ पढ़ रही हैं।

मुसलमानों के लिए कार्य

मैं हिंदू-मुसलमान की सोच नहीं रखता। मैंने तो यह देखा है कि जो पिछड़ा हुआ है, उसे आगे बढ़ाया जाए। समंदर के तटीय क्षेत्र में मुसलमान ज्यादा हैं। हमने 1,500 करोड़ का पैकेज दिया है। वहाँ हमने आई.आई.टी. खोले हैं, स्कूल खोले हैं। मछुआरों के बच्चों को विमान-चालन के बारे में बताया है। मछुआरों को छह महीने रोटी मिलती है।

मोदी को मुसलिम मतदान

सबसे पहली बात—भारत के नागरिकों को, मतदाताओं को, हिंदुओं व मुसलमानों को मैं बाँटने के पक्ष में नहीं हूँ। मैं हिंदुओं और सिखों को बाँटने के पक्ष में नहीं हूँ, मैं हिंदुओं और ईसाइयों को बाँटने के पक्ष में नहीं हूँ। सभी नागरिक, सभी मतदाता मेरे देशवासी हैं। इसलिए मेरा मूल सिद्धांत यह है कि मैं इस मुद्दे को इस प्रकार नहीं देखता। और ऐसा करना लोकतंत्र के लिए खतरा भी होगा। धर्म आपकी राजनीतिक प्रक्रिया का साधन नहीं होना चाहिए।

भारतीय नागरिकों, मतदाताओं, हिंदुओं और मुसलिमों से कहना चाहता हूँ कि मैं बाँटने में विश्वास नहीं रखता। मैं हिंदुओं और सिखों को बाँटने के पक्ष में नहीं हूँ। मैं हिंदुओं और ईसाइयों को नहीं बाँटना चाहता। सभी नागरिक और मतदाता मेरे देश के लोग हैं। यह देश के लिए खतरा है। लोकतांत्रिक प्रक्रिया में धर्म का इस्तेमाल हथियार के रूप में नहीं होना चाहिए।

इस पार्टी ने देश में सेकुलरिज्म को समाप्त कर दिया

जो लोग हिंदुस्तान को सेकुलरिज्म सिखा रहे हैं, वे अब देश की तौहीन कर रहे हैं। यह देश शुरू से ही सेकुलर है। अफगानिस्तान भारत का हिस्सा था, तब भी वह सेकुलर था। पाकिस्तान में भी जब तक हिंदू थे, वह सेकुलर था। बँगलादेश सेकुलर था। आप यह देखिए कि कौन सी पार्टी है, जिसने देश से सेकुलरिज्म को खत्म किया?

यह है स्यूडो सेकुलरिज्म

स्यूडो सेकुलर वे होते हैं, जो नाम के सेकुलर होते हैं, काम के नहीं; जो उपदेश बड़े-बड़े देते हैं, काम फिरकापरस्ती के करते हैं। अब हमारे यहाँ भाजपा के एक लीडर थे—शंकर सिंह वाघेला। आज वे कांग्रेस के बहुत बड़े सेकुलर लीडर बन गए हैं। आप में से कोई उनसे यह पूछे कि जब अयोध्या में बाबरी मसजिद का ढाँचा गिराया गया तो उस वक्त वे कहाँ थे? वे किस स्टेज पर खड़े हुए थे? अब वे कांग्रेस में शामिल हो

गए तो सेकुलर हो गए। उनके सब पाप धुल गए। वे मुसलमानों से कहते हैं कि मुझे वोट दो, क्योंकि मैं मोदी से लड़ रहा हूँ। हम इसको 'स्यूडो सेकुलरिज्म' कहते हैं।

पतंगबाजी उद्योग का उन्नयन

यहाँ शहरी समृद्धि योजना है। इसके तहत काम हो रहा है, कंप्यूटर की शिक्षा दी जा रही है। बैंक नहीं हैं। यह काम केंद्र का है, आपकी प्रिय कांग्रेस सरकार का काम है। गुजरात में पतंगबाजी बहुत बड़ा उद्योग है। इसे 99 प्रतिशत मुसलमान चलाते हैं। मैंने इसका गहराई से अध्ययन किया है। मैं बोलना शुरू करूँ तो आप भी पतंगबाजी पर मुझे पी-एच.डी. की डिग्री दे देंगे। अमदावाद में जो पतंगें बनती थीं, वे 34 जगहों पर जाती थीं। कही बाँस बनता था तो कहीं गुंद, कहीं कागज। इससे काफी महँगा पड़ता था। मैंने रिसर्च करवाई। पहले यह पतंग उद्योग 8-9 करोड़ का था, आज 50 करोड़ का है। पहले पतंग का कागज तीन रंगों का अलग-अलग लगता है। मैंने कागजवालों से कहा कि वे एक ही कागज को तीन रंग का छाप दें। पतंग का बाँस असम से आता है। मैंने रिसर्च करवाई, अब गुजरात में ही बाँस पैदा हो रहे हैं। आज हम सबसे ज्यादा चीनीवाला गन्ना पैदा कर रहे हैं। यह फायदा किसे मिला? आप कहेंगे, मुसलमान को मिला; मैं कहूँगा, मेरे गुजरातियों को मिला।

'पोटा' का गलत इस्तेमाल गुजरात में नहीं

हमने जिन्हें गिरफ्तार किया, उनके मामले सुप्रीम कोर्ट तक गए। मगर अदालत में एक भी केस गलत नहीं पाया गया। देश के दूसरे हिस्से में 'पोटा' का गलत इस्तेमाल हुआ हो, मगर गुजरात में नहीं हुआ। हमारा पोटा लगाया हुआ एक भी केस झूठा नहीं निकला। जब यहाँ कांग्रेस की सरकार थी, हजारों लोग टाडा में गिरफ्तार हुए। उस वक्त भाजपा के अध्यक्ष मकरंद देसाई थे। उन्होंने टाडा के खिलाफ कॉन्फ्रेंस की। उन्होंने दुनिया को दिखाया कि जिन लोगों को गिरफ्तार किया गया, उनमें 80 प्रतिशत मुसलमान थे।

अभिनव भारत

अभी तक अभिनव भारत संगठन की कोई तसवीर सामने नहीं आई। इंडियन मुजाहिदीन की तसवीर भी सामने नहीं आई। ये हैं क्या? इन्हें कौन चला रहा है? सरकार बताए। पहले पता लगे, तभी तो आप संगठन पर पाबंदी लगाएँगे। सिर्फ गुब्बारे छोड़ने से क्या फायदा। कांग्रेस कभी अभिनव भारत का गुब्बारा छोड़ती है और कभी इंडियन मुजाहिदीन का, मगर जनता के सामने न पूरी सच्चाई रखती है, न पूरी तसवीर।

पाकिस्तान से रिश्ते

पाकिस्तान के साथ भी हम अच्छे संबंधों की वकालत करते हैं, लेकिन पड़ोसी देशों को भी चाहिए कि वे अपनी जमीन का इस्तेमाल भारत के खिलाफ गतिविधियों में नहीं होने दें।

मैं गुजरात के आखिरी छोर से बोल रहा हूँ। मेरी आवाज पाकिस्तान पहले पहुँचती है, देश के शासक तक बाद में।

मैं राष्ट्रवादी हूँ

मैं एक राष्ट्रवादी हूँ, मैं एक देशभक्त हूँ, इसमें कुछ भी गलत नहीं है। मैं एक हिंदू के रूप में जन्मा हूँ, इसमें कुछ भी गलत नहीं है। इसलिए, मैं एक हिंदू राष्ट्रवादी हूँ, हाँ, आप ऐसा कह सकते हैं। मैं एक हिंदू राष्ट्रवादी हूँ, क्योंकि मेरा जन्म हिंदू के रूप में हुआ है। मैं देशभक्त हूँ, इसमें कुछ भी गलत नहीं है। जहाँ तक प्रगतिवादी, विकासोन्मुख, कार्यशील या जो भी है, लोग कहते रहते हैं, कह रहे हैं। इन दोनों में कोई विरोधाभास नहीं है। ये दोनों छवियाँ एक ही हैं।

पाक पर मनमोहन सिंह के नरम तेवर

राष्ट्रपति ने पाकिस्तान पर सख्त टिप्पणी की, लेकिन मनमोहन सिंह का तेवर लाल किले पर बिलकुल नरम रहा। मुझे उम्मीद थी कि लाल किले से प्रधानमंत्री सेना का मनोबल बढ़ाएँगे, पर ऐसा नहीं हुआ।

संयम की सीमा रेखा

यह मेरी भावना है। उन्हें (प्रधानमंत्री) हमारे सैनिकों का मनोबल बढ़ाना चाहिए था। एक तरफ राष्ट्रपतिजी कह रहे हैं कि हमारे संयम की सीमा है, लेकिन राष्ट्रपतिजी इस संयम की क्या सीमा है? इसके लिए सीमा रेखा क्या है? इसका फैसला केंद्र की सरकार को करना होगा।

क्या कारण है कि हमें नहीं पता कि हमारी सीमा क्या है। कब तक हम बरदाश्त करते रहेंगे। इसको साफ बताया जाना चाहिए। और यह केवल पाकिस्तान का सवाल नहीं है। आज राष्ट्र की सुरक्षा खतरे में है। चीन ने क्या किया है? एक आजाद भारत में आज चीन घुस आता है और हमारी सीमा पर अवरोधक खड़े कर देता है। वह हमारे क्षेत्र में आकर डट जाता है।

भ्रष्टाचार देश के समक्ष सबसे महत्त्वपूर्ण मुद्दा

प्रधानमंत्रीजी, राष्ट्रपतिजी की भावनाओं और चिंताओं का सम्मान करना आपका पहला कर्तव्य है; लेकिन आज ऐसा नहीं हुआ। हम भ्रष्टाचार के खिलाफ युद्ध क्यों नहीं छेड़ सकते? बहनो-भाइयो, इस भ्रष्टाचार का जन्म कहाँ से हुआ है? क्या देश को यह जानने की जरूरत नहीं है। क्या देशवासी इस पर जवाब नहीं माँगेंगे? मैं राजनीतिक भाषा में बात नहीं करना चाहता, लेकिन मैं कहना चाहता हूँ कि भ्रष्टाचार देश के समक्ष सबसे महत्त्वपूर्ण मुद्दा है। यह हमारे देश का दर्द और संताप है।

भ्रष्टाचार हमारे देश को नष्ट कर रहा है

भ्रष्टाचार हमारे देश को नष्ट कर रहा है और जो देश पर राज कर रहे हैं, उनके परिवार आकंठ (भ्रष्टाचार में) डूबे हैं। जब तक उच्चतम न्यायालय उन्हें फटकार नहीं लगाता, वे लगातार चुप्पी साधे रहते हैं और इसमें जुटे रहते हैं।

खाद्य सुरक्षा विधेयक

मैंने प्रधानमंत्री को एक पत्र लिखा है और सुझाव दिया है कि खाद्य सुरक्षा विधेयक में कई खामियाँ हैं, जिन्हें दुरुस्त किए जाने की जरूरत है। हमने विधेयक का विरोध नहीं किया है। हम गरीबों की थाली में खाना परोसे जाने के खिलाफ नहीं हैं। इस विधेयक की कमियों को सही करना आपकी जिम्मेदारी है, लेकिन आप (प्रधानमंत्री) हमारी बात सुनने को तैयार ही नहीं हैं।

विधेयक लाभार्थियों की संख्या बढ़ाने में विफल

खाद्य सुरक्षा विधेयक लाभार्थियों की संख्या बढ़ाने में विफल रहा है। यह भोजन की गुणवत्ता बढ़ाने में विफल रहा है। यह भोजन की कीमत कम करने में विफल रहा है और इसके बावजूद आप दावा कर रहे हैं कि यह लोगों के लिए अच्छा है।

विधेयक में संघीय ढाँचे की बुनियाद की अनदेखी

इस विधेयक ने जिस तरह से हमारे संघीय ढाँचे की बुनियाद की अनदेखी की है, मैं उससे चिंतित हूँ। यह कुछ कानूनी लड़ाई में फँस सकता है और गरीब लोग फिर से भोजन सुरक्षा से वंचित रह जाएँगे। उन्होंने इसके साथ ही कहा, हम चाहते हैं कि यह विधेयक एक अच्छा विधेयक हो और इसके लिए मैंने प्रधानमंत्री को सुझाव दिया था कि वह सभी मुख्यमंत्रियों की बैठक बुलाएँ। यदि आपको गरीबों की चिंता थी तो

आपको बैठक बुलाकर विधेयक की कमियों पर विचार करना चाहिए था।

केंद्र सरकार गरीबों का मजाक उड़ाना बंद करे

प्रधानमंत्री ने खाद्य सुरक्षा बिल की बात कही, लेकिन उसकी कमियों पर चर्चा करने के लिए तैयार नहीं हैं। कांग्रेस का कोई नेता कहता है कि 5 रुपए में थाली मिल जाएगी तो कोई कहता है कि 12 रुपए में। मोदी ने कहा कि प्रधानमंत्रीजी, गरीबों की थाली में एसिड छिड़कना बंद करें। हिंदुस्तान की सरहद पर स्थित भुज से मैं देशवासियों से कह रहा हूँ कि केंद्र सरकार गरीबों का मजाक उड़ाना बंद करे।

अब 10 किलो कम खाद्यान्न मिलेगा

आज गुजरात में गरीबों को 35 किलो अनाज मिलता है, लेकिन खाद्य सुरक्षा बिल के बाद यह 25 किलो हो जाएगा। ऐसे में इस खाद्य सुरक्षा बिल की क्या जरूरत है? प्रधानमंत्री अपनी जिम्मेदारी राज्यों पर थोपकर लोगों को भूखे रखना चाहते हैं। गरीबों के घरों में चूल्हे नहीं जल रहे हैं। दिल्ली की सरकार को लगता है कि केवल विधेयक लाने से लोगों को खाना मिल जाएगा।

क्रेडिट लेने के लिए बिल लाई कांग्रेस

खाद्य सुरक्षा के लिए एक अच्छा बिल लाने के बजाय कांग्रेस अध्यादेश लाई, ये बिलकुल ठीक नहीं है। कांग्रेस ने ऐसा इसलिए किया, क्योंकि कांग्रेस को अपने यू.पी.ए. के साथियों पर भरोसा नहीं है। कांग्रेस अपने सहयोगियों को इसका श्रेय नहीं देना चाहती थी। वह अकेले ही इसका क्रेडिट लेना चाहती थी।

इस बिल से कुपोषण होगा

जिस देश में लोगों की पोषण जरूरत पूरी करना एक बड़ी चिंता है, वहाँ यह बिल लोगों को कुपोषण की ओर ही धकेलेगा। इस समय गरीबी रेखा से नीचे रहनेवाले लोगों को 35 किलो अनाज मिल रहा है, लेकिन प्रस्तावित खाद्य सुरक्षा बिल में उन्हें 25 किलो अनाज देने का ही प्रावधान है। राष्ट्रीय खाद्य सुरक्षा बिल देश को कुपोषण की ओर धकेल देगा। इससे न तो लोगों की कैलोरी की जरूरत पूरी होगी और न उन्हें पूरा पोषण मिलेगा। उनके सामने पोषण असुरक्षा की समस्या उठ खड़ी होगी।

शासक दल ने संसद् को अखाड़ा बना दिया

देश के शासक दल ने संसद् को अखाड़ा बना दिया है। ऐसा पहली बार हुआ, जब

देश का शासक दल ही संसद् को नहीं चलने दे रहा है। संसद् को बंधक बना रखा है। इस संदर्भ में राष्ट्रपति प्रणव मुखर्जी की चिंता वाजिब है। यदि ऐसा सत्तारूढ़ पार्टी द्वारा किया जाता है तो संकट गहरा हो जाता है और इसलिए राष्ट्रपतिजी, संसद् के कामकाज के संबंध में आपके द्वारा जताई गई चिंता वास्तविक है। हमें लोकतंत्र के मंदिर, संसद् की गरिमा बनाए रखने में अपनी ओर से बेहतर प्रयास करना चाहिए।

आत्मावलोकन का आह्वान

भाइयो और बहनो, राष्ट्रपतिजी का बयान हम सभी से आत्मावलोकन का आह्वान करता है और यह चिंता शीर्ष पर होनी चाहिए। राष्ट्रपति मुखर्जी ने बुधवार को कहा था, भ्रष्टाचार एक मुख्य चुनौती बन गया है। देश के अमूल्य संसाधन काहिली तथा उदासीनता के कारण नष्ट हो रहे हैं। यह हमारे समाज की गतिशीलता को कुंद कर रहे हैं। हमें इसे रोकने की जरूरत है।

वंशवाद की राजनीति हानिकर

प्रधानमंत्रीजी, आपके रास्ते में कोई राजनीति या वंशवाद की राजनीति नहीं आनी चाहिए थी। लेकिन आपने ऐसा क्यों किया? मैं समझ सकता हूँ कि आपको अटल बिहारी वाजपेयीजी का नाम याद नहीं रहा होगा। मैं आपकी मजबूरियाँ समझता हूँ, लेकिन आपको लाल बहादुर शास्त्रीजी का नाम क्यों नहीं याद आया? मुझे यह बात हजम नहीं हो रही है।

हमारी चुनौती

हम खुद ही अपने लिए सबसे बड़ी चुनौती हैं, क्योंकि हमने स्तर इतना बुलंद कर लिया है कि लोग हमारे स्तर पर हमें नापते हैं। मोदी 16 घंटे काम करता है तो लोग कहते हैं कि 18 घंटे क्यों नहीं? लोगों की आकांक्षाएँ मोदी से बहुत ज्यादा हैं। इसलिए हमें अपने रिकॉर्ड खुद ही तोड़ने पड़ते हैं।

नीति-निर्माता आम लोगों की दिक्कतों से अनजान

प्रधानमंत्रीजी, आपके नीति-निर्माता आम लोगों की दिक्कतों से अनजान हैं। वे यह भी नहीं जानते हैं कि इस देश के आम लोग किस स्थिति में जी रहे हैं। यही वजह है कि आपकी सरकार के लोग यह ऐलान करते हैं कि हमें 5 या 12 रुपए में भोजन मिल सकता है। उनकी यह मानसिकता प्रस्तावित बिल में भी दिखाई देती है।

गरीबों के भोजन का अर्थशास्त्र

प्रधानमंत्रीजी, आप एक अर्थशास्त्री हैं। आप जितनी जल्दी गरीबों के भोजन का अर्थशास्त्र समझ लेंगे, उन्हें भोजन मिलने की संभावना उतनी ही उजली हो जाएगी। देश के सबसे पिछड़े लोगों को आपकी सरकार के इस बिल से कोई फायदा नहीं मिलनेवाला। उलटे इससे गरीबी रेखा से नीचे के लोगों पर बोझ और बढ़ेगा ही।

रुपए की कीमत की गिरावट का जिम्मेदार कौन?

प्रधानमंत्रीजी, आपने देश की वर्तमान आर्थिक हालत का जिक्र करते हुए पूर्व प्रधानमंत्री नरसिंह राव की बात की; लेकिन मैं आपसे पूछना चाहता हूँ कि रुपए की कीमत जिस तरह से गिर रही है, यह संकट की ओर जा रहा है, उसके लिए कौन जिम्मेदार है? आप कम-से-कम इतना तो कर सकते थे कि देश को बताते कि आप कैसे रुपए को मजबूत करेंगे और अर्थव्यवस्था में नई जान डालने के लिए क्या कदम उठाए जा रहे हैं। इसके बजाय आप इसका ठीकरा वैश्विक आर्थिक मंदी के सिर पर फोड़ रहे हैं और कहते हैं कि भारत वैश्विक मंदी से अछूता नहीं रह सकता।

राहुल गांधी को सिर्फ सत्ता चाहिए

राहुल गांधी ने कहा था कि हारनेवाले उम्मीदवारों को टिकट नहीं दिया जाएगा; लेकिन कर्नाटक में ऐसे ही उम्मीदवारों को टिकट बाँटी। कांग्रेस ने जातिवादी, प्रांतवादी और भ्रष्टाचार के जहर को फैलाया है। राहुल गांधी को सिर्फ सत्ता चाहिए। जिन्हें कर्नाटक के विकास की चिंता है वे बीजेपी को जिताएँगे।

ब्रांड मोदी और पी.आर. एजेंसी

पश्चिमी विश्व और भारत—इन दोनों में बहुत अंतर है। यहाँ भारत में कोई पी.आर. एजेंसी किसी व्यक्ति की छवि नहीं बना सकती। मीडिया से किसी व्यक्ति की छवि नहीं बन सकती। अगर कोई भारत में अपना नकली चेहरा प्रोजेक्ट करने का प्रयास करता है तो मेरे देश में इसकी बहुत बुरी प्रतिक्रिया होती है। यहाँ, लोगों की सोच अलग है। लोग बनावटीपन को लंबे समय तक बरदाश्त नहीं करेंगे। यदि आप खुद को उसी तरह प्रोजेक्ट करें, जैसे आप सचमुच हैं तो लोग आपकी कमियों को भी स्वीकार कर लेंगे। व्यक्ति की कमजोरियों को स्वीकार किया जाता है। और लोग यह कहेंगे कि हाँ, ठीक है, यह ईमानदार आदमी है, यह कड़ी मेहनत करता है। तो हमारे देश में सोच अलग है। जहाँ तक किसी पी.आर. एजेंसी की बात है तो मैंने कभी कोई पी.आर.

एजेंसी नहीं देखी है, न उनकी सुनी है और न किसी से मिला हूँ। मोदी की कोई पी.आर. एजेंसी नहीं है और न कभी थी।

समाज में नारी का स्थान

हम इक्कीसवीं सदी की ओर बढ़ने लगे। समाज में नारी का स्थान क्या है, वह हम दुनिया को दिखा सकते थे। लेकिन जैसे-जैसे हम आधुनिक होते गए, हमारी विकृतियाँ बढ़ती गईं। कभी-कभी लगता है कि हम अठारहवीं सदी से भी पीछे पहुँच गए हैं, ऐसा हम व्यवहार करने लगे। अठारहवीं सदी में कम-से-कम बच्ची को जन्म लेने का अवसर मिलता था। उसको साँस लेने के कुछ पल मिलते थे। उसकी जन्मदात्री माँ को उसे देखने का अवसर मिलता था। पल-दो पल के लिए दोनों को अपने रिश्तेदारों की तरफ देखने का अवसर मिलता था और बाद में उसे मौत के घाट उतार दिया जाता था। लेकिन आज इक्कीसवीं सदी में माँ के पेट में ही बेटी को मार दिया जाता है। बेटी होने वाली है, इसलिए गर्भपात हो और इस पाप में न पुरुष पीछे रहता है और न ही माँ पीछे रहती है। अठारहवीं सदी से हम पीछे चले गए हैं, इससे बड़ा सुबूत क्या चाहिए?

मातृ-शक्ति का गौरव

यह पीड़ा मेरे राज्य में भी है। वर्ष 2001 के सेंसस को जब मैंने 2004 में देखा तो रोंगटे खड़े हो गए। रोएँ तो किसके सामने रोएँ? कहें तो किसको कहें? यह दर्द, यह पीड़ा इक्कीसवीं सदी में सिर उठाने की इजाजत देती है? हमें आधुनिक हिंदुस्तान बनाना है, इसकी पहली शर्त है—हमारी मातृ-शक्ति का गौरव।

परिवार और कर्तव्य

सामाजिक जीवन में स्थितियों को बदलना पड़ेगा। एक तरफ हम जिन बुराइयों में फँसे हैं, बड़ी कठोरता के साथ उनसे मुक्त होने का हम सबको प्रयास करना पड़ेगा। व्यक्ति के नाते, परिवार के नाते, समाज के नाते, सरकार के नाते हम सबको करना पड़ेगा। बेटे और बेटी के बीच भेद का समय बहुत बुरा होता है। और मैंने ऐसे परिवार देखे हैं। सुख हो, वैभव हो, सबकुछ हो, चार-चार बेटे हों, लेकिन माँ-बाप को रहने के लिए जगह नहीं थी वहाँ, ऐसे भी परिवार मैंने देखे हैं।

कर्तव्य और बेटियाँ

माँ ने बेटे को इसलिए पाल-पोसकर बड़ा किया था कि बेटा बुढ़ापे में काम आएगा। लेकिन मैंने ऐसी माताएँ देखी हैं, ऐसी बेटियाँ देखी हैं जिन बेटियों ने माँ को

पिता की कमी महसूस न हो, इसलिए शादी करने से ही इनकार कर दिया। माँ-बाप की अकेली बेटी होने के नाते अपना जीवन उन्हीं को समर्पित कर दिया और जीवन भर कोई बेटा काम करे, उससे कहीं अधिक बेटी ने माँ-बाप की शान-शौकत बढ़ाने का काम किया। आज समाज के नाते क्या उस शक्ति को हम नहीं पहचानेंगे?

पुरुषों से दो कदम आगे

आज कोई भी क्षेत्र देखिए, जहाँ भी लड़कियों को अवसर मिला है, बहनों को अवसर मिला है, पुरुषों से दो कदम आगे निकल गई हैं। इस सच्चाई को हमें स्वीकार करना होगा और एक समाज के नाते, परिवार की व्यवस्था के नाते हमें सबसे पहले इस कार्य के लिए आगे बढ़ना होगा। और तभी जाकर एक स्वस्थ समाज का निर्माण होगा।

असंतुलित लिंगानुपात

आज मैं कई प्रदेश देख रहा हूँ, जहाँ लड़कों को शादी के लिए कठिनाई हो रही है। लड़कियों की तादाद कम होती जा रही है। समाज असंतुलित हो रहा है। संसार चक्र एक तरफ लुढ़क रहा है। एक समाज के नाते यह हम सबकी चिंता का विषय है।

स्त्री-शक्ति का विस्फोट

कभी कभी हम माताओं-बहनों की शक्ति को पहचानने में गलती कर देते हैं। नारी एक शक्ति का विस्फोट होती है। माता एक शक्ति का अंबार होती है।। मर्दों की तरह वह सड़कों व चौराहों पर अपनी मर्दानगी नहीं दिखाती। वह शक्ति का संचय करती है और वक्त आने पर उस शक्ति का विस्फोट होता है। हम व्यावहारिक जीवन में देखते हैं कि कोई महिला खाना पका रही है, चपाती बना रही है। वह चपाती गोल हो, उसके लिए वह पूरी मेहनत करती है। कहीं कोई छेद रह जाए तो भाप निकल आने से वह थोड़ा सा जल जाती है। तब वह उम्मीद करती है कि आज पति देव थोड़ा जल्दी आ जाएँ।

महिला सशक्तीकरण अनिवार्य

देश को आगे ले जाने में महिलाओं का बहुत बड़ा योगदान है। देश की आधी आबादी को जब तक समाज उनका असली हक नहीं देगा, तब तक देश आगे नहीं बढ़ सकता। मेरे राजनीतिक जीवन में महिलाओं ने कवच का काम किया है, जिसके कारण ही मैं यहाँ तक पहुँच पाया हूँ। अतएव यह बात अच्छी तरह से हमें समझ लेनी होगी कि यदि देश का विकास करना है तो महिलाओं को आगे लाना ही होगा। और फिर, हम

यह क्यों भूल जाते हैं कि वे भी हमारे ही परिवार का अनिवार्य अंग हैं। हमारा अस्तित्व उनके बिना और उनका हमारे बिना संभव नहीं है।

अमदावाद : एक इम्तिहान

अगर आप एक बार अमदावाद में सफल हो गए, तो फिर आपकी गाड़ी कहीं रुकती नहीं है! हम अमदावादियों की पहचान है, 'सिंगल फेयर, डबल जर्नी'! और यह आपका क्षेत्र ऐसा है, जिसमें हर कोई अपने इन्वेस्टमेंट का कुछ-न-कुछ रिवॉर्ड चाहता है और इसलिए रुपए की कीमत क्या होती है, रुपए का माहात्म्य क्या होता है, यह शायद अमदावादी से अधिक कोई नहीं जानता है! और हमारे अमदावादियों के लिए इस प्रकार के काफी चुटकुले भी बने हुए हैं! और उस शहर में फाइनेंशियल वर्ल्ड के लोगों का इस प्रकार से एकत्र हो आना और इस समारोह को यहाँ संपन्न करना, इसके लिए मैं फिर एक बार जी ग्रुप के सभी मित्रो का धन्यवाद करता हूँ और आभार व्यक्त करता हूँ।

देश की चिंताजनक आर्थिक स्थिति

यह बात सही है कि देश की आर्थिक स्थिति बहुत ही चिंताजनक है। किसी भी देश के जीवन में उतार-चढ़ाव तो आते हैं। कभी अच्छी स्थिति भी आती है तो कभी बुरे दिन भी आते हैं। कभी हम टॉप पर भी होते हैं तो कभी लो पर भी पहुँच जाते हैं! लेकिन नीति-निर्धारक जब आत्मविश्वास खो चुके होते हैं, इफ दे लूज देयर कॉन्फिडेंस, तो वे निर्णय नहीं कर सकते। उन्होंने निर्णय करने का सामर्थ्य खो दिया है।

चुनाव का फैसला

कभी-कभी देश में चर्चा होती है कि चुनाव बहुत जल्दी आ जाएँगे, समय पर चुनाव नहीं होंगे! तो मुझसे कुछ लोगों ने बात की थी। मैंने कहा, देखिए भाई, चुनाव जल्दी भी अगर लाने हैं तो सरकार को निर्णय करना पड़ता है। जो नौ साल में कोई निर्णय नहीं कर पाए, वे यह निर्णय कैसे कर सकेंगे? तो आप मानकर चलिए कि मजबूरन स्थितियाँ जहाँ चाहेंगी, वहाँ जाएँगी।

रुपए की कीमत घटाइए नहीं, बढ़ाइए

कोई ले जानेवाला नहीं है, कोई दिशा तय करनेवाला नहीं है, कोई निर्णय करनेवाला नहीं है! और सवा सौ करोड़ का देश इस स्थिति में जब होता है, तब हर प्रकार के संकट अपने आप बढ़ते चले जाते हैं। अब आज देखिए आप, रुपए की कीमत जिस तेजी से गिर रही है! और कभी-कभी तो लगता है कि दिल्ली की केंद्र सरकार

और रुपए के बीच कंपिटीशन चल रहा है। किसकी आबरू तेजी से गिरती चली जा रही है, कौन आगे जाएगा, इसका कंपिटीशन चल रहा है!

देश जब आजाद हुआ तब 1 डॉलर 1 रुपए के बराबर था। 1 रुपए में 1 डॉलर बिकता था! जब अटलजी की सरकार थी, अटलजी ने जब पहली बार सरकार बनाई तब तक मामला पहुँच गया था 42 रुपए तक और अटलजी ने जब छोड़ा तब 44 पर पहुँचा था। 4 प्रतिशत का फर्क आया था! लेकिन इस सरकार के और अर्थशास्त्री प्रधानमंत्री के कालखंड में यह 60 रुपए पर पहुँच गया है।

मित्रो, अगर थोड़ा इतिहास की ओर नजर करें और आप तो इस आर्थिक जगत् की दुनिया से जुड़े हुए लोग हैं! हिंदुस्तान 1,200 साल की गुलामी के बाद 15 अगस्त, 1947 को जब आजाद हुआ तो उस समय उसके पास ब्रिटिश सरकार से 1,000 मिलियन पाउंड लेना उधार था। यानी हम लेनदार थे, ब्रिटिश सरकार कर्जदार थी! द्वितीय विश्व युद्ध में भारत से जो कुछ भी गया था, वह कर्ज ब्रिटिशर को हिंदुस्तान को चुकाना था। यानी 1,200 साल की गुलामी के बाद भी आजादी का प्रारंभ आर्थिक संकट से नहीं हुआ, आर्थिक संपन्नता के साथ हुआ था।

विदेशों से कर्ज

विदेशों से कर्ज लेने का प्रारंभ पं. नेहरू ने किया। आजादी के कुछ ही समय में फर्स्ट फाइव इयर प्लान आया तो विदेशों से कर्ज लेना शुरू किया। और तब विश्व बैंक का स्वतंत्र स्वरूप नहीं था, अमेरिका की गवर्नमेंट की इच्छा से चलता था। और उस समय पं. नेहरू के जमाने में पहली बार कर्ज लिया गया। आज जरूरत है उस बात को समझने की, कि जब वो पहली बार कर्ज लिया गया तो उसमें दो शर्त थी। आज डॉलर 60 रुपए पर क्यों बिकता है, उसका जवाब वहाँ मिलता है।

कर्ज की शर्त

विदेशों से कर्ज लेने में उनकी दो शर्त थी! एक शर्त यह थी कि अमेरिका ने जो पैसे दिए हैं, उन पैसों का उपयोग हिंदुस्तान के रिसर्च स्कॉलर को अमेरिका में पढ़ने भेजने के लिए स्कॉलरशिप के रूप में खर्च होंगे। देखिए, कितना बुद्धिमानी का काम अमेरिका ने किया! अमेरिका जिसको चुने वह स्कॉलर, और वह स्कॉलर पढ़ेंगे कहाँ? अमेरिका में! पैसे कौन से? जो पैसे अमेरिका ने कर्ज में दिए, वो पैसे! मतलब आजाद हिंदुस्तान की पहली स्कॉलर पीढ़ी जो तैयार हो, वह अमेरिका की छायावाली तैयार हो, ताकि वे गीत अमेरिका के गाएँ, इस प्रकार का पहला प्रयास हुआ।

और दूसरा निर्णय किया था कि ये रुपए तब देंगे कि जब आप रुपए की कीमत

कम करोगे! और उस ऋण लेने के कारण पं. नेहरू के समय में पहली बार रुपए की ताकत कम हुई और वह सिलसिला चलता रहा! मित्रो, कोई भी देश गलत नीतियों के कारण कहाँ जाकर गिरता है, उसका हम अंदाज कर सकते हैं!

भारत : एक बाजार के तौर पर

मैं आज भी मानता हूँ कि भारत जैसा देश, सारी दुनिया की नजर हिंदुस्तान पर अगर एक बाजार के तौर पर हो और यह देश अगर एक बाजार बनकर के रह जाए तो यह देश कभी भी अर्थिक संपन्नता प्राप्त नहीं कर सकता! पूरा विश्व अपना माल हिंदुस्तान के अंदर जितनी बड़ी मात्रा में डंप कर सकता है, करना चाहता है! इतना बड़ा बाजार उपलब्ध है, मित्रो! अगर सिलसिला चलता ही रहा और देश का आयात बढ़ता ही गया तो पता नहीं देश की आर्थिक स्थिति कहाँ जा करके रुकेगी।

मित्रो, आज आयात तेजी से बढ़ रहा है और निर्यात में हम पहले से भी नीचे आ गए हैं, यानी स्टेबल भी नहीं रहे। हम जहाँ थे, उससे भी नीचे आ गए और उसके कारण हमारी करेंट अकाउंट डेफिसिट बढ़ती चली गई, जिसने पूरी आर्थिक स्थिति पर एक नया बोझ डाल दिया है।

सिंगल विंडो क्लियरेंस

एफ.डी.आई. और एफ.आई.आई. दोनों के तराजू पर हम संतुलन नहीं कर पा रहे हैं और उसका मूल कारण हैं हमारी नीतियाँ! लोग कहते हैं, एफ.डी.आई. नहीं आया, फॉरेन डायरेक्ट इन्वेस्टमेंट नहीं आया, क्यों नहीं आया? कोई भी व्यक्ति हिंदुस्तान के अंदर धन तब लगाता है जब उसको अपनी पूँजी की सुरक्षा महसूस हो। उसको लगे कि हाँ, यह मैं इतना लगा रहा हूँ तो मुझे प्रॉफिट मिलेगा। मुझे गुड गवर्नेंस की अनुभूति हुई है तो मुझे एफिशिएंट गवर्नेंस मिलेगा, मुझे सिंगल विंडो क्लियरेंस मिलेगा, तो वो हिम्मत करेगा!

फॉरेन डायरेक्ट इन्वेस्टमेंट

लेकिन अगर पॉलिसी पैरालिसिस है तो उसकी कितनी ही आवश्कयकता होगी, लेकिन वह हिंदुस्तान की तरफ मुँह नहीं फेरेगा। अगर हमारे यहाँ फॉरेन डायरेक्ट इन्वेस्टमेंट नहीं आता है और अगर हम निर्माण के क्षेत्र में दुर्बल होते चले जाते हैं, तब जाकर हम आयात करते हैं निर्यात करने के दरवाजे बंद होते चले जाते हैं और आर्थिक स्थिति और लुढ़कती चली जाती है।

रियल ट्रांजेक्शन

मित्रो, आप स्टॉक मार्केट की दुनिया से जुड़े हुए लोग हैं। सरकार अगर तीन चीजों को बैलेंस रूप से आगे ना बढ़ाए तो मैं मानता हूँ कि किसी भी इन्वेस्टर का विश्वास कभी भी नहीं रहेगा! अब आप देखिए कि आज हमारा ट्रांजेक्शन कितना होता है ? मैं समझता हूँ, मुझे जो बताया गया है कि वह 15 और 20 प्रतिशत के बीच में आ गया है। और उसमें भी फ्यूचरिस्टिक वाली संख्या ज्यादा है, रियल ट्रांजेक्शन की संख्या कम होती चली जा रही है! रियल ट्रांजेक्शन इसलिए नहीं हो रहा है कि उसका कॉन्फिडेंस लेवल टूट चुका है। अगर यह स्थिति बनती है तो आप कल्पना कर सकते हैं कि हम कहाँ जाकर खड़े रहेंगे!

संभावनापूर्ण स्टॉक मार्केट

और इसलिए स्टॉक मार्केट में भी एक रिटेल का क्षेत्र है, दूसरा इंस्टीट्यूशनल इन्वेस्टमेंट है और तीसरा एफ.आई.आई. का है। इन तीनों को इक्वल बैलेंस होना चाहिए। आज मित्रो, अगर एफ.आई.आई. का शेयर बढ़ गया और जस्ट बिकॉज दुनिया का कोई देश अपना इंटरेस्ट रेट बढ़ा दे और अचानक एफ.आई.आई. की बहुत बड़ी राशि चली जाए तो पूरा स्टॉक मार्केट नीचे गिर जाएगा और उसके कारण सामान्य व्यक्ति को कोई भरोसा नहीं रहेगा।

मित्रो, आज चिदंबरमजी ये कहते हैं कि लोग सोना न खरीदें! लेकिन लोग सोना खरीदने के लिए मजबूर क्यों हुए? मुझे मालूम है, हमारे यहाँ गुजरात में स्टॉक मार्केट में इन्वेस्ट करना, यानी एक पीओन होगा वह भी सुबह-शाम देखता है कि स्टॉक मार्केट का क्या हाल है! हमारे यहाँ एक अखबार तो सिर्फ स्टॉक मार्केट के रेट के ऊपर ही चलता है पूरा-का-पूरा अखबार—और लोग उसी को खरीदते हैं, क्योंकि उनको उसी में इंटरेस्ट होता है! लेकिन आज उसका इंटरेस्ट नहीं रहा, क्योंकि उसको भरोसा नहीं है कि उसको जो कुछ भी इन्वेस्ट करना है, उसको वह वापस मिलेगा या नहीं मिलेगा! तो फिर उसके बाद दो रास्ते बच जाते हैं—रियल एस्टेट में डालो या फिर गोल्ड में डालो।

प्रोडक्टिव रियल एस्टेट

रियल एस्टेट में डालने के लिए मिडिल क्लास, लोअर-मिडिल के पास उतनी धनराशि नहीं होती, इसलिए उसमें डाल नहीं पाता है। तो क्या करेगा? चलिए भाई, 10 ग्राम, 20 ग्राम, 50 ग्राम, 100 ग्राम गोल्ड ले लो, पैसा बढ़ जाएगा! अकेले वर्ष 2012 में 1 लाख करोड़ रुपयों का गोल्ड इस देश में आयात हुआ है एक साल में! और बताया

जाता है कि आज हिंदुस्तान में 18 लाख करोड़ रुपयों का गोल्ड पड़ा हुआ है। नॉन प्रोडक्टिव एसेट है!

मित्रो, अगर यह स्थिति रही तो हमारी सारी आर्थिक व्यवस्था कैसे चलेगी? और यह क्यों हो रहा है, क्योंकि व्यक्ति को एक ही जगह पर सिक्योरिटी लगती है कि यार, लेकर के रखो, ज्यादा पैसे मिले या न मिले, लेकिन पैसे तो बच जाएँगे! या तो उसको लगता है कि रियल एस्टेट।

मित्रो, रियल एस्टेट में भी जाने का कारण क्यों बना है? हमारी इकोनॉमी पर ब्लैक मनी की इकोनॉमी डॉमिनेट करने लग गई है। और जब ब्लैक मनी की इकोनॉमी डॉमिनेट करती हो, पैरलल इकोनॉमी चलती हो तो स्वाभाविक है कि लोगों को रियल एस्टेट में जाने का रास्ता ठीक लगता है। और जैन्यूइन आदमी अगर रियल एस्टेट में जाना चाहता है तो वो एंटर नहीं कर पा रहा है, क्योंकि ब्लैक मनी नहीं है। एक ऐसे मायावी जाल में को देश में चलाया गया है, जिसके कारण देश का पूरा अर्थतंत्र आज स्थितियों को बिगाड़ता चला जा रहा है।

हमारा सेविंग कल्चर

एशिया की एक विशेषता रही है सदियों से कि एशियाई देशों का एक-दूसरे पर काफी सांस्कृतिक प्रभाव रहा है। सेविंग पश्चिमी दुनिया की प्रकृति में नहीं है, सेविंग एशियाई संस्कृति में है और भारत उसमें लीड करता रहा है। हमारे यहाँ बचत करना, पैसे बचाना और उसमें महिलाओं का बहुत बड़ा रोल रहता है। गरीब-से-गरीब महिला होगी, गरीब परिवार की होगी, लेकिन कुछ-न-कुछ बचाने की कोशिश करेगी।

मित्रो, यह सेविंग का जो स्वभाव है तो वो पहले स्टॉक मार्केट के अंदर इन्वेस्ट करता था और उसके कारण हमारी इकोनॉमी को बहुत बड़ा पुश मिलता था, ड्राइविंग फोर्स बन जाता था। मिडिल क्लास, लोअर मिडिल क्लास, जिसके पास सोना खरीदने की ताकत नहीं है, फ्लैट खरीदने की ताकत नहीं है, जमीन में पैसा नहीं लगा सकता है, वह पाँच-दस रुपए वाले दस-बीस शेयर लेने की कोशिश करता था, क्योंकि उसके पास उतने ही पैसे थे।

लेकिन महँगाई के कारण मिडिल क्लास, लोअर मिडिल क्लास के लिए अपना घर चलाने में दिक्कत हो गई है, सेविंग खत्म हो चुका है और सेविंग खत्म होने के कारण स्टॉक मार्केट में उसकी एंट्री बंद हो गई है। अगर यह स्थिति बनी रही तो हमारी पूरी वित्तीय स्थिति और दुर्दशा की ओर चली जाएगी।

आयात का रास्ता

आप देखिए, आयात! यह तो हम समझ सकते हैं कि प्राकृतिक संसाधनों में हमारी कुछ सीमाएँ होंगी! पेट्रोलियम, गैस और डीजल के आयात के लिए आज हमारे पास कोई रास्ता नहीं होगा, मजबूरन ही सही, लेकिन हमको लेना पड़ेगा! लेकिन क्या कारण है कि इलेक्ट्रॉनिक वस्तुएँ, मोबाइल फोन वगैरह में हमारा अरबों-खरबों रुपयों का आयात बढ़ता चला जा रहा है! क्या हमारा देश मोबाइल फोन निर्माण में एक बहुत बड़ा जंप नहीं लगा सकता है? हम हमारे आयात को कम करने का रास्ता नहीं खोज सकते हैं?

इलेक्ट्रॉनिक वस्तुएँ

हमें मालूम है कि हिंदुस्तान में इलेक्ट्रॉनिक वस्तुओं का एक बहुत बड़ा मार्केट है। और इलेक्ट्रॉनिक वस्तुओं के निर्माण के लिए कोई आसमान से बहुत बड़ा स्काय रॉकेट इंजीनियरिंग लाने की जरूरत नहीं है, वो बहुत सामान्य प्रकार की टेक्नोलॉजी है। लेकिन हमने उस पर बल नहीं दिया और उसके कारण आज हिंदुस्तान में सबसे ज्यादा आयात करनेवाले जो तीन क्षेत्र हैं, उसमें से एक क्षेत्र है इलेक्ट्रॉनिक वस्तुओं का! हाँ, यदि कोई मेडिकल इक्विपमेंट के लिए कोई बहुत बड़ी एक्स्ट्राऑर्डिनरी चीज आती है तो वन कैन अंडरस्टेंड, लेकिन रुटीन में हमारे यहाँ अपना कंप्यूटर नहीं बन पा रहा है, हम यहाँ लाकर के एसेंबल करते हैं।

योजनाबद्ध विकास

हम अगर अपने देश में योजनाबद्ध तरीके से करें कि भाई, दस साल के अंदर इस क्षेत्र के अंदर आयात करने की स्थिति से हम बाहर आ जाएँगे! हम क्वालिटी मैटीरियल उपलब्ध कराएँगे, पर्याप्त मैटेरियल उपलब्ध तो देश की स्थितियाँ नहीं बदलेंगी? लेकिन हमारी नीतियों की कमी के कारण यह हाल हुआ है। हमारा निर्माण कॉस्ट इफेक्टिव नहीं हो रहा है। क्यों नहीं हो रहा है? अगर हमें दुनिया के सामने टिकना है तो उत्पादन के क्षेत्र में हमारे लोगों को जरूरत है कि वह कॉस्ट इफेक्टिव हो! तो उसके लिए क्या चाहिए?

आज देखिए, हिंदुस्तान में 20,000 मेगावाट से ज्यादा के बिजली के कारखाने बंद पड़े हैं। कोई देश ऐसा देखा है आपने कि जिसके पास कोयले की खदानें हैं, वह अँधेरे में जी रहा है। लोगों को बिजली चाहिए, बिजली के ग्राहक मौजूद हैं और जिसके पास 20,000 मेगावाट से अधिक बिजली पैदा करनेवाले कारखाने तैयार हों! जस्ट, लीडरशिप नहीं है, पॉलिसी पैरालिसिस है और इसलिए कोयले के निर्णय हो नहीं रहे हैं,

खदान में से कोयला निकल नहीं रहा है, कोयला बिजली के कारखाने तक पहुँच नहीं रहा है और देश अँधेरे में डूब रहा है। निर्माण क्षेत्र को पर्याप्त बिजली मिल नहीं रही है, फार्मर को पर्याप्त बिजली नहीं मिल रही है और उसके कारण हमारा ग्रोथ कम हो रहा है, हमारे विकास की यात्रा कम हो रही है।

आर्थिक संकट से मुक्ति

मित्रो, छोटी-छोटी चीजें हैं, कोई बहुत बड़ी चीजों की कोई जरूरत नहीं है। सामान्य चीजें, अगर इन पर भी हमने बल दिया होता तो मैं नहीं मानता हूँ कि देश आज इतने बड़े आर्थिक संकट से गुजर रहा होता! और ऐसा नहीं है कि इसके रास्ते नहीं हैं। अटलजी के समय की एन.डी.ए. सरकार के कार्यकाल को अगर हम देखे लें, तो सीना तानकर के कोई भी कह सकता है। मित्रो, उन दिनों तो भारत ने परमाणु परीक्षण किया था। पूरे विश्व ने प्रतिबंध लगा दिए थे। देश आर्थिक संकट में फँसा हुआ था! ऐसे विकट काल में भी अटलजी के नेतृत्व में हिंदुस्तान में एन.डी.ए. की सरकार, वो भी 24 पार्टियाँ एक साथ सरकार चलाती थीं, एक पार्टी की सरकार नहीं थी, उसके बाद भी न महँगाई बढ़ने दी थी, न आयात बढ़ने दिया था, निर्यात में कटौती आने नहीं दी थी।

जब अटलजी की सरकार बनी तब हमारा सेविंग का रेशो 32 प्रतिशत से ज्यादा था और आज वह 30 प्रतिशत से भी कम हो गया है! कोई भी पैरामीटर ले लीजिए। भारत की इकोनॉमी में 21वीं सदी की विकास यात्रा के सपनों की मजबूत नींव अटलजी ने अपने शासन काल में रखी थी। लेकिन देखते-ही-देखते पिछले नौ साल में जो रखा था वह भी खत्म हो गया और नया कुछ अर्जित नहीं हुआ। ऊपर से नए बोझ और नए संकट हमारे देश पर आते गए और उसी के कारण आज हम संकट से गुजर रहे हैं।

पॉलिसी पैरालिसिस का अंत आवश्यक

आपका तो पूरा मार्केट, पहले जो इन्वेस्टर था वह सुबह जब स्टॉक मार्केट खुलता था तो उसकी साँस ऊपर-नीचे होती थी। शेयर बाजार में जिस बेचारे ने हजार-दो हजार रुपए लगाए होते थे तो वह सोचता था कि यार आज कुछ मिला या नहीं मिला। आज साँस आपकी ऊपर-नीचे हो रही है। यह पहली बार हो रहा है! और इसलिए इस चिंता की अवस्था में देश एक आत्मविश्वास के साथ कैसे आगे बढ़े, पॉलिसी पैरालिसिस में से देश बाहर कैसे आए।

पैसे पेड़ पर नहीं उगते

प्रधानमंत्री ने कहा था, पैसे पेड़ पर नहीं उगते हैं! प्रधानमंत्रीजी, आपके अर्थशास्त्र में पैसे पेड़ पर उगते हों या न उगते हों, हम गुजरातियों की समझ है और हम मानते हैं कि पैसे खेत में भी उगते हैं, पैसे कारखाने में भी उगते हैं, पैसे मजदूर के पसीने से भी उग सकते हैं, आवश्यकता है सही नेतृत्व देकर नीतियों को बनाने की! हिंदुस्तान का किसान खेत में काम करता है तो वह पैसे उगाता है, एक मजदूर फैक्टरी में मेहनत करता है तो वह पैसे उगाता है। और तभी देश की तिजोरी भरती है और तभी देश चलता है।

सफल गुजरात एक्सपीरियंस

यह जो निराशा का माहौल है, उससे देश को बाहर लाया जा सकता है। मित्रो, गुजरात के एक्सपीरियंस से मैं कहता हूँ कि निराशा की गर्त में डूबे रहने का कोई कारण नहीं है। जब मैं पहली बार मुख्यमंत्री के रूप में आया, तब मेरे यहाँ रेवेन्यू डेफिसिट 6,700 करोड़ रुपए थी, आज हम रेवेन्यू सरप्लस है! मित्रो, हो सकता है! हमारी बिजली कंपनियाँ वार्षिक 2,500 करोड़ रुपए का घाटा करती थीं। आज मित्रो, वे लाभ अर्जित करती हैं और हम 24 घंटे बिजली देते हैं तथा टैरिफ नहीं बढ़ाते हैं।

आशावादी विश्वास

मित्रो, अगर सही दिशा में निर्णय किए जाए, देश के सामान्य व्यक्ति की शक्ति पर भरोसा करके निर्णय किया जाए तो देश की स्थिति बहुत बदल सकती है। और मैं बहुत आशावादी इनसान हूँ! इतना बड़ा देश, दुनिया के सामने सीना तानकर खड़ा होने का सामर्थ्य है इस देश में। 1,200 साल की गुलामी के बाद भी जो देश सरप्लस था वह आज कर्जदार क्यों बन गया, इसके जवाब हम खोज सकते हैं, इसके उपाय भी खोज सकते हैं। उस विश्वास को लेकर आगे बढ़ें!

शाला प्रवेशोत्सव और कन्या केळवणी (शिक्षा) अभियान

शाला प्रवेशोत्सव और कन्या केळवणी (शिक्षा) अभियान के अंतर्गत मेरी टीम पूरे गुजरात राज्य में गाँव-गाँव जाती है। हमारे अधिकारी ग्रामीण अंचलों में जाकर रहते हैं। हम गाँवों में जाकर माता-पिता से उनके बच्चों को शिक्षा प्रदान करने का आग्रह करते हैं। इसी तरह से हम शहरों में भी शिक्षा-जागृति अभियान चला रहे हैं।

चिलचिलाती धूप या तेज बारिश होने के बावजूद मेरे काबिना के साथी, अधिकारी और मैं गाँवों में जाते हैं। हम माता-पिता से निवेदन करते हैं कि वे अपना

बच्चा हमें सौंपें, ताकि हम उसे स्कूल ले जाएँ। मैं दावे से कह सकता हूँ कि छोटे बच्चों की उँगली पकड़कर उन्हें स्कूल तक ले जाने के पल मेरे अनेक वर्षों के सार्वजनिक जीवन में सर्वाधिक आत्मसंतोष प्रदान करनेवाले पल हैं। इन मासूम बच्चों के सशक्त भविष्य के लिए मजबूत बुनियाद तैयार करने से अधिक आनंद की बात दूसरी कोई नहीं है।

निरंतर एक दशक तक यह अभियान चलाने के बाद आपको यह बताते हुए मुझे खुशी हो रही है कि हमारे इन प्रयासों को प्रचंड सफलता हासिल हुई है। वर्ष 2003–04 में कक्षा 1 से 5 और कक्षा 1 से 7 की ड्रॉप आउट दरें, जो क्रमश: 17.83 प्रतिशत और 33.73 प्रतिशत थीं, वे वर्ष 2012–13 में गिरकर 2.04 और 7.08 प्रतिशत तक जा पहुँची हैं। कन्या केळवणी अभियान के भी सुंदर नतीजे मिले हैं। पिछले एक दशक में महिला साक्षरता की दर 57.80 प्रतिशत से बढ़कर आज 70.73 प्रतिशत तक जा पहुँची है।

ये नतीजे बेहद उत्साहवर्धक हैं, बावजूद इसके हम यहाँ रुकेंगे नहीं बल्कि और भी ज्यादा सुधार लाने के लिए प्रयासरत रहेंगे। जब कभी कक्षा 10वीं और 12वीं के नतीजों का ऐलान होता है, उस वक्त समाचार–पत्रों में छपनेवाली यह खबर हम सभी ने पढ़ी होगी कि लड़कों के मुकाबले एक बार फिर लड़कियों ने मैदान मारा। यह बताता है कि यदि हम महिलाओं को उचित अवसर प्रदान करें तो वे आश्चर्यजनक परिणाम प्रदान कर सकती हैं।

अभियान का उद्देश्य

कन्या केळवणी अभियान और शाला प्रवेशोत्सव अभियान का यही उद्देश्य है। हमें महसूस हुआ कि कन्याओं की ऊँची ड्रॉप आउट दर की एक बड़ी वजह शौचालय की अपर्याप्त सुविधा थी। लिहाजा, हमने 71,000 नए स्वच्छता परिसरों का निर्माण किया। इसी तरह हमने देखा कि हमारे बच्चे गुणवत्ता–युक्त शिक्षा हासिल कर सकें, इसके लिए स्कूलों में पर्याप्त क्लास रूम नहीं थे। इसलिए पिछले एक दशक में तकरीबन 1,04,000 क्लास रूम का निर्माण किया गया। हम यहीं नहीं रुके। आज के दौर में, जब टेक्नोलॉजी लगातार विश्व का स्वरूप बदल रही है, ऐसे में अपने बच्चों को इन आधुनिक सुविधाओं से वंचित रखना किसी अपराध से कम नहीं। लिहाजा, राज्य के 20,000 से अधिक स्कूलों को कंप्यूटर सुविधा से युक्त किया गया है।

आइए, सहभागी बनें

मित्रो, आइए, प्रत्येक व्यक्ति को शिक्षा मिल सके, इस दिशा में हो रहे प्रयत्नों

में हम सभी सहभागी बनें। अपने आस-पास या कार्यालय में नजर दौड़ाएँ, अपने कामगार से पूछें कि क्या वे अपने बच्चों को स्कूल भेजते हैं? और यदि न भेजते हों तो उन्हें ऐसा करने के लिए प्रोत्साहित करें। शिक्षा के जरिए रोजगार के अन्य कई अवसर उपलब्ध होते हैं। बच्चों को शिक्षा प्रदान करने से हम न केवल उनके भविष्य को सुरक्षित बनाते हैं, अपितु गुजरात के भविष्य को भी ज्यादा उज्ज्वल बनाते हैं। बच्चों को शिक्षा देने के जरिए हम एक ऐसा बीज बोते हैं, जो भविष्य में देश की बड़ी सेवा के समान साबित होगा। वजह यह कि यही बच्चे बड़े होकर अपनी बौद्धिक संपदा से देश को प्रगति के पथ पर आगे ले जाएँगे।

स्कूलों में ड्रॉप आउट दर सुधारनी होगी

मुझे अच्छी तरह से याद है कि जब मैंने मुख्यमंत्री का पदभार ग्रहण किया था, उस वक्त हमारी प्राथमिक स्कूलों में ड्रॉप आउट दर की चर्चा को लेकर एक अधिकारी ने मुझसे मुलाकात की थी। उनके द्वारा प्रस्तुत किए गए आँकड़ों से मैं हतप्रभ रह गया। ऐसे वाइब्रेंट राज्य में इस तरह की ड्रॉप आउट दर क्यों? प्राथमिक शिक्षा के मामले में लड़कियाँ पीछे क्यों? हमनें फौरन ही इस खतरनाक स्थिति से मुकाबला करने का संकल्प किया और इस तरह कन्या केळवणी अभियान अस्तित्व में आया।

स्वतंत्रता सेनानियों पर हमें गर्व है

आज ऐसे अनेक लोग होंगे, जिनका जन्म वर्ष 1947 के बाद हुआ या फिर उस समय वे बहुत ही छोटे थे, जिसकी वजह से स्वतंत्रता की लड़ाई को निकट से देख नहीं पाए होंगे। मैं भी उनमें से एक हूँ। परंतु जब मैंने स्वतंत्रता सेनानियों द्वारा दिखलाई गई हिम्मत के बारे में सुना, तब मैं गर्व की भावना और कर्तव्यपरायणता के विचारों में खो गया। आज हमारे राष्ट्र की स्वतंत्रता के पीछे शहीद होनेवाले लोगों के प्रति हम आदर महसूस करते हैं। परंतु हमारे पास राष्ट्र के लिए जीने और हमारे पूर्वजों के सपनों को साकार करने का एक सुनहरा मौका है।

आज वे तमाम पराक्रमी लोग, जिन्होंने राष्ट्र की स्वतंत्रता के लिए जन्मभूमि के लिए शहीद होने के संकल्प सहित उनके बहुमूल्य जीवन को समर्पित कर दिया, उनके प्रति हम सभी आदर का भाव महसूस करते हैं।

हमारे बहादुर सैनिक

जब मैं हाल ही की घटनाओं पर नजर डालता हूँ, तब अपने अंतर्मन में गहरे दुःख की भावना को महसूस करता हूँ। हमारे बहादुर सैनिक बारंबार शहीद होते हैं। इसके

बावजूद पिछले नौ वर्षों से गहरी नींद में सोई हुई दिल्ली की केंद्र सरकार जागती नहीं है। अपने सशस्त्र बलों पर हमें गर्व है और इस देश का एक भी नागरिक ऐसा नहीं होगा, जो पिछले कुछ महीनों से घट रही घटनाओं को सहन कर सके। इसके बावजूद यह काफी पीड़ादायक है।

इतिहास का यह तूफानी चरण

निरंतर बढ़ रही महँगाई के कारण राज्य की अर्थव्यवस्था को आराम महसूस नहीं होता। डॉलर की तुलना में रुपए की कीमत ने सभी रिकॉर्ड तोड़ डाले हैं। क्या यह सब गरीब या नवीन मध्यम वर्ग, जिन्होंने आनेवाले कल के लिए ऊँची आशाएँ सँजोई हैं, उनके लिए सहायक हो सकता है? क्या हमारे युवाओं को जरूरत के अनुसार रोजगार प्राप्त हुआ है? यह हमारे राष्ट्र के इतिहास का एक बहुत ही तूफानी चरण है और इसकी वजह से गहरा अविश्वास, विषाद और निराशावाद का वातावरण बना है। और ऐसे समय जो लोग अपने वादों में चाँद दिखलाते थे और कुछ दे नहीं सके, उनके प्रति हमें काफी जाग्रत् होने की जरूरत है। हमें महसूस हो रही परेशानियों के प्रति मात्र औपचारिक होना इसका निराकरण नहीं है। अब काम करने का समय आ गया है।

विभाजन अहितकर

पिछले 65 वर्षों से ऐसे अनेक विभाजन हुए, जिनकी वजह से हम आगे बढ़ने में असमर्थ हो गए। अब इस प्रकार के विभाजन और लोगों के लिए, खास तौर पर गरीब लोगों के लिए, हानिकारक प्रक्रियाओं के खिलाफ खड़े होने का समय आ गया है।

सरकार का एक ही धर्म

सरकार का एक ही धर्म होता है और वह है इंडिया फर्स्ट। उसका एकमात्र धर्म-ग्रंथ होता है भारत का संविधान। मात्र एक ही भक्ति है, जिसे भारत-भक्ति के साथ जोड़ा जा सकता है और जन-शक्ति एकमात्र ऐसी शक्ति है, जिसे समर्पित रहना चाहिए। सरकार का पवित्र धर्म 125 करोड़ भारतीयों का कल्याण ही होना चाहिए और सबका साथ, सबका विकास ही उसकी कार्यपद्धति होनी चाहिए।

सुराज-प्राप्ति आंदोलन आवश्यक

जब हम महात्मा गांधी, स्वामी विवेकानंद और सरदार पटेल जैसे महापुरुषों के सपनों को साकार करेंगे, तभी यह संभव होगा। 15 अगस्त, 1947 को प्राप्त स्वराज्य से ही हमारा काम पूरा नहीं हो जाता। इस यात्रा का ज्यादा मुश्किलों भरा भाग अभी बाकी

है। और वह है सुराज को हासिल करना। चलो, हम सब सुराज-प्राप्ति के विराट् आंदोलन की मशाल को उठाएँ और वाइब्रेंट तथा उदार लोकतांत्रिक नागरिक के तौर पर सुराज-प्राप्ति के इस आंदोलन के प्रति सशक्त मार्ग की नागरिक शक्ति बनें। इस जिम्मेदारी की शुरुआत मतदाता के तौर पर पंजीकृत होने के साथ होती है।

मेरे युवा मित्रो, पंजीकरण कराइए

मैं अपने युवा मित्रो को मतदाता के तौर पर पंजीकरण करवाने और अपने आस-पास के दस अन्य लोगों को भी उनके परिवारों, मित्रो व पड़ोसियों सहित तमाम लोगों से मतदाता के रूप में पंजीकृत होने का आग्रह करता हूँ। चलिए, किसी भी यूनिवर्सिटी का एक भी विद्यार्थी मतदाता के तौर पर पंजीकरण बगैर न हो, यह तय करें। वास्तव में, इस महान् राष्ट्र का नागरिक होने के नाते पंजीकृत मतदाता के तौर पर हमें गर्व महसूस होना चाहिए। मैं अपने स्वतंत्रता दिवस के संदेश के साथ एक वीडियो भी शेयर कर रहा हूँ, जिसके साथ मतदाता पंजीकरण संबंधी आवश्यकता का एक वीडियो भी उपलब्ध है।

आई.एन.एस. सिंधु

मैं आई.एन.एस. सिंधु रक्षक मंडल के बहादुर नौ-सैन्य कर्मचारियों की दुःखद मृत्यु पर हृदयपूर्वक प्रार्थना करता हूँ। उनके परिवार के प्रति अपनी गहरी सहानुभूति व्यक्त करता हूँ। उनकी आत्मा को शांति मिले, ऐसी प्रार्थना है।

प्राथमिक शिक्षा : नए विचारों का स्वागत है

नवीन संशोधन करनेवाले और नए विचारों के वाहक लोगों को प्राथमिक शिक्षा के क्षेत्र में काम करने में अद्‌भुत आनंद की अनुभूति होती है। संशोधक इस क्षेत्र में विविध नवीनतम पद्धतियों का उपयोग कर अत्यंत संतोषजनक नतीजे हासिल कर सकते हैं। दुर्भाग्य से, आजादी के पश्चात् प्राथमिक शिक्षा के क्षेत्र में हमारे देश में कोई बेहतर प्रयास नहीं किए गए। बालकों को गुणवत्ता-युक्त शिक्षा उपलब्ध कराना और उन्हें सत्र के बीच में ही स्कूल छोड़कर जाने से रोकना, यह हमारी मुख्य समस्या है। दरअसल, हमारे देश में राजनीति का चरित्र कुछ ऐसा है कि जहाँ वोट मिलने की गुंजाइश होती है, काम भी वहीं होता है। स्कूल के बच्चों को तो मतदान का अधिकार ही नहीं होता। शायद इसलिए ही हमारे यहाँ प्राथमिक शिक्षा की स्थिति अच्छी नहीं है। इस परिस्थिति में बदलाव के लिए सबसे बेहतर रास्ता यही है कि एक ऐसा माहौल स्थापित किया जाए, जहाँ नवीन संशोधनों को प्रोत्साहन मिले।

संशोधनों को प्रोत्साहन मिले

संशोधनों को प्रोत्साहन मिले, ऐसे वाइब्रेंट वातावरण का निर्माण करने के लिए गुजरात ने कई कदम उठाए हैं। संशोधकों की प्रतिभा निखारने, उन्हें प्रोत्साहन और सहायता प्रदान करने की अभिलाषा के साथ एक पूर्णकालिक इनोवेशन कमीशन का गठन करनेवाला गुजरात देश का पहला राज्य है। अभी हाल ही में गुजरात सरकार ने आई-क्रिएट इन्क्युबेशन सेंटर की स्थापना की है। इसके माध्यम से संशोधक अपने नवीन संशोधन एवं विचारों को वास्तविक दुनिया के समक्ष पेश कर सकें, इसके लिए सरकार उन्हें हर संभव मदद करेगी।

नवीन पद्धतियों के जरिए बुनियादी स्तर पर प्राथमिक शिक्षा देने का काम कर रहे संशोधकों के कार्य को समर्थन देने का गुजरात एजुकेशनल इनोवेशंस कमीशन (GEIC) की ओर से प्रयास किया गया है। इसके तहत नवीन पद्धतियों और संशोधनों के जरिए प्राथमिक शिक्षा की कायापलट करनेवाले करीब 25 शिक्षकों के कार्य को समावेशित कर एक पुस्तक तैयार की गई है।

कर्मयोगियों द्वारा परिवर्तन

इन 25 कर्मयोगियों ने अपने आस-पास के समाज में एक बड़े परिवर्तन को अंजाम दिया है। फिर चाहे वह 'नाइट ग्रुप स्कूल्ज' के जरिए समाज के बाशिंदों की विकास की परिभाषा को बदलनेवाले धर्मेश रामानुज हों या स्थानीय तरीकों के उपयोग से वृक्षों को बचानेवाले जयेश पटेल हों, ये लोग वास्तव में एक उच्च स्तर का कार्य कर रहे हैं और सर्जनात्मकता तथा परिवर्तन का वातावरण खड़ा करने में महत्त्वपूर्ण भूमिका अदा कर रहे हैं। जयंतीलाल जोताणी और प्रेरणा मेहता जैसे लोगों का कार्य कन्या शिक्षा को गति प्रदान कर रहा है। वहीं नशा-मुक्ति के लिए लालजीभाई प्रजापति का कार्य निश्चित तौर पर प्रशंसनीय है। यह सूची यहाँ समाप्त नहीं होती! इस पुस्तक में ऐसे 20 अन्य कर्मयोगियों का जिक्र है, जो आनेवाली पीढ़ियों के शिक्षकों के लिए प्रेरणारूप बन गए हैं।

अहं ब्रह्मास्मि!

'अहं ब्रह्मास्मि!' मंत्र पर हमें परम श्रद्धा है। इस मंत्र का सूचित अर्थ यह है कि हम सभी के भीतर सर्जक का वास है! मनुष्य को सिर्फ इस आंतरिक सर्जक के साथ तार जोड़ना है। यदि ऐसा हो तो एक सामान्य आदमी भी असामान्य सर्जन कर अपना योगदान दे सकता है। यह तार तब जुड़ता है जब व्यक्ति अपने सीमित अस्तित्व को असीमित अस्तित्व के साथ जोड़ दे; जब व्यक्ति यह समझने लगे कि यह परिवार,

समाज एवं राष्ट्र कुछ और नहीं बल्कि उसी का विस्तृत स्वरूप है। ऐसा होने पर एक शिक्षक अपने विद्यार्थी में ईश्वर का स्वरूप निहारता है। वह अपने कार्य में एकाकार हो जाता है और फिर सर्जन संपूर्णत: उसके भीतर से प्रवाहित होने लगता है। स्वामी विवेकानंद के शब्द 'विस्तार का नाम ही जीवन है और संकुचन मृत्यु है' का मतलब भी यही है। इन सर्जनात्मक शिक्षकों ने अपने कार्य को अपने सीमित 'स्व' से ऊपर रखा और नतीजा आज हम देख सकते हैं।

शिक्षा को उत्सव के रूप में मनाएँ

मित्रो, इन प्रयासों को व्यापक परिप्रेक्ष्य में देखने की जरूरत है। विद्यार्थी, शिक्षक और अभिभावक सभी शिक्षा को उत्सव के रूप में मनाएँ, ऐसा वातावरण स्थापित करने के राज्य सरकार के मिशन में भी ऐसे प्रयास महत्त्वपूर्ण भूमिका निभा रहे हैं। आज कक्षा 1 से 5 में स्कूल ड्रॉप-आउट की दर 20 प्रतिशत से घटकर 2 प्रतिशत और कक्षा 1 से 7 में 39 से घटकर 7.45 प्रतिशत पर पहुँच गई है। प्राथमिक शिक्षा में संशोधनात्मकता लाने के लिए गुजरात सरकार की एक और पहल है—गुणोत्सव कार्यक्रम। बालकों की सीखने की क्षमता में वृद्धि हो और 'टीचिंग' के बजाय 'लर्निंग' को महत्त्व मिले, ऐसे एक मूलभूत परिवर्तन का वातावरण स्थापित करने के उद्देश्य के साथ यह तीन दिवसीय कार्यक्रम आयोजित किया जाता है। इस कार्यक्रम की खास बात यह है कि मंत्रियों और आई.ए.एस., आई.एफ.एस. तथा आई.पी.एस. सहित करीब 3,000 अधिकारी 30,000 से अधिक प्राथमिक स्कूलों से मुलाकात करते हैं।

थॉट प्रोवोकिंग प्रोसेस

आपने अनुभवी और वरिष्ठ महानुभावों को सुना है, लेकिन आपको भी बहुत कुछ कहना होगा, आपके मन में भी बहुत सी बातें होंगी और मैं ऐसा अनुभव करता हूँ कि जब सुनते हैं तो आपकी सोच, आपकी भावना, आपके सोचने का दायरा, इन द गिवन सर्कम्स्टैंसिस ऐंड सिच्यूएशंस—ये सारी बातें हम लोगों के लिए एक थॉट प्रोवोकिंग प्रोसेस के लिए सीड्स का काम करती हैं और अगर मुझे इनोवेशंस भी करने हैं, नए आइडियाज को भी विकसित करना है तो मुझे भी कहीं-न-कहीं सीड्स की जरूरत पड़ती है, खाद और पानी डालने का काम मैं कर लूँगा! और ऐसा मौका शायद बहुत कम मिलता है! मैं इसका पूरा फायदा उठाना चाहता हूँ। और आप मुझे निराश नहीं करेंगे, इसका मुझे पूरा विश्वास है!

माय नेटीजेन फ्रैंड्स

दूसरी बात है, मैं सी.ए.जी. के इन सारे नौजवान मित्रो का अभिनंदन करना चाहता हूँ! जितना मैं समझा हूँ, मुझे पूरा बैक ग्राउंड तो मालूम नहीं, लेकिन मुझे जितना पता चला है, एक प्रकार से नेटीजन का यह पहला बच्चा है, सोशल मीडिया का एक स्टेप आगे हो सकता है। यह देश में शायद पहला प्रयोग मैं मानता हूँ कि सभी नौजवान फेसबुक, ट्विटर से एक-दूसरे से मिले, उनका एक समूह बना, समूह ने कुछ सोचा और कुछ करने की दिशा में आगे बढ़ रहे हैं। मैं समझता हूँ कि सोशल मीडिया का यह भी एक एक्शन प्लेटफॉर्म हो सकता है। देश में सोशल मीडिया के क्षेत्र में काफी लोग एक्टिव हैं। उनके लिए एक बहुत बड़ा उदाहरण रूप काम सी.ए.जी. के मित्रों ने किया है, इसलिए उनको मैं बहुत-बहुत बधाई देता हूँ।

टीम स्पिरिट

मैं देख रहा हूँ उनकी टीम स्पिरिट को! सुबह से यह चल रहा है, लेकिन तय करना मुश्किल है कि यह कौन कर रहा है, इसको कौन चला रहा है! मित्रो, यह एक बहुत बड़ी ताकत है कि इतना सारा करना, इतने सारे लोगों को उन्होंने संपर्क किया, महीनों तक काम किया होगा; लेकिन उनमें से कोई एक चेहरा सामने नहीं आ रहा है, फोटो निकालने के लिए भी कोई धक्का-मुक्की नहीं कर रहा है! मैं मानता हूँ कि यह कोई छोटी चीज नहीं है। मैं कब से नोटिस कर रहा हूँ और नौजवानों की इस एक बात से मैं कह सकता हूँ कि आप बहुत सफल होंगे। अपने प्रयास में आप बहुत सफल होंगे, ऐसा मैं मानता हूँ! खैर मित्रो, जितना समय ये मित्र देंगे, आखिर में मेरे लिए पाँच मिनट रखना, बाकी मैं सुनना चाहता हूँ।

युवा पीढ़ी को समझिए

आप मुझे अपने विचार बताएँ। देखिए, ये सवाल जो है न, वो अनएंडिंग प्रोसेस है। अर्जुन ने इतने सवाल पूछे, कृष्ण ने इतने जवाब दिए, फिर भी सवाल तो रहे ही हैं··· ! तो उसका कोई अंत आनेवाला नहीं है। अच्छा होगा, आप मन की बात बताएँ तो हम सोचें! डॉ. जफर महमूद ने बात बताई थी तो वो भी एक थॉट प्रोवोकिंग होता है कि चलिए, ये भी एक दृष्टिकोण है। वी मस्ट ट्राय टू अंडरस्टैंड अदर्स। उस अर्थ में मैं इस युवा पीढ़ी को भी जानना-समझना चाहता हूँ!

थैंक्यू दोस्तो, आप लोगों ने बहुत कम शब्दों में और अनेकविध विषयों को स्पर्श करने का प्रयास किया! और मेरे लिए भी यह एक अच्छा अनुभव रहा और ये चीजें काम आएँगी! मैं याद करने की कोशिश कर रहा था, लेकिन मेरे मित्र लिख भी रहे थे,

इसलिए आपकी बातें बेकार नहीं जाएँगी। वरना कभी-कभी ऐसा होता है कि हाँ यार, कह तो दिया, लेकिन पता नहीं आगे क्या होगा।

एजुकेशन बेटरमेंट

दो-तीन विषयों को मैं छूना चाहूँगा। जैसे अभी यहाँ हमारे एजुकेशन की जो दुर्दशा है उसका वर्णन किया गया। एक छोटा प्रयोग हमने गुजरात में किया। जब मैं पहली बार मुख्यमंत्री बना और अफसरों के साथ मेरी जो पहली बैठक थी तो उसमें ध्यान में आया कि हम बालिका शिक्षा में देश में बीसवें नंबर पर खड़े थे। मैं चकित व विस्मित था। मैंने कहा कि हम गुजरात को इतना आगे और विकसित राज्य मानते हैं, क्या हो गया हमारे राज्य को? हमारे अफसरों के पास जवाब नहीं था। तो हमने सोचा कि हमको इसमें जिम्मा लेना चाहिए, इसमें कुछ करना चाहिए। हमने बालिका शिक्षा का आंदोलन चलाया। और बालिका शिक्षा का आंदोलन यानी जून महीने में मैं खुद गाँवों में जाता हूँ, जबकि यहाँ तापमान होता है 45 डिग्री! हम जाते हैं, तीन दिन गाँव में रहते हैं, लोगों से मिलते हैं और हम लगातार पिछले दस साल से इस काम को कर रहे हैं! आज स्थिति यह आई कि 100 प्रतिशत एनरोलमेंट करने में हम सफल हुए हैं! और मैं जब 100 प्रतिशत कहता हूँ तो फिर वो सेक्यूलरिज्म की डिबेट बाजू में रह जाती है, क्योंकि 100 प्रतिशत आया मतलब सब आ गए! फिर वो जो बेकार में समाज को तोड़ने-फोड़ने की भाषा होती है, उसका कोई रोल ही नहीं रहता है। अपने आप समाधान निकल जाता है।

गुणोत्सव

फिर हमारे ध्यान में आया कि शिक्षक कम हैं, तो शिक्षक नियुक्त किए। फिर हमारे ध्यान में आया इन्फ्रास्ट्रक्चर कम है तो इन्फ्रास्ट्रक्चर किया। फिर हमें लगा कि क्वालिटी ऑफ एजुकेशन में प्राब्लम है तो लॉन्ग डिस्टेंस एजुकेशन को हमने बल दिया, हमने ब्रॉडबैंड कनेक्टिविटी की, स्कूलों को बिजली का कनेक्शन दिया, स्कूलों में कंप्यूटर दिए, एक के बाद एक हम करते गए! उसके बाद भी ध्यान में आया कि भाई अभी भी सुधार नहीं हो रहा है। सुधार हुआ है, पर गति तेज नहीं है, तो हमने एक कार्यक्रम की शुरूआत की—'गुणोत्सव'।

स्कूल ग्रेडेशन

हमारे देश में इंजीनियरिंग कॉलेज का ग्रेडेशन है, बिजनेस कॉलेज का ग्रेडेशन है। 'ए' ग्रेड के बिजनेस इंस्टीट्यूट कितने हैं, 'ए' ग्रेड के मेडिकल कॉलेज कितने हैं! हमने शुरू किया, 'ए' ग्रेड के गवर्नमेंट प्राइमरी स्कूल कितने हैं, 'बी' ग्रेड के कितने हैं, 'सी'

ग्रेड के कितने हैं, 'डी' ग्रेड के कितने हैं! और इतना बारीकी से काम किया, 40 पेज की एक प्रश्नावली तैयार की। लगभग 400 से भी ज्यादा सवाल हैं! 40 पेज की प्रश्नावली ऑनलाइन टीचर्स को दी जाती है। स्कूल के लोगों को उसे भरना होता है। उसमें हर चीज होती है—बच्चे को पढ़ना-लिखना आता है, पढ़ने के संबंध में आप 10 में से कितने मार्क्स दोगे, स्कूल में सफाई है तो 10 में से कितने दोगे, अगर लाइब्रेरी का उपयोग हो रहा है तो 10 में से कितने दोगे? वे अपने आप भर कर देते हैं।

फिर सारी सरकार 'गुणोत्सव' लिये गाँव जाती है। मैं खुद भी तीन दिन जाता हूँ। बच्चे स्कूलों में पढ़ते हैं। उन्हें पढ़ना, लिखना, मैथेमेटिक्स वगैरह आता है? लाइब्रेरी का उपयोग, कंप्यूटर का उपयोग, ये सारे चीजें बारीकी से हम देखते हैं। और जो प्रश्न पत्र टीचर्स को दिया होता है, वो जो जाते हैं उनको भी दिया जाता है। जो जाते हैं उनको भी किस जगह पर जाते हैं वो पहले से नहीं बताया जाता। अंतिम क्षणों में उनका लिफाफा खुलता है और उस जगह पर उनको जाना होता है, ताकि कोई मैनेज न करे या पहले से कोई बात न बताए। वो जो भरता है वो भी ऑनलाइन देते हैं। दोनों का कंपेयर करते हैं। टीचर्स ने दिया था वो और जो सुपरवाइजर हमारे यहाँ से गया था वो, चाहे चीफ मिनिस्टर गया हो, मिनिस्टर गया हो। आई.ए.एस. अफसर जाते हैं, आई.पी.एस. ऑफिसर जाते हैं, सारे लोग देखते हैं।

सबसे अच्छा अनुभव

हमारा सबसे अच्छा अनुभव यह था कि वहाँ के स्कूल के लोगों ने जो जवाब दिए थे और बाहर से गए हुए लोगों के जो जवाब थे, उनमें उन्नीस-बीस का फर्क था, ज्यादा फर्क नहीं था! यह अपने आप में सबसे अच्छा लक्षण था कि लोग सच बोल रहे थे और ध्यान में आया कि 'ए' ग्रेड के स्कूल बहुत कम हैं, बहुत कम! फिर हमने लक्ष्य दिया कि अच्छा भाई, यह बताओ कि अगली बार 'ए' ग्रेड के स्कूल कितने होंगे? तो सचमुच में एजुकेशन पर बल दिया गया। वरना हमारा आउट-ले है, आउट-पुट है, बजट है, टीचर्स हैं, इन्फ्रास्ट्रक्चर है, सब है, सिर्फ शिक्षा नहीं है! समस्या का समाधान निकलता है।

फाइल मोक्ष

अब जैसे हमारे यहाँ एक विषय आया कि भाई, सरकार में पता नहीं फाइल कहाँ जाएगी, आदमी कहाँ जाएगा, पता नहीं रहता, दिक्कत रहती है! मैंने एक बार अपने अफसरों से कहा था कि मुझे तो लोग हिंदूवादी मानते हैं और हिंदुत्व से जुड़ा हुआ मुझे

माना जाता है। हमने कहा, हिंदू धर्म में कहा है कि चार धाम की यात्रा करो तो मोक्ष मिल जाता है, लेकिन सरकार में यह फाइल जो है वह चालीस धाम की यात्रा करे तो भी उसका मोक्ष नहीं होता है। मैंने कहा—कम-से-कम कुछ तो करो भाई, फाइल बस जाती रहती है, घूमती रहती है।

सोइंग मशीन फॉर विडो

एक बार मैंने अपने अफसरों को बुलाया। मैंने कहा, मान लीजिए कि एक विडो है, उस विडो को सरकार की तरफ से सोइंग मशीन लेने का अधिकार है। सरकार ने बनाया है नियम, उसको मिलना चाहिए। मुझे बताइए, उस विडो को यह सोइंग मशीन कैसे मिलेगी? मैंने आई.ए.एस. अफसरों से पूछा था। मैंने कहा, कागज पर लिखो वन बाई वन स्टेप कि पहले वह कहाँ जाएगी, फॉर्म कहाँ से लेगी, फिर किस दफ्तर में जाएगी, फिर कहाँ देगी, कितनी फीस देगी! आप आश्चर्य में होंगे कि मेरी सरकार के वे दस अफसर बैठे थे, दस में से एक भी नहीं बता पाया कि वह विडो अपने हक की सोइंग मशीन कहाँ से लेगी! फिर मैंने उनसे पूछा कि तुम इतने सालों से सरकार में हो, इतने सालों से तुम कानून और नियम बनाते हो, तुम्हें मालूम नहीं है तो एक बेचारी अनपढ़ महिला को कैसे मालूम होगा? आई रेज्ड द क्वेश्चन। उनको भी स्ट्राइक हुआ!

खोजिए लाभार्थी!

मित्रो, उसमें से हमारे यहाँ गरीब कल्याण मेला, एक विचार उत्पन्न हुआ और सरकार की इस योजना में लाभार्थी खोजने के लिए मैं सरकार को भेजता हूँ। पहले लोग सरकार को खोजते थे, हमने बदला, सरकार लोगों तक जाएगी! वे लिस्ट बनाते हैं कि भाई, यह हैंडीकैप है तो इसको यह मिलेगा, यह विडो है तो इसको यह मिलेगा, यह सीनियर सिटीजन है तो इसको यह मिलेगा, यह ट्राइबल है तो इसको यह मिलेगा—सारा खोजते हैं और गरीब कल्याण मेले में सबको लाने की सरकारी खर्च से व्यवस्था करते हैं और मीडिया की उपस्थिति में, लाखों लोगों की साक्षी में पूरी पारदर्शिता के साथ उनको वह दिया जाता है और दिया जाता है इतना ही नहीं, गाँव में बोर्ड लगाया जाता है कि आपके गाँव के इतने-इतने लोगों को ये-ये मिला है। कोई गलत नाम होता है तो लोग कहेंगे कि भाई, ये मगनभाई के यहाँ तो ट्रैक्टर है और ये साइकिल लेकर आ गया सरकार से, यानी शर्म आनी शुरू हुई तो पारदर्शिता आनी अपने आप शुरू हो जाती है। सारी लिस्ट को ऑनलाइन रखा।

जन भागीदारी और गोपनीयता

लोग कहते हैं कि जन भागीदारी कैसे लाएँ? एक सवाल आया। देखिए, बहुत आसानी से होता है। सरकार में एक स्वभाव होता है गोपनीयता का! उसके दिमाग में पता नहीं कहाँ से भर गया है। एक बात दूसरे को पता न चले, एक टेबिल वाला दूसरे टेबिल वाले को पता नहीं चलने देता, एक डिपार्टमेंट वाला दूसरे डिपार्टमेंट वाले को पता चलने नहीं देता, एक चैंबरवाला दूसरे चैंबरवाले को पता नहीं चलने देता। कोई बड़ा धमाका होने वाला हो, ऐसी सोच रखते हैं। मैंने कहा यह सब क्या कर रहे हो, यार? नहीं बोले। ये तो जब फाइनल होगा तब कहेंगे! मैंने सवाल उठाया—क्यों? मित्रो, आपको जानकर खुशी होगी, मेरे यहाँ नियम है कि कोई भी पॉलिसी बन रही है तो उसकी ड्राफ्ट हम ऑनलाइन रखते हैं। वरना पॉलिसी आना, यानी सरकार कोई बहुत बड़ा धमाका करने वाली हो, ऐसा टैंप्रामेंट था।

ऑनलाइन ड्राफ्ट पॉलिसी

ड्राफ्ट पॉलिसी हम ऑनलाइन रखते हैं और लोगों को कहते हैं कि बताओ भाई, इस पॉलिसी में आप लोगों का क्या कहना है? मित्रो, एसेंबली में डिबेट होने से पहले जनता में डिबेट हो जाता है और वेस्टेड इंटरेस्ट ग्रुप भी उसमें अपना जितना मसाला डालना चाहते हैं, डालते हैं, न्यूट्रल लोग भी डालते हैं, विजनरी लोग भी डालते हैं। हमारे सरकार में बैठे लोगों की अगर सोचने की मर्यादाएँ हैं तो हमारा विजन एक्सपेंड हो जाता है, क्योंकि इतने लोगों का इनपुट मिल जाता है। कभी हमने किसी बद इरादे से, मान लीजिए, बाईं ओर जाने का तय किया है तो लोगों का दबाव इतना है कि तुम गलत कर रहे हो, राइट को जाना पड़ेगा तो उस पॉलिसी ड्राफ्ट में ही इतना सुधार आ जाता है कि वह राइट ट्रैक पर आ जाती है।

पॉलिसी डिस्प्यूट मिनिमम

और आपको जानकर खुशी होगी मित्रो, इसके कारण हमारे पॉलिसी डिस्प्यूट मिनिमम हो रहे हैं और इस पॉलिसी के कारण निर्णय लेने में सुविधा मिलती है। यह जन भागीदारी का उत्तम नमूना है मित्रो, यानी पॉलिसी मेकिंग प्रोसेस में भी आप लोगों को जोड़ सकते हैं, यह हमने गुजरात में करके दिखाया है! उसी प्रकार से कभी-कभी एक काम आपने सोचा है, लेकिन सरकार क्या करती है, सरकार कहती है कि यह हमारा बहुत बड़ा विजनरी काम है, हम जनता पे थोप देंगे! मित्रो, यह लोकतंत्र है। सरकारों को जनता पर कुछ भी थोपने का कोई अधिकार नहीं है! मैं बारह साल सरकार में रहने के बाद हिम्मत के साथ यह बोल सकता हूँ कि जनता को साथ लेना ही चाहिए और

आप जनता को साथ लेने में सफल हुए तो आप कल्पना नहीं कर सकते कि सरकार को कुछ नहीं करना पड़ता, सब काम जनता करके दे देती है।

'सुजलां सुफलाम्' नहर

मेरे यहाँ एक 'सुजलां सुफलाम्' नहर बन रही थी। वह करीब 500 किलोमीटर लंबी नहर थी। मुझे नहर के लिए किसानों से जमीन लेनी थी और हमारे फ्लड वाटर को हम वहाँ पर डालना चाहते थे कि वह एक प्रकार से रिचार्जिंग का भी काम करेगी, ऐसी कल्पना थी। मैंने 10 जिलों में दस-दस, पंद्रह-पंद्रह हजार लोगों के सेमिनार किए। खुद पावर पॉइंट प्रेजेंटेशन करता था और उनको समझाता था कि यह नहर ऐसे जाएगी, इतने किलोमीटर का यह फायदा होगा, पानी पर्कोलेट होगा तो आपके कुएँ में पानी आएगा, आपका बिजली का इतना खर्चा कम होगा, फसल आपकी तीन-तीन हो सकती है, सारा समझाया मैंने। आपको जानकर आश्चर्य होगा मित्रो, दो सप्ताह के अंदर लोगों ने जमीन देने का काम पूरा किया! दो साल में नहर बन गई, पानी पहुँच गया। तीन-तीन फसल लोगों ने लेना शुरू कर दिया। हमें कोई समस्या नहीं आई! कहने का तात्पर्य यह है कि शासन जितना जनता-जनार्दन के साथ जुड़ा होगा, उतनी परिणामों की संभावनाएँ बढ़ जाती हैं। अगर हम लोगों को रोकते हैं तो काम नहीं होता।

युवा पीढ़ी को जोड़िए

यहाँ एक विषय आया, युवा पीढ़ी को कैसे जोड़ा जाए? मेरे यहाँ एक प्रयोग किया है, अभी वो फुलप्रूफ और परफेक्ट है, ऐसा मैं नहीं कहता, लेकिन इतना मैं जरूर कह सकता हूँ कि हम सही राह पर हैं। मैं ये नहीं कहता कि मुझे बहुत बड़ा कोई समाधान मिल गया है! उस में हमने सी.एम. फैलोशिप शुरू किया है। उसकी वेबसाइट भी है, आप कभी देख सकते हैं। और मैं नौजवानों को कहता हूँ कि भाई, यह भी एक जगह है जिसको अनुभव करना चाहिए। और आपको जानकर खुशी होगी मित्रो, मेरे यहाँ डेढ़-डेढ़, दो-दो करोड़ के जिनके पैकेज हैं, ऐसे नौजवान अपनी नौकरी छोड़कर सरकार की टूटी-फूटी एंबेसडर में बैठकर काम कर रहे हैं। उच्च शिक्षित नौजवान, अच्छी स्थिति में विदेशों में काम करनेवाले नौजवान मेरे ऑफिस में काम कर रहे हैं।

सी.एम. फैलोशिप

और हर वर्ष जब हम यह करते हैं तो बारह सौ-पंद्रह सौ नौजवानों की एप्लीकेशन आती है। अभी मैं धीरे-धीरे इसको डेवलप कर रहा हूँ। थोड़ी कमियाँ हैं, थोड़ा फुलप्रूफ हो जाएगा तो मैं ज्यादा लोगों को भी लेने वाला हूँ। अब ये दो चीजें हैं, नौजवान को

अवसर भी मिलता है। कॉरपोरेट वर्ल्ड में होने के बावजूद सरकार क्या होती है, यह समझना उसके लिए एक अनूठा अवसर होता है, वह हम उसको दे रहे हैं। एट द सेम टाइम, सरकार की सोच में कोई इनीशिएटिव नहीं होता है, बस चलता रहता है। उसमें एक फ्रेश एयर की जरूरत होती है, नई सोच की जरूरत होती है और इस नई सोच के लिए मुझे ये सी.एम. फैलोशिप बहुत काम आ रही है। ये नौजवान इतने ब्राइट हैं, इतने स्मार्ट हैं, इतने क्विक हैं कि अनेक नई-नई चीजें हमें देते रहते हैं और उसका हमें फायदा होता है!

इनोवेशन कमीशन

अब जैसे हमारे प्रोफेसर साहब अभी कह रहे थे कि इनोवेशन का काम होना चाहिए! मित्रो, गुजरात देश का पहला राज्य है जिसने अलग इनोवेशन कमीशन बनाया है। और जो इनोवेशन करते हैं, उसको हमारी एक कमेटी जाँच करती है। अगर हमको वह इनोवेशन स्केलेबल लगता है तो उसको हम कानूनन लागू करते हैं और उसके कारण हमारे यहाँ कई लोगों को नए-नए इनोवेशन करने का अवसर मिलता है।

स्वांतः सुखाय सर्वजन हिताय

इतना ही नहीं, हमने एक और काम किया है। मेरा एक कार्यक्रम चलता है—'स्वांतः सुखाय'। वह काम, जिसको करने से मुझे आनंद आता है और जो जनता की भलाई के लिए होना चाहिए। और मेरी सरकार में किसी भी व्यक्ति को इस प्रकार का प्रोजेक्ट लेने की इजाजत है। इससे क्या हो रहा है, अपनी नौकरी करते-करते उसको एक-आध चीज ऐसी लगती है, जिसमें उसका मन लग जाता है। तो मैं उसको कहता हूँ कि रिसोर्स मोबिलाइज करने की छूट है, लेकिन पारदर्शिता होनी चाहिए! और आप इस काम को कीजिए।

स्वांतः सुखाय काम प्रेरणादायी भी

आज मेरा अनुभव है कि दस साल पहले जिन अफसरों ने स्वांतः सुखाय में कोई कार्यक्रम किया, जैसे मान लीजिए, आप अंबाजी जाएँगे तो अंबाजी नगर में पीने के पानी की दिक्कत थी। तो वहाँ हमारा फॉरेस्ट डिपार्टमेंट का एक अधिकारी था, उसने अंबाजी के नजदीक जो पहाड़ियाँ थीं, वहाँ बहुत बड़ी मात्रा में उसने चैक डेम बनाए और पर्वत का पानी वहाँ रोकने की कोशिश की। यह प्रयोग इतना सफल रहा कि अंबाजी के पीने के पानी की समस्या का समाधान हो गया। अब उसने तो अपना स्वांतः सुखाय काम किया और आज तो उसको वहाँ से ट्रांसफर हुए दस साल हो गए, लेकिन आज

अगर उसके रिश्तेदार आते हैं तो गुजरात में वह क्या दिखाने ले जाता है? उस प्रोजेक्ट को दिखाने ले जाता है कि देखिए, मैं जब यहाँ था तो मैंने यह काम किया था! यह जो उसका खुद का आनंद है, यह आनंद अपने आप इंसपीरेशन को जनरेट करता है, ऑटो जनरेट हो जाता है।

मैंने देखा है कि मेरे यहाँ बहुत सारे अफसर अपने संतोष और सुख के लिए, सरकार की मर्यादाओं में रहते हुए, कोई-न-कोई नया काम करते हैं। हम थोड़ा मौका दें, थोड़ा खुलापन दें तो बहुत बड़ा लाभ होता है और गुड गवर्नेंस की दिशा में ऐसे सैकड़ों इनीशिएटिव्स आपको मिल सकते हैं और आज जो आपको परिणाम मिला है वह उसी के कारण मिला है।

हिंदू, मुसलिम, सिख, ईसाई मत कहिए

दूसरी बात है, एक विषय आया था—जात-पाँत, धर्म और वोट बैंक का विषय आया था। मैं एक बार एक प्रधानमंत्री का भाषण लाल किले पर से सुन रहा था, एंड आई वॉज शॉक्ड! देश के एक प्रधानमंत्री ने एक बार अपने भाषण में लाल किले पर से कहा था—हिंदू, मुसलिम, सिख, ईसाई—ऐसा सब वर्णन किया था! मैंने कहा, क्या जरूरत है भाई! मेरे देशवासियो इतना कहते तो नहीं चलता क्या? बात मामूली लगेगी आपको! क्या मेरे देश के प्रधानमंत्री लाल किले पर से मेरे प्यारे देशवासियो, यह नहीं बोल सकते थे क्या? नहीं, उनको इसी में इंटरेस्ट था।

मित्रो, गुजरात में आप लोगों ने मुझे सुना होगा। आज मुझे बारह साल हो गए मुख्यमंत्री के नाते। मेरे मुख से हमेशा निकला है, पहले बोलता था—पाँच करोड़ गुजराती, फिर बोलता था—साढ़े पाँच करोड़ गुजराती, आज बोलता हूँ—छह करोड़ गुजराती! मित्रो, एक नया पॉलिटिकल कोनोटेशन है ये और आनेवाले लोगों को इसको स्वीकार करना पड़ेगा। मित्रो, क्या जरूरत है कि हम इस प्रकार की भिन्नताओं को रखकर सोचते हैं? कोई आवश्यकता नहीं है, मित्रो!

चुनाव सुधार

यहाँ पर एक विषय आया कि भाई, इलेक्टोरल रिफॉर्म में क्या किया? मैं मानता हूँ मित्रो, हमारे देश में इलेक्टोरल रिफॉर्म की बहुत जरूरत है। उसे और अधिक वैज्ञानिक बनाना चाहिए! अब जैसे हमारे गुजरात में एक प्रयोग किया ऑनलाइन वोटिंग का। गुजरात पहला राज्य है, जिसने ऑनलाइन वोटिंग की व्यवस्था खड़ी की है और वह हमारा फुलप्रूफ सॉफ्टवेयर है। आप अपने घर से वोट दे सकते हैं। आप मानो उस दिन मुंबई में हो और चुनाव अमदावाद में हो रहा है तो आप मुंबई से भी अपने मोबाइल या

अपने कंप्यूटर से वोट डाल सकते हैं! हमने उसको प्रायोगिक स्तर पर पिछले चुनाव में किया था, लेकिन आनेवाले दिनों में हम उसको और आगे बढ़ाना चाहते हैं। और तब पोलिंग बूथ पर जाने की जरूरत नहीं पड़ेगी, उसको उस दिन शहर में रहने की जरूरत नहीं पड़ेगी! लेकिन यह हमने स्थानीय निकायों के लिए किया है। पायलट प्रोजेक्ट है, लेकिन बहुत ही सक्सेस गया है। आनेवाले दिनों में हम उसको स्केल-अप करना चाहते हैं।

मतदान अनिवार्य हो

हमने गुजरात में एक कानून बनाया था। दुर्भाग्य से हमारे गवर्नर साहब ने उसको साइन नहीं किया, इसलिए वह अटका पड़ा है। हमने कहा कि पंचायती व्यवस्था में अनिवार्य मतदान! राज्य विधानसभा या लोकसभा के चुनाव का कानून मैं बना नहीं सकता; लेकिन कॉर्पोरेशन, नगरपालिका, जिला पंचायत, तालुका पंचायत, इसके लिए अनिवार्य मतदान! उसमें एक और विशेषता रखी है, अनिवार्य मतदान के साथ-साथ आपको ये जो दस नौजवान खड़े हैं, जो दस दूल्हे आए हैं, अगर ये सब आपको पसंद नहीं हैं तो इन सबको रिजेक्ट करने का भी वोट।

रिजेक्ट करने का भी वोट हो

मित्रो, देश में बुरे लोगों को उम्मीदवार बनाने का जो फैशन चला है और आखिरकार आपको किसी एक उम्मीदवार को पसंद करना पड़ता है तो लेसर एविलवाला जो कंसेप्ट डेवलप हुआ है, उसमें से देश को बाहर लाना पड़ेगा और हम सबको रिजेक्ट करें, ये व्यवस्था हमको डेवलप करनी होगी और निर्धारित प्रतिशत से ज्यादा रिजेक्शन आता है तो वे सारे-के-सारे कैंडीडेट चुनाव के लिए ही बेकार हो जाएँगे। वहाँ चुनाव की प्रक्रिया नए सिरे से होगी! तब राजनीतिक पार्टियाँ अच्छे लोगों को उम्मीदवार बनाने के लिए मजबूर होगी। और अच्छे लोगों को उम्मीदवार बनाना उनकी मजबूरी होगी, तो मैं मानता हूँ कि जो आप चाहते हैं कि अच्छे लोग क्यों राजनीति में नहीं आते, उनके आने की संभावना बढ़ जाएगी।

अब हमने एक प्रयोग किया! मैं छोटा था, तब मेरे गाँव में डॉ. द्वारकादास जोशी नाम के सर्वोदय के बहुत बड़े नेता थे। विनोबाजी के बड़े निकट थे और बड़ा ही तपस्वी जीवन था। और हमारे गाँव में हमारे लिए वे हीरो थे। हमारे लिए वे ही सबकुछ थे। वे ही हमको सबकुछ दिखते थे और उनकी बातें हमको याद भी रहती थीं। विनोबाजी और गांधीजी दोनों ने एक बात बहुत अच्छी बताई थी। विनोबाजी ने विशेष रूप से उसका उल्लेख किया था। वह कहते थे कि लोकसभा या विधानसभा

का चुनाव होता है तो गाँव में ज्यादा दरार नहीं होती है। चुनाव होने के बाद गाँव फिर मिल-जुलकर आगे बढ़ता है। लेकिन गाँव के पंचायत के जो चुनाव होते हैं तो गाँव दो हिस्सों में बँट जाता है और चुनाव के कारण कभी-कभी बेटी ब्याह की होगी वह भी वापस आ जाती है! क्यों? क्योंकि चुनाव में झगड़ा हो गया! तो गाँव-के-गाँव बिखर जाते हैं! गाँव में मिल-जुलकर सर्वसम्मति क्यों न बने?

समरस गाँव योजना : गाँवों की सुनिश्चित प्रगति

हमारी सरकार ने एक योजना बनाई 'समरस गाँव'। गाँव मिल करके यूनेनिमसली अपनी बॉडी तय करे। उसमें 30 प्रतिशत महिला का आरक्षण होगा, दलितों का होगा, जनजातीय लोगों का होगा, जो नियम से होगा वह सबकुछ होगा। जब पहली बार मैं इस योजना को लाया था, मैं 7 अक्तूबर, 2001 को मुख्यमंत्री बना था और 11 अक्तूबर, 2001 जयप्रकाश नारायणजी का जन्मदिन था तो मैंने चार दिन बाद जयप्रकाशजी के जन्मदिन पर इस योजना को घोषित किया था। क्योंकि मैं आया उसके दो या तीन दिन बाद 10,000 गाँवों में चुनाव होने वाले थे। तो मैंने सोचा कि भई, इस पर सोचना चाहिए, तो मैंने 'समरस गाँव' योजना रखी।

महिला सशक्तीकरण के सफल कदम

आपको जानकर खुशी होगी कि मेरे यहाँ वॉर्ड, नगर सब मिलाकर देखें, तो कुल चुनाव में से 45 प्रतिशत निर्विरोध हुआ था! आज के युग में ये होना अपने आप में बहुत बड़ी ताकत है। फिर हमने विकास के लिए उनको एक विशेष अनुदान दिया। आगे बढ़ कर के क्या हुआ कि कुछ गाँव में सरपंच के रूप में महिला की बारी थी। उन गाँवों के लोगों ने तय किया कि भाई, इस बार महिला सरपंच है तो सारे सदस्य भी महिलाओं को बनाएँगे। और मेरे यहाँ 356 गाँव ऐसे हैं, जहाँ एक भी पुरुष पंचायत का सदस्य नहीं है, 100 प्रतिशत महिला सदस्य हैं और वे पंचायत अच्छे-से-अच्छे चलाती हैं! महिला एंपावरमेंट कैसे होता है! मित्रो, सारे निर्णय वे करती हैं। इसके लिए मैंने फिर क्या किया कि उन महिलाओं को सफल होने के लिए कुछ मेहनत करनी चाहिए थी, तो मैंने ऑफिशियल लेवल पर व्यवस्था की कि भाई, ये महिला पंचायतें जो हैं, इनको जरा स्पेशल अटेंशन दीजिए, विशेष अनुदान भी देना पड़े तो दीजिए। आज परिणाम यह आया कि पुरुषों के द्वारा चलाई जा रही और पंचायतों से ये महिलाएँ सफलतापूर्वक आगे बढ़ रही हैं।

सबका साथ, सबका विकास

ऐसा नहीं है कि सारे दरवाजे बंद हैं। अगर खुला मन रखकर, सबको साथ लेकर चलें और मेरी सरकार का तो मंत्र है, 'सबका साथ, सबका विकास'! सरकार को तुष्टीकरण का अधिकार नहीं है। सरकार के लिए सब समान होने चाहिए। ये हमारा कन्वीक्शन है। लेकिन अगर देश में गरीबी है तो उसका प्रभाव सभी जगह होगा। इस पंथ में भी होगा; उस पंथ में भी होगा, इस इलाके में भी होगा, उस इलाके में भी होगा। अशिक्षा है तो अशिक्षा यहाँ भी होगी, अशिक्षा वहाँ भी होगी। लेकिन जान-बूझकर किसी को अशिक्षित रखा जाए, यह भारत का संविधान किसी को अनुमति नहीं देता है और न ही हिंदुस्तान के संस्कार हमें अनुमति देते हैं! इन मूलभूत बातों को ध्यान में रखकर आगे बढ़ने का प्रयास करने से परिणाम आ सकता है।

मॉडर्न साइंटिफिक एग्रीकल्चर आवश्यक

बहुत अच्छे विषय मुझे आपसे जानने को मिले हैं। एक विषय आया है एग्रीकल्चर का! हमारे कश्मीर के मित्र ने भी अच्छे शब्दों का प्रयोग किया कि देश में बहुत प्रकार के कल्चर हैं, लेकिन कॉमन कल्चर एग्रीकल्चर है! नाइसली प्रेजंटेड! यह बात सही है मित्रो, एग्रीकल्चर में हम पुराने ढर्रे से चल रहे हैं। थोड़ा मॉडर्न, साइंटिफिक अप्रोच एग्रीकल्चर में बहुत जरूरी है। बहुत जल्दी हमें एग्रोटैक की आवश्यकता होगी। और नेक्स्ट सितंबर, मोस्ट प्रॉबेबली, 10, 11 और 12 को हम एशिया का सबसे बड़ा एग्रोटैक फेयर यहाँ आयोजित कर रहे हैं। क्योंकि मेरे किसान एग्रो-टेक्नोलॉजी को कैसे उपयोग में लाएँ, कृषि के क्षेत्र में कैसे वे उत्पादकता बढ़ाएँ, इस पर हम ज्यादा बल दे रहे हैं।

एग्रोटैक पर जाना पड़ेगा, उत्पादकता बढ़ानी पड़ेगी

और वास्तव में, देश की जो माँग है, देश का जो पेट है उस पेट को भरना है और जमीन कम होती जा रही है, लोगों की खेती में संख्या कम होती जा रही है, जैसे अभी हमारे कलाम साहब ने भी बताया। तो उसका मतलब हुआ कि हमको एग्रोटैक पर जाना पड़ेगा, उत्पादकता बढ़ानी पड़ेगी। मैं कभी-कभी कहता हूँ कि 'फाइव एफ' फॉर्मूला तथा 'ई-फोर' फॉर्मूला! कृषि के क्षेत्र में मैं कहता हूँ कि जैसे मेरे यहाँ कॉटन ग्रोइंग है तो मैंने कहा कि भाई, आज हम कॉटन निर्यात करते हैं। कभी भारत सरकार कॉटन निर्यात पर प्रतिबंध लगा देती है। पिछली बार मेरे किसानों को 7,000 करोड़ का नुकसान हो गया। हमने कहा अब हमें अपनी नीतियों को बदलना पड़ेगा! हम क्यों निर्भर रहें? इसलिए हमने 'फाइव एफ' फॉर्मूला अपनाया।

फाइव एफ फॉर्मूला—आय बढ़ाने का सफल प्रयोग

'फाइव-एफ' फॉर्मूले में फार्म टू फाइबर, फाइबर टू फैब्रिक, फैब्रिक टू फैशन और फैशन टू फॉरेन—वही कपास, कपास का धागा, धागे का कपड़ा, कपड़े से रेडिमेड गारमेंट, रेडिमेड गारमेंट से निर्यात! देखिए, वैल्यू एडिशन की दिशा में हमको जाना पड़ेगा! मित्रो, हम आलू बेचते हैं, बाजार में 10 रुपए दाम होगा तो महिला सोचती है कि एक किलो की बजाय पाँच सौ ग्राम ले जाऊँगी! लेकिन अगर हम आलू चिप्स बना करके बेचते हैं तो मेरे किसान की आय ज्यादा होती है। हमें वैल्यू एडीशन की ओर बल देना होगा, तभी हमारे किसानों को वो खेती वाएबल होगी। हम उस पर बल देने के पक्ष में रहे हैं और उस दिशा में वैज्ञानिक ढंग से काम भी कर रहे हैं।

गौ-हत्या अनुचित

आपको जानकर हैरानी होगी और मैं हैरान हूँ कि हमारे देश के मीडिया का ध्यान इस बात पर क्यों नहीं गया है। एक बहुत बड़ा सीरियस डेवलपमेंट हो रहा है।

भारत सरकार यूरोपीय देशों के साथ वार्त्ता कर रही है। एक एम.ओ.यू. साइन होने की दिशा में जा रहे हैं। और वह क्या है? यह देश कैसा है कि हिंदुस्तान से मटन निर्यात करने के लिए सब्सिडी दी जा रही है, प्रमोशन एक्टीविटी हो रही है, इन्कम टैक्स एक्जमशन हो रहा है और देश के लिए मिल्क एंड मिल्क प्रोडक्ट यूरोप से आयात करने के लिए एम.ओ.यू. हो रहा है! मैं हैरान हूँ कि यह देश कैसे चलेगा! जैसे हमारे यहाँ पर गुजरात में मिल्क प्रोडक्ट के साथ में अमूल जैसी इतनी बड़ी संस्था खत्म हो जाएगी! लेकिन फिर भी वे उस दिशा में जा रहे हैं, यानी उनके निर्णय में कौन सा प्रेशर है, किसका प्रेशर है—यह खोज का विषय है। लेकिन लॉजिक नहीं है!

पशुधन की उत्पादकता बढ़ाइए

हमारे हिंदुस्तान के कैटल की उत्पादकता कैसे बढ़े, हमारी आवश्यकता की पूर्ति कैसे हो, आपको इन बातों पर बल देना चाहिए। लेकिन अगर मीट पर ज्यादा आय होती है तो अच्छे-अच्छे दूध देनेवाले पशु भी काटकर विदेश भेजे जाएँगे और विदेशवालों का फायदा ऐसे होगा कि वहाँ से दूध यहाँ निर्यात करेंगे, उनको बहुत बड़ी पैदावार होगी! मित्रो, ऐसी मिस मैच पॉलिसी लेकर आते हैं जिसके कारण देश तबाह हो रहा है! हम आगे चलकर देखेंगे कि इसको कैसे सही रूप में समझा जाए! अभी तो मेरे पास बहुत प्राइमरी नॉलेज है। मैं पूरी जानकारी इकट्ठी कर रहा हूँ। मैं अभी किसी पर आरोप नहीं कर रहा हूँ, लेकिन मैंने जितना सुना है, जाना है, अगर यह सही है तो चिंता का विषय

है! और इसलिए मैं मानता हूँ कि हमें एक कंसीस्टेंट पॉलिसी के साथ कृषि क्षेत्र में काम करने की आवश्यकता है और हम उस काम को कर सकते हैं। हमें उस दिशा में प्रयास करना चाहिए।

चीन, जापान और सिंगापुर से प्रतिस्पर्धा हो

स्मॉल स्केल इंडस्ट्री की बहुत बड़ी ताकत होती है! नौजवान को रोजी-रोटी कमाने के लिए भगवान् ने दो हाथ दिए हैं। हमें उन हाथों को हुनर देना चाहिए। और मैं तीन बातों पर बल देने के पक्ष में हूँ। अगर भारत को चीन के साथ प्रतिस्पर्धा करनी है और भारत का हमेशा चीन के साथ प्रतिस्पर्धा होनी चाहिए! भारत को पाकिस्तान के साथ स्पर्धा का मन छोड़ देना चाहिए। मित्रो, यह एक ऐसा दुर्भाग्य है कि आएदिन सुबह-शाम पाकिस्तान-इंडिया, पाकिस्तान-इंडिया चलता रहता है। अमेरिका से भी कोई विदेशी मेहमान आते हैं तो वे भी क्लब करके आते हैं—दो दिन हिंदुस्तान में और एक दिन पाकिस्तान में! मैं तो कहता हूँ कि प्रतिबंध लगाओ कि भाई, हिंदुस्तान आना है तो सीधे-सीधे यहाँ आओ और यहाँ से सीधे-सीधे अपने घर वापस जाओ।

हिंदुस्तान को अगर प्रतिस्पर्धा करनी है तो एशियाई देशों में हम चीन के साथ तुलना में कहाँ खड़े हैं, जापान के साथ आज तुलना में कहाँ खड़े हैं, शहरी विकास में हम सिंगापुर के सामने आज कहाँ खड़े हैं! हमारी सोच बदलनी होगी! मूलभूत रूप में हम इस दायरे से बाहर नहीं आएँगे तो हम लंबे विजन के साथ काम नहीं कर सकते। यह बात सही है कि विदेश मंत्रालय का रोल बदल चुका है, लेकिन वो समझने को तैयार नहीं हैं! वो कभी जमाना रहा होगा जब यू.एन.ओ. का जन्म हुआ होगा, लेकिन सारी चीजें अब इररिलेवेंट हो रही हैं।

विदेश मंत्रालय को मिशन बनाइए

आज विदेश मंत्रालय का काम ट्रेड एंड कॉमर्स हो गया है। डिप्लोमेसी वाले दिन चले गए हैं। डिप्लोमेसी नेबरिंग कंट्री के साथ होती है, बाकी तो ट्रेड एंड कॉमर्स होता है। और इसलिए हमारे जो विदेश मंत्रालय का पूरा मिशन है, उस मिशन के अंदर जो लोग रखे जाएँ वे इस कैलीबर के रखने पड़ेंगे। उसका पूरी तरह रिइंजीनियरिंग करना पड़ेगा। अभी तो जो लोग बैठे हैं, उनसे यह अपेक्षा तो नहीं कर सकते! मित्रो, सारे विषयों पर एक नई सोच के साथ बहुत कुछ किया जा सकता है।

राजनीतिज्ञों हेतु विशेषज्ञ शिक्षा

जैसे डॉ. कलाम साहब कहते थे, राजनेताओं के लिए चीन में एक अलग पद्धति

है। वहाँ एक निश्चित राजनीतिक दर्शन है और उसको लेकर चलते हैं। लेकिन हमने अपने सिस्टम में ट्रेनिंग को बड़ा महत्त्व दिया है। आपको शायद पता होगा, जब पहली बार मेरी सरकार बनी तो पूरी सरकार को लेकर मैं तीन दिन आई.आई.एम. में पढ़ने के लिए गया था। और आई.आई.एम. के लोगों को हमने कहा कि भई, बताइए हमको, सारी दुनिया को आप पढ़ाते हो, सारी दुनिया की कंपनियों को आप चलाते हो तो हमें भी तो चलाओ ना। और उन्होंने काफी मेहनत की थी। बहुत नए-नए विषयों को हमें पढ़ाया था। हमारे मंत्रियों के लिए भी उपयोगी हुआ था। मैं अपने कुछ अफसरों को भी लेकर गया था। मैं मानता हूँ कि एक्सपर्ट लर्निंग एक कंटीन्यूअस प्रैक्टिस होनी चाहिए! मेरे यहाँ सरकार के अफसरों के लिए एक वाइब्रेंट लेक्चर सीरीज चलता है। उस वाइब्रेंट लेक्चर सीरीज में मैं दुनिया के एक्सपर्ट लोगों को बुलाता हूँ और उनसे हम सुनने के लिए बैठते हैं। मैं भी जैसे यहाँ सुनने के लिए बैठा था, वहाँ बैठता हूँ। अभी जैसे पिछले हफ्ते मिस्टर जिम ओ'नील करके दुनिया के एक बहुत ही बड़े अर्थशास्त्री हैं, वह आए थे। दो घंटे हमारे साथ बैठे, काफी बातें हुईं!

सोशल मीडिया का रचनात्मक उपयोग

कई विषय हैं, जिन पर हम प्रयास कर रहे हैं। आपके मन में और भी कई सुझाव होंगे। मैं सोशल मीडिया में बहुत सक्रिय हूँ। सोशल मीडिया में आप जो भी सुझाव भेजोगे, मैं उसको पढ़ता हूँ। मेरे तक वे पहुँचते हैं! जरूरी हुआ तो मैं सरकार में फॉलो करता हूँ। आप बिना संकोच आपके मन में जो बातें आएँ, मुझे डायरेक्ट पोस्ट कर सकते हैं और मैं आपको विश्वास दिलाता हूँ कि वह कहीं ना कहीं मेरे दिमाग के एक कोने में पड़ी होगी, कभी-न-कभी तो वो पौधा बनके निकलेगी और हो सकता है वह पौधा वटवृक्ष बने। हो सकता है, वही पौधा फल भी दे और हो सकता है कि उस फल को खानेवालों में आप स्वयं भी हो सकते हैं। ऐसे पूरे विश्वास के साथ बहुत-बहुत धन्यवाद, बहुत-बहुत शुभकामनाएँ!

चार्टर्ड अकाउंटेंट : एक महत्त्वपूर्ण दायित्व

मुझे लगता है कि मुझे आप लोगों को खुश करके जाना चाहिए। आपको खुश करने में मेरा स्वार्थ है, क्योंकि आगे चलकर हमारा ऑडिट आप ही करनेवाले हैं! और होता ऐसा ही है, क्लाइंट ऑडिटर को खुश रखने के लिए बहुत कुछ करता है! मैं सही बोला ना? मित्रो, आई.सी.ए.आई का जो उद्देश्य है वह है 'अयं एषु सुप्तेषु जागर्ति', सोते हुए लोगों के बीच जो जागता है! ये ही है ना? लेकिन और भी एक कहावत है, सोए हुए को जगाना बहुत सरल होता है, लेकिन जो जाग रहा है उसको जगाना बहुत

मुश्किल होता है। और आप लोग तो जागते हैं और जो जाग्रत् है उसे कौन जगा पाएगा?

चार्टर्ड अकाउंटेंट : समाज के स्वास्थ्य की जिम्मेदारी

मित्रो, आप एक ऐसे व्यवसाय में हैं, और जिसकी ओर आप आगे बढ़ रहे हैं एक डॉक्टर का प्रोफेशन जो है, चाहे एक फैमिली डॉक्टर होगा या जनरल प्रैक्टिस करनेवाले होंगे या सर्जन होंगे, तो सब लोगों को पता होता है कि ये लोगों के स्वास्थ्य की चिंता करता है। ये पता होता है कि ये बीमार को ठीक करता है, दर्द दूर करता है, पीड़ा से मुक्ति दिलाता है और उसके कारण जो व्यक्तिगत बेनिफिशरी है उसके मन में उसके प्रति एक विशेष भाव पैदा होता है। लेकिन बहुत कम लोगों को मालूम होता है कि समाज के स्वास्थ्य की चिंता करने का काम चार्टर्ड अकाउंटेंट करता है! समाज की व्यवस्थाएँ स्वस्थ रहें, समाज की व्यवस्थाओं में वे चीजें प्रवेश न कर जाएँ, जिसके कारण लंबे अरसे तक, पीढ़ियों तक उसका प्रभाव पैदा हो जाए। और उस अर्थ में चार्टर्ड अकाउंटेंट की जिम्मेदारी किसी डॉक्टर से जरा भी कम नहीं है।

चार्टर्ड अकाउंटेंट : समाज का डॉक्टर

चार्टर्ड अकाउंटेंट की जिम्मेदारी किसी डॉक्टर से जरा भी कम नहीं है! और एक डॉक्टर जब किसी मरीज की सेवा करता है और शरीर को काट भी देता है, शरीर का एक हिस्सा चला भी जाता है तो भी डॉक्टर उसे अच्छा लगता है। हाथ काट देने के बाद कहता है—थैंक यू सर! क्यों? आपने मुझे बचा लिया। लेकिन एक ऑडिटर जब ऑडिट निकालता है तो कहता है—यार, ऑडिटर बदलना पड़ेगा! वह कहता है कि भाई, मैं तुम्हारे स्वास्थ्य की बेहतरी के लिए कहता हूँ। तुम कानून की मर्यादाओं में रहो, नियमों का पालन करो, ट्रांसपैरेंसी रखो तो क्लाइंट खुद कहता है कि तुमसे तो भला कोई प्रैक्टिकल आदमी ढूँढूँगा! और मुझे अभी तक यह प्रैक्टिकल क्या चीज है वह समझ में नहीं आया है! मुझे राजनीति में भी बहुत लोग कहते हैं कि मोदीजी, ये राजनीति है, थोड़ा प्रैक्टिकल होना पड़ेगा! और ये प्रैक्टिकल क्या होता है, ये आप तो अभी स्टूडेंट हैं इसलिए आपको पता नहीं होगा, लेकिन आपके सीनियर बता सकते हैं।

काला धन : काले मन की पैदावार

आज देश में काले धन की बड़ी चर्चा है। क्यों भाई, आप लोगों को करंट क्यों लगा? काला धन विदेशों में है, इसकी भी चर्चा है। ये काला धन, काले मन की पैदावार है और इसके कारण एक पैरलल इकोनॉमी खड़ी हो जाती है, एक पूरा पैरलल अर्थतंत्र

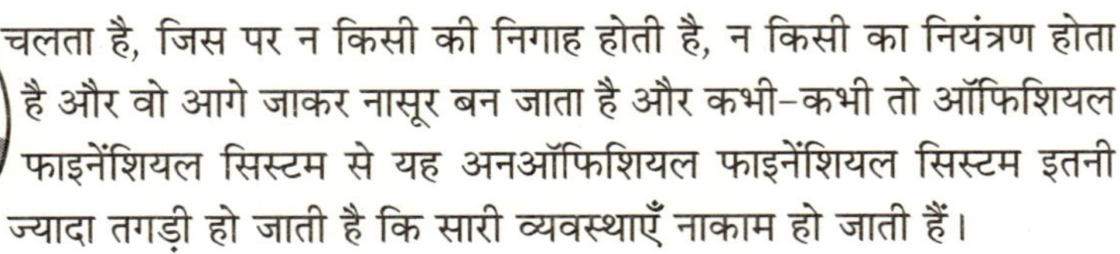

चलता है, जिस पर न किसी की निगाह होती है, न किसी का नियंत्रण होता है और वो आगे जाकर नासूर बन जाता है और कभी-कभी तो ऑफिशियल फाइनेंशियल सिस्टम से यह अनऑफिशियल फाइनेंशियल सिस्टम इतनी ज्यादा तगड़ी हो जाती है कि सारी व्यवस्थाएँ नाकाम हो जाती हैं।

काले धन के चौकीदार आप हैं

वह कौन सी जगह है जहाँ पर काले धन को रोकने की संभावना है, जहाँ काले मनवाला इनसान काला धन पैदा करता है वो जगह है? नहीं एक खिड़की ऐसी है जिस खिड़की पर अगर सही चौकीदार बैठा हो तो काला धन बनने की संभावना नहीं है और उस जगह के चौकीदार आप हैं! एक चार्टर्ड अकाउंटेंट अगर इन चीजों को बारीकियों से देखता है, उनके कारनामे क्या हैं, प्रवृत्तियाँ क्या हैं, कहाँ से क्या हो रहा है, पहले लिखा था तो फिर क्या हुआ? अगर इन बातों की ओर देखने की व्यवस्था है और यदि बड़ी सतर्कता से और पूरी तरह प्रोफेशनलिज्म से देखता है तो मैं विश्वास करता हूँ कि बहुतेक मात्रा में नए काले धन का निर्माण तो रोका जा सकता है। जो पुराना पाप हो गया, जिन्होंने किया उनको सजा देने के लिए अवसर आएँगे; लेकिन बाकियों के लिए तो आप ही हैं। और इसलिए समाज जीवन में यह एक ऐसा पेशा है, जिसमें समाज की पूरी अर्थव्यवस्था को बचाए रखने का, टिकाए रखने का सर्वाधिक सामर्थ्य है।

हर कार्य का व्यापक प्रभाव-क्षेत्र होता है

कभी-कभी क्या होता है कि हम खुद जिस क्षेत्र में होते हैं, उसमें हमें पता तक नहीं होता है कि मैं जो कर रहा हूँ उसका प्रभाव कितने बड़े फलक पर होने वाला है! उसे तो लगता है कि हाँ यार, जिंदगी एक से दस के अंक के आस-पास ही गुजारनी है, तो वह देखता रहता है, टोटल लगाता रहता है, दिन-रात हिसाब चेक करता है, कंप्यूटर को पूछता रहता है, सॉफ्टवेयर रखता है, हिसाब ले लेता है। उसको लगता है कि मेरा जीवन इसी अंकगणित के साथ ही जुड़ गया है। प्लस-माइनस, प्लस-माइनस, इंटरेस्ट, यही देखता रहता है।

मित्रो, एक बार कुछ पत्थर तराशनेवाले लोग पत्थरों को तराश रहे थे। शरीर पर पसीना बह रहा था। धूप और छाँव ऐसा थोड़ा सा शेड था। निर्जीव पत्थरों पर अपना काम कर रहे थे। किसी ने जाकर पूछा कि भाई, क्या कर रहे हो? अरे भई, क्या करें, पेट भरने के लिए मजदूरी कर रहे हैं! दूसरे को पूछा तो उसने कहा, क्या करें भाई, पैदा ही पत्थरों के बीच हुए हैं तो गुजारा भी पत्थरों के बीच ही होगा। वही कर रहे हैं! तीसरे से पूछा तो बोला क्या करें भाई, बच्चों को पालना है तो मेहनत तो करनी पड़ेगी, कर रहे हैं। देखिए

ना, हाथ कैसे हो गए हैं हमारे! एक और को पूछा, क्या कर रहे हो, भाई? उसने कहा, मैं भव्य मंदिर का निर्माण कर रहा हूँ। पत्थर तो वह भी तराश रहा था, हाथ में खून तो उसका भी बह रहा था; लेकिन उसको पता था कि मैं कितने व्यापक फलक पर अपनी भूमिका को निभा रहा हूँ! और उसको गर्व हो रहा था कि मैं जो यह पत्थर को तराशने का काम कर रहा हूँ, इससे मैं भव्य मंदिर का निर्माण कर रहा हूँ और मैं उस भव्य मंदिर के निर्माण का एक कर्ता हूँ! बाकी दस बैठे थे। उनको लगता था कि मैं तो मजदूरी कर रहा हूँ। मैं तो बच्चों के लालन-पालन के लिए कर रहा हूँ।

जहाँ चाह, वहाँ राह

मैं मूलत: राजनीति का व्यक्ति नहीं था। मैंने घर छोड़ा था सामाजिक काम के लिए, लेकिन हालात ने मुझे यहाँ पहुँचा दिया और जब पहुँच ही गया तो मैंने तय किया कि अब पीछे मुड़कर नहीं देखेंगे, जिंदगी खपा देंगे। समय का प्रत्येक क्षण, शरीर का प्रत्येक कण इस दायित्व को निभाने के लिए कोई कोताही नहीं बरतेंगे और मैं आज उसका परिणाम देख रहा हूँ। मेरा गुजरात प्रगति की नई ऊँचाइयों पर पहुँचा है! मित्रो, युवा मन के सामने एक मिशन होना चाहिए और अगर मिशन है, जिंदगी में कुछ करने की इच्छा है तो रास्ते अपने आप मिल जाते हैं।

हालात कोई भी रहे हों, हम कैसे भी कहाँ पहुँचे हों, लेकिन यह बात सही है कि आप अपनी योजना से आए हो, अपने इरादे से आए हो या संयोग ने आपको यहाँ भेजा हो; लेकिन जहाँ हो वहाँ जी-जान से जीने की कोशिश करो, दोस्तों! और एक बार आप उसमें जुड़ जाओगे, जुट जाओगे तो आप देखिए जिस क्षेत्र में गए हो वहाँ भी एक नई जिंदगी का निर्माण कर सकते हो और एक नए युग की शुरुआत कर सकते हो।

दूरी नहीं, दिशा देखिए

कुछ वर्षों पूर्व की मेरे जीवन की एक सच्ची घटना है, वह मेरे जीवन में बहुत दिशा-दर्शक रही है। मैं एक बार सुबह-सुबह स्कूटर पर जा रहा था। हाँ, मुझे आता है चलाना! तो मैं पालडी के पास से जा रहा था, तभी एक व्यक्ति ने मुझे रोक दिया। उसने कहा—साब, साबरमती इसी तरफ से जाते हैं क्या? मैंने कहा भई, तुम पैदल जाओगे क्या? नहीं-नहीं, बोला—साब, इस तरफ है ना साबरमती? मैंने कहा—भई, कब पहुँचोगे तुम? तब तक तो धूप निकल आएगी, तुम परेशान हो जाओगे! बोला—साब, कितनी दूरी पर है, इसकी चिंता छोड़ो, दिशा तो सही है ना! उसने मुझे तीन बार पूछा, साब सही रास्ते पर हूँ ना, मुझे इतना बताइए, दूरी कितनी है? मैं पूछ नहीं रहा हूँ आपसे!

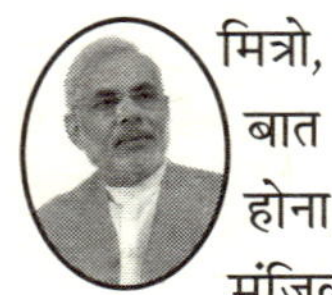

मित्रो, एक आदिवासी उस दिन सुबह-सुबह मुझे मिल गया। मैं कभी भी उस बात को भूल नहीं सकता हूँ! यह मंजिल कितनी भी दूर हो, रास्ता सही होना चाहिए। और अगर सही रास्ते पर हो तो यह तय मानकर चलिए, आप मंजिल की ओर नहीं जा रहे हो, मंजिल आपकी ओर आ रही है।

बनने के नहीं, कुछ करने के सपने देखिए

बहुत लोग इसलिए दु:खी होते हैं, क्योंकि उनके दिमाग में भरा रहता है कि कुछ बनना है। और ये जो बननेवाले लोग होते हैं ना, उनको नींद नहीं आती है! यानी जागते रहो, ये एक अलग अर्थ है! नींद नहीं आती उनको, दिन-रात उसको लगता है कि कुछ बनना है और जब बन नहीं पाता है तो जिंदगी उसको बोझ लगने लगती है। सी.ए. बनना था, बन नहीं पाया। तीन साल लगाए, निकल नहीं पाया। कोई सही दिशा नहीं मिली, अटक गया। फिर जो मिला, उससे गुजारा करना पड़ता तो बेचैन रहता है कि अब किसी सी.ए. के यहाँ नौकरी करनी पड़ेगी, अकाउंटेंट बनके गुजारा करना पड़ेगा! मित्रो, जिंदगी बोझ बनने लग जाती है!

मैं सभी नौजवान मित्रो को एक सलाह देना चाहता हूँ। कभी कुछ बनने के सपने मत देखो। आज तक आपको सबने कहा होगा। मैं आज आपको उलटी बात बताने आया हूँ। मित्रो, कभी कुछ बनने के सपने मत देखो, अगर सपने देखने हैं तो कुछ करने के सपने देखो! मित्रो, जब बनने के सपने देखते हैं और मंजिल से थोड़ी दूर रह जाते हैं तो निराश हो जाते हैं। कुछ करने के सपने देखते हैं और करते-करते संतुष्टि का स्तर इतना बढ़ जाता है कि आप करते भी चले जाते हो, बनते भी चले जाते हो और संतोष भी मिलता चला जाता है।

ऑडिट का असर निवेश पर

मित्रो, आप लोग जब कंपनियों का ऑडिट करते हो, जो आपको भविष्य में करना है। आज स्टॉक मार्केट में निवेश करनेवाले लोग किस पर भरोसा करते हैं? गरीब इनसान अपने पैसे दाँव पे लगा देता है, किसके ऊपर? कभी सोचना दोस्तो, आप सिर्फ किसी को ऑडिट रिपोर्ट नहीं दे रहे हो, आप निवेशक की जिंदगी के साथ एक भरोसे का सौदा कर रहे हो। अगर आप गलती करते हो और बैलेंस शीट दूसरी निकल गई तो लोगों को लगेगा कि ये कंपनी ऊपर जा रही है और गरीब लोग निवेश कर देंगे! वास्तव में वह कंपनी डूब रही है। वह कंपनी नहीं डूबती मित्रो, आम आदमी डूब जाता है! और तब मित्रो, कभी अपनी आत्मा से पूछना कि इतने लोगों के पैसे चले गए। गरीब आदमी, टीचर है, छोटा चपरासी है, वो बेचारा सोचता है कि चलो भाई, मार्केट ठीक है

तो दो-पाँच शेयर ले लो! ले लेता है, क्यों? बाजार में उस कंपनी की अच्छी खबर आई है, उसी के आधार पर। वह अच्छी खबर कहाँ से आई, भाई? आप ही के माध्यम से आती है।

ऑडिटर तय करता है कि ठीक है या नहीं है। उसका जब तक सर्टिफिकेट नहीं मिलता है, तय नहीं होता है। और उसके भरोसे अगर लोग रुपए दाँव पर लगा दें। किसी गरीब ने अपनी बेटी जवान हो रही है और वह सोचे कि चलिए, शेयर बाजार में 2,000 रुपए लगा देते हैं। ये कंपनी अच्छी जा रही है तो पाँच साल के अंदर इतना पैसा मिल जाएगा, तब बेच देंगे। बेटी की शादी हो जाएगी, गरीब के घर का जिम्मा पूरा हो जाएगा। लेकिन अगर आपने गलत ऑडिट कर दिया, गलत बैलेंस शीट निकल गई तो उस गरीब ने अपने जो 2,000 रुपए डाले हैं और जब बेटी की शादी की नौबत आई तब बाजार में पैसा नही मिला! आप कल्पना कीजिए मित्रो, उसकी पीड़ा कितनी होगी, उसका दर्द कितना होगा? और उस दर्द के लिए जिम्मेदार कौन होंगे? मित्रो, वो कंपनीवाले बाद में होंगे, पहले हम लोग जिम्मेदार होंगे जिन्होंने इसे चलने दिया! और इसलिए मित्रो, यह कोई सामान्य काम आपके पास नहीं है। आप इतने बड़े काम की ओर अपना कदम रखने वाले हैं कि जिसके कारण समाज के गरीब से गरीब आदमी के जीवन की सुरक्षा आपके एक हस्ताक्षर में है। कोई छोटा काम आपके पास नहीं है! और इसलिए अपने काम के महत्त्व को समझना, अपने काम के बड़प्पन को समझना और उस बड़प्पन के आधार पर जिंदगी को गुजारना, रास्ते तय करना। फिर आप देखिए, समाज आपको कितने गर्व के साथ देखने लगता है, इसकी आपको अनुभूति होगी!

चार्टर्ड अकाउंटेंट : समाज की शक्ति

अमदावाद में 7,000 चार्टर्ड अकाउंटेंट हैं। मित्रो, 700 लॉयर खड़े हो जाएँ ना तो सरकार इधर-उधर हो जाए, आप 7000 हैं! यह ताकत छोटी नहीं है, मित्रो! समाज को अनुभूति होनी चाहिए कि इतने पेशेवर, इतने पढ़े-लिखे लोग समाज को कितना बड़ा योगदान कर रहे हैं! यह जो डिस्कनेक्ट है, उस डिस्कनेक्ट को भरने की जरूरत है, ऐसा मुझे लगता है। आपके पास सबकुछ है, आप अपने काम को कर भी रहे हैं, लेकिन सामान्य मानव के लिए कर रहे हैं, यह संदेश नहीं जा रहा है। करते सब हैं, कोई न कोई रास्ता खोजना चाहिए। सामान्य मानव को लगना चाहिए कि इस इंस्टीट्यूशन का भी अपना महत्त्व है! किसी जमाने में जो पैथोलॉजी लैबोरेटरी हुआ करती थी तो सामान्य रोगी उसका महत्त्व ही नहीं समझता था। आज से तीस साल पहले। पैथोलॉजी डॉक्टर है, ठीक है, होगा, यही सोच थी! देखिए, आज देखते-देखते पैथोलॉजी डॉक्टर का महत्त्व

कितना बढ़ गया है, पैथोलॉजी लैब का महत्त्व कितना बढ़ गया है! और हर बीमार को इसका महत्म समझ में आता है, बाद में डॉक्टर का महत्त्व समझ में आता है। आप भी एक ऐसी जगह पर बैठे हैं और उसकी अनुभूति समाज को कैसे हो, उस दिशा में काम करना चाहिए!

गुजरात की प्रगति की तीव्र गति

गुजरात की प्रगति की गति कितनी तेज है, उसका व्याप कितना चौड़ा है और उसकी ताकत कितनी गहरी है! देखिए, गुजरात का जन्म हुआ, तब से लेकर के मेरे आने तक नौ पंचवर्षीय योजनाएँ हुईं। इन नौ पंचवर्षीय योजनाओं के अंतर्गत गुजरात में कुल खर्च हुआ 55,000 करोड़ रुपए। दसवीं पंचवर्षीय योजना में 1,75,000 करोड़! मेरे आने के बाद की बात कर रहा हूँ! चालीस साल में 55,000 करोड़, पाँच साल में 1,75,000 करोड़! और मित्रो, इन सबको मैं मिला दूँ तो इस योजना का टोटल होता है 2,30,000 करोड़, जिसमें मेरे समय के भी पाँच साल आ गए। 11वीं पंचवर्षीय योजना में हमारी संख्या उससे भी आगे बढ़ गई। पचास साल के टोटल से भी हम आगे बढ़ गए। और बारहवीं पंचवर्षीय योजना में हम करीब-करीब 2,51,000 करोड़ रुपए लेकर आगे बढ़ रहे हैं। और कोई नए टैक्स नहीं डाले हैं, सिर्फ लीकेज बंद किया है। आप देखिए, कितनी ताकत है!

देश के लिए सुझाव दीजिए

आप सबसे आग्रह है, आप जरूर मुझसे संपर्क बनाइए। मैं आपके साथ जुड़ना चाहूँगा। क्योंकि मैं देखूँ तो सही कि देश की युवा पीढ़ी के मन में क्या चल रहा है! यह टेक्नोलॉजी का बहुत अच्छा उपयोग हो सकता है, जिससे दुनिया के बदलते हुए प्रवाहों को बड़ी सरलता से हम समझ पाते हैं। मैं आपको आमंत्रण देता हूँ, आप आइए, मेरे साथ जुड़िए, अपने मन की बात बताइए, अपने विचार बताइए। देश के लिए कुछ सुझाव हो, गुजरात के लिए कुछ सुझाव हो, सरकार की किसी नीतियों के लिए सुझाव है, बिना रोक-टोक बताइए।

फर्ग्यूसन कॉलेज : एक ऐतिहासिक कॉलेज

कई वर्षों से फर्ग्यूसन कॉलेज के संबंध में, यहाँ की शिक्षा प्रवृत्ति के संबंध में, जब भी कुछ महापुरुषों के जीवन को पढ़ने का अवसर मिला तो फर्ग्यूसन कॉलेज का उल्लेख अवश्य आया। मन में था ही कि कभी-न-कभी इस पवित्र धरती की रज अपने माथे पर चढ़ाने का सौभाग्य मिले, और वह सौभाग्य मुझे आज मिला है। वीर

सावरकरजी प्रशिक्षा काल में जिस जगह पर रहकर स्वतंत्रता की देवी की उपासना करते थे, जहाँ से वे स्वातंत्र्य का संदेश अपने साथियों को सुनाते थे, उस कक्ष में जाने का मुझे सौभाग्य मिला। भारत माँ की उत्कृष्ट सेवा करने की तीव्रतम इच्छा की तरंगें उस कक्ष में अनुभव कीं, यह भी मैं अपना सौभाग्य मानता हूँ।

सौ साल पुरानी विरासत

जिस स्थान पर मैं इस समय खड़ा हूँ, इतिहास गवाह है कि एक सौ साल पुरानी ये विरासत है, जहाँ पर देश के गणमान्य महानुभावों ने अपने विचारों से युवा पीढ़ी का और राष्ट्र का मार्गदर्शन किया है! हम कुछ भी न करें, किसी वक्ता को भी न बुलाएँ, सिर्फ मौन होकर सौ साल की उस विरासत का हम अनुभव करें और मन में फिर स्मरण करें कि इस भूमि पर गांधी आए होंगे तो कैसा दृश्य होगा, रवींद्रनाथ टैगोर आए होंगे तो कैसा दृश्य होगा, श्री रमण आए होंगे तो कैसा दृश्य होगा! ऐसे-ऐसे महापुरुष जब इस कक्ष में आए होंगे तो वे पल कैसे रहे होंगे!

अगर हम मौन रहकर कुछ पल उन स्मृतियों का स्मरण करें तो मित्रो मुझे विश्वास है कि उन महापुरुषों के शब्द भाव आज भी यहाँ आंदोलित होते होंगे। हम उस आंदोलित भावों को अनुभव कर सकते हैं, सिर्फ हमारे मन की स्थिति होनी चाहिए! अगर हमारे मन की स्थिति हुई तो हम अनुभव कर सकते हैं। जैसे टी.वी. पर हम अपने पसंद के चैनल चलाते हैं और वे चैनल हमारे पास आती है, वैसे ही मन की चैनल को उसके साथ जोड़ दिया जाए तो हम उसकी अनुभूति कर सकते हैं। और ऐसे स्थान पर मुझे कुछ कहने का सौभाग्य मिल रहा है, यह अपने आप में मेरे लिए एक बहुत बड़े सौभाग्य का पल है और मैं इसके लिए यहाँ के सभी व्यवस्थापकों का बहुत-बहुत आभारी हूँ।

नौजवानों का योगदान

एक प्रकार से आज के मेरे भाषण को बाँधने में बहुतेक मात्रा में सोशल मीडिया में मुझे सुझाव देनेवाले उन नौजवानों का योगदान है और एक प्रकार से यह भाषण मोदी का नहीं है, यह भाषण उन ढाई हजार सोशल मीडिया पर एक्टिव और प्रोएक्टिव उन नौजवानों का है, मैं सिर्फ उसको अपनी वाणी दे रहा हूँ और हो सकता है, कुछ भाषा में मेरे अपने भाव प्रकट होंगे, लेकिन मूल विचार उन नौजवानों ने दिए हैं। मैं फिर से एक बार उन नौजवानों का बहुत-बहुत आभार व्यक्त करता हूँ! और मैं एक संतोष व्यक्त करता हूँ। कभी-कभी चर्चा चलती है कि भई देश के नौजवान, देश की स्थिति, क्या चलता होगा? ये ढाई हजार लोग देश के हर कोने में से हैं। कश्मीर से भी लिखनेवाले

लोग हैं, नागालैंड और मिजोरम से भी लिखनेवाले लोग हैं कन्याकुमारी से भी लिखनेवाले लोग हैं—देश के हर कोने से लिखनेवाले लोग हैं। और मैं उसमें एक समान भाव देखता हूँ। मैं उसमें एक समान तंतु देखता हूँ। और वह समान तंतु यह नजर आता है कि ये सब के सब देश की हर बात से, हर घटना से बहुत ही कन्सर्न्ड हैं।

हमारी युवा शक्ति

हम जो यह मानते हैं कि हमारे नौजवानों को कोई परवाह नहीं। बस, जींस का पैंट पहनना और लंबे बाल रखना यही उसका काम है, ऐसा नहीं है। वे सोचते हैं, वे कुछ करना चाहते हैं, वे कुछ कहना चाहते हैं और यह मैंने आज इस फर्ग्यूसन कॉलेज के अपने वक्तव्य के माध्यम से अनुभव किया कि नौजवानों के दिल में क्या आग है, क्या स्पार्क है, क्या सपने हैं, कितना सामर्थ्य पड़ा है। कठिनाइयों के बावजूद कुछ करने की कितनी उमंग और उत्साह है! और जिस देश का नौजवान इतना सामर्थ्यवान हो, कुछ करने के लिए प्रतिबद्ध हो, उस देश का भविष्य कभी भी अंधकारमय नहीं हो सकता है, यह मैं आज इस पवित्र धरती से कहना चाहता हूँ।

भारत : विश्व का सबसे युवा देश

हम बहुत भाग्यशाली हैं कि हम विश्व के सबसे युवा देश हैं। हमारे देश की 65 प्रतिशत जनसंख्या 35 वर्ष से कम आयु की है। जिस देश के अंदर 65 प्रतिशत से अधिक जनसंख्या 35 वर्ष से कम आयु की हो, वह युवा देश दुनिया को क्या कुछ नहीं दे सकता है, दुनिया के लिए क्या कुछ नहीं कर सकता है! एक प्रकार से न सिर्फ हिंदुस्तान की समस्याएँ, बल्कि विश्व की समस्याओं के समाधान के लिए भी यह युवा शक्ति काम आ सकती है, बशर्ते कोई करनेवाला हो, कोई सोचनेवाला हो, कोई दिशा देनेवाला हो, कोई उँगली पकड़कर चलनेवाला हो तो सबकुछ संभव है।

निराशा का माहौल स्वीकार्य नहीं

आज देश में निराशा का माहौल है। चारों तरफ, कोई भी मिले तो कहता है, छोड़ो यार, पिछले जन्म में क्या पाप किए होंगे जो हिंदुस्तान में पैदा हुए। छोड़ो यार, कुछ होना नहीं है! अरे, छोड़ो यार, तुम क्यों औरों की परवाह करते हो। तुम अपना कर लो! ये ही भाषा सुनाई देती है। मित्रो, मैं इस भाषा को, इस निराशा के स्वर को एंडोर्स नहीं करता हूँ। यह बहुरत्ना वसुंधरा है, हजारों सालों की सांस्कृतिक विरासत के हम धनी हैं। 1,200 साल की गुलामी के बाद भी सीना तानकर खड़े रहने का सामर्थ्य इस धरती का

है। क्या कारण है? लोकमान्य तिलक ने अंग्रेजी सल्तनत के सामने उस समय जो ललकार किया था, 'स्वराज्य मेरा जन्मसिद्ध अधिकार है', वह कौन सी ताकत थी, कौन सा आत्मविश्वास था! अगर गुलामी के उस कालखंड में भी हमारे उस समय के नेताओं में वह सामर्थ्य था तो आज तो देश स्वतंत्र है, निराशा किस बात की? और इसलिए मित्रो, देश को इस निराशा के माहौल से ऊपर उठना बहुत आवश्यक है। और ऐसा नहीं है कि सबकुछ डूब चुका है, आज भी बहुत कुछ अच्छा होने की संभावना है।

हमारी मूल शिक्षा व्यवस्था

आज यदि हम अपने देश की शिक्षा व्यवस्था की चर्चा करें, तो ऐसे हालात क्यों हुए? जो लोग हमारे देश के शिक्षा के इतिहास को जानते हैं उनको पता होगा, हजारों वर्ष से हमारी कैसी महान् परंपराएँ थीं! मैं तो रिसर्च स्कॉलर्स से प्रार्थना करता हूँ कि हमारी गुरुकुल की शिक्षा परंपरा और आज की अमेरिका की आधुनिक शिक्षा व्यवस्था दोनों को आधुनिक तराजू पर तौलकर देखा जाए तो हमें ध्यान में आएगा कि जिस प्रकार से अमेरिकन आधुनिक शिक्षा व्यवस्था में व्यक्ति के भीतर की ताकत को उजागर करने के लिए एक व्यवस्थित वातावरण उपलब्ध किया जाता है, उसकी रुचि, प्रकृति एवं प्रवृत्ति के अनुसार उसको विकसित होने का माहौल दिया जाता है। उसको फीड नहीं किया जाता है, उसको सीखने के लिए रास्ते दिखाए जाते हैं।

अत्यावश्यक गुरुकुल परंपरा

अगर हम अपनी गुरुकुल परंपरा को देखें तो उसमें क्या था? एक ही ऋषि की चर्चा हो, एक ही ऋषि के आश्रम की चर्चा हो, लेकिन उसी के वहाँ राजकुमार भी पढ़ता है, योद्धा भी पढ़ता है, राज व्यवस्था को सँभालनेवाले मंत्री लोग भी पढ़ रहे हैं, कर्मकांड करनेवाले पंडित भी पढ़ रहे हैं, वेद के ज्ञानी होना चाहते हैं वो भी पढ़ रहे हैं। क्या कारण होगा? एक ही छोटा सा आश्रम, एक ही ऋषि और वहाँ सब विधाओं को इस प्रकार से सामर्थ्यवान् बनने के लिए अवसर मिलता होगा! उसी एक जगह से राजकुमार, उसके लिए जो चाहिए वह शिक्षा-दीक्षा लेकर के निकलता था। टीचर, टीचर के लिए; क्राफ्ट मैन, क्राफ्ट मैन के लिए; पंडित, पंडित के लिए जरूरी शिक्षा-दीक्षा लेकर के निकलता था। क्या कारण था? और आज उन पुरानी परंपराओं को देखें तो हम सोच सकते हैं कि हमारे पास कितना कुछ था, जो हमने गँवा दिया।

गुरुकुल से विश्वकुल तक की यात्रा

मित्रो हमारा सपना होना चाहिए गुरुकुल से विश्वकुल तक की यात्रा का। हम वे लोग हैं, जिन्होंने उपनिषद् से उपग्रह तक की यात्राएँ की हैं, गुरुकुल से विश्वकुल तक के सपने सँजोए हैं! लेकिन फिर भी आज विश्व जब 21वीं सदी का सवाल पूछता है तब हम सवालिया निशान के नीचे झुककर खड़े हो जाते हैं। ऐसी स्थिति कब तक रहेगी?

स्वतंत्रता संग्राम की दोनों धाराओं का योगदान

आज जब हम आजाद हिंदुस्तान में साँस भर रहे हैं, तब उन सभी महापुरुषों का पुण्य स्मरण करते हैं, जिन्होंने हमें आजादी दिलाने के लिए अपने जान की बाजी लगा दी, जिन्होंने अपनी जवानी जेल में खपा दी, जिन्होंने फाँसी के तख्ते पर जीने-मरने का खेल खेला। आजादी की जंग की जब बात करते हैं तो गुजरात का मानचित्र आँखों के सामने उभरकर आना बहुत स्वाभाविक है। आजादी की दो धाराएँ—एक अहिंसक आंदोलन की और दूसरी सशस्त्र क्रांति की—और दोनों ही धाराओं ने माँ भारती को गुलामी की जंजीरों से मुक्त करवाने के लिए अपना-अपना योगदान दिया।

लेकिन उन दोनों धाराओं का नेतृत्व करने का सौभाग्य गुजरात की मिट्टी को मिला था। पूज्य महात्मा गांधी और सरदार पटेल आजादी की जंग के और पूरे विश्व के मानव जीवन की मुक्ति के मसीहा के रूप में उभरे थे और उसी तरह सशस्त्र क्रांति के नेताओं इसी मेरी कच्छ की धरती के सपूत श्यामजी कृष्ण वर्मा, सरदार सिंह राणा, मैडम भीकाजी कामा ये क्रांति गुरु थे जिन्होंने आजादी के दवानों को मर मिटने की प्रेरणा दी थी। और उस अर्थ में, हमें गर्व है कि उस मिट्टी पर खड़े होकर के आज भारत के तिरंगे झंडे को लहराने का हम सभी देशवासियों को सौभाग्य मिला है!

संसद् की गरिमा नष्ट न होने दीजिए

लेकिन सवाल यह उठता है कि विरोधी दल अपनी आवाज उठाने की कोशिश करें यह तो लोकतंत्र में समझ में आता है, लेकिन राष्ट्रपति की चिंता इस बात की है कि पहली बार इस देश में ऐसा हो रहा है कि शासक दल स्वयं लोकसभा को चलने न दे, लोकसभा में रुकावट डाले, लोकसभा को अखाड़ा बना दे! जब सत्ता में बैठा हुआ दल यह करता है तो संकट और गहरा हो जाता है। हम सबको मिलकर, चाहे हम राष्ट्र में हों या राज्य में हों, हम सबका यह जिम्मा बनता है कि राष्ट्रपतिजी की इस भावना का हम आदर करें! और हमारे लोकतंत्र के मंदिर, विधानसभा हो या संसद् हो, उन सबकी इज्जत को बनाए रखने के लिए हम यथोचित प्रयास करें।

सेना का मनोबल बढ़ाइए

मैं यह मानता हूँ कि अंतरराष्ट्रीय संबंधों को देखते हुए, पड़ोसियों से संबंधों को देखते हुए किस भाषा का प्रयोग करना चाहिए, कैसे करना चाहिए, प्रधानमंत्री के स्तर पर क्या बोला जाना चाहिए—इस बात को मैं भलीभाँति समझता हूँ। लेकिन हमारी सेना का हौसला बुलंद हो, हमारी सेना का आत्मविश्वास बुलंद हो, कम-से-कम प्रधानमंत्री से इस भाषा की अपेक्षा यह देश करता है। देश के जवान मारे गए और तब जाकर देश की सेना के मनोबल को एक शक्ति देनेवाली बात होनी चाहिए थी।

लाल किला पाकिस्तान को ललकारने की जगह है, ऐसा मैं नहीं मानता और न हमें उसमें समय गँवाने की जरूरत है; लेकिन लाल किला हिंदुस्तान की सेना का मनोबल बढ़ाने की सर्वोत्तम जगह है, यह मेरा विश्वास है और प्रधानमंत्रीजी को देश की सेना का मनोबल बढ़ाना चाहिए था।

देश की सुरक्षा खतरे में है

सवाल सिर्फ पाकिस्तान का नहीं है, आज देश की सुरक्षा खतरे में है। चीन ने क्या किया? आज सारा विश्व एक अलग मनोभाव से जी रहा है, तब आजाद हिंदुस्तान के अंदर चीन हमारी सीमाओं पर आकर अड़ंगा डाले, हमारी सीमाओं में घुस जाए, अपने मतलब को साबित करे और देश चुपचाप देखता रहे? और तब जा करके सुरक्षा के सवाल खड़े होते हैं। इटली के सैनिक आकर केरल के हमारे मछुआरों को मार दें, तब जाकर के देश को चिंता होती है! पाकिस्तान की सेना के लोग आकर हमारे सैनिकों के सिर काट लें, तब जाकर चिंता होती है। पाकिस्तान की सेना के लोग आकर के हमारे जवानों को मौत के घाट उतार दें, तब जाकर के चिंता होती है! सीमा कौन सी है, उसकी व्याख्या तय होनी चाहिए। राष्ट्रपतिजी, आपने जो चिंता जाहिर की है उस चिंता के साथ मैं भी अपना स्वर मिलाता हूँ।

प्रधानमंत्री के भाषण ने निराश किया

मैं आज प्रातः भारत के प्रधानमंत्री का भाषण सुन रहा था। मैं इसलिए सुन रहा था कि आजादी के पावन पर्व पर मेरे जैसे कार्यकर्ताओं को वहाँ से एक नई प्रेरणा मिले, एक नया संदेश मिले, ताकि हमारा भी काम करने का जज्बा थोड़ा बढ़ जाए, हममें भी देश के लिए दौड़ने की थोड़ी हिम्मत आ जाए, हम भी अपने राज्य में इतना अच्छा करें, इतना अच्छा करें, ताकि हमारा देश मजबूत हो। और हमारे गुजरात का तो मंत्र यही रहा है, 'भारत के विकास के लिए गुजरात का विकास'! हम देश की भलाई के लिए गुजरात के जिम्मे जो भी आए, उसे पूरा करना चाहते हैं और यह दायित्व हम सबको निभाना

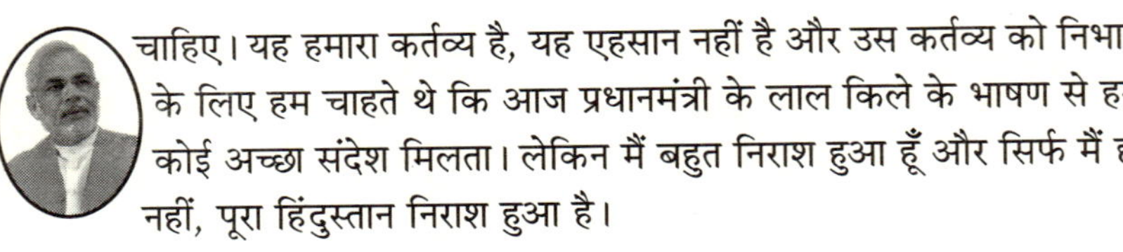

चाहिए। यह हमारा कर्तव्य है, यह एहसान नहीं है और उस कर्तव्य को निभाने के लिए हम चाहते थे कि आज प्रधानमंत्री के लाल किले के भाषण से हमें कोई अच्छा संदेश मिलता। लेकिन मैं बहुत निराश हुआ हूँ और सिर्फ मैं ही नहीं, पूरा हिंदुस्तान निराश हुआ है।

सरदार वल्लभभाई पटेल का भी स्मरण होना चाहिए

प्रधानमंत्रीजी, आप इस देश के प्रधानमंत्री हैं। सभी सरकारों के किए हुए काम के कारण आज देश आज यहाँ पहुँचा है। लेकिन यह बड़े दुःख की बात है कि लाल किले पर से अपने भाषण में आप सिर्फ एक परिवार का स्मरण करते हैं। क्या यह अच्छा नहीं होता प्रधानमंत्रीजी, कि आज आप लाल किले से भारत की एकता को सुदृढ़ करनेवाले सरदार वल्लभभाई पटेल को भी याद करते? क्या यह अच्छा नहीं होता कि देश की एकता का एक प्रबल संदेश सुनाया जाता?

लाल बहादुर शास्त्री भी अविस्मरणीय हैं

प्रधानमंत्रीजी, क्या यह अच्छा नहीं होता कि आप जब पं. नेहरू का जिक्र कर रहे थे, इंदिराजी का जिक्र कर रहे थे, राजीवजी का जिक्र कर रहे थे, तब कहीं अपनी ही पार्टी के लाल बहादुर शास्त्री का भी जिक्र कर देते। वे भी हमारे देश के प्रधानमंत्री थे। उन्होंने 'जय जवान, जय किसान' का नारा दिया था, हिंदुस्तान के किसानों को प्रेरणा दी थी और जो हिंदुस्तान आजादी के बाद भी विदेशों से अन्न माँग कर हमारे देश का पेट भरता था, वह देश को पेट भर अन्न पैदा करने के लिए किसानों को प्रेरित करने का काम श्रद्धेय लाल बहादुर शास्त्रीजी ने किया था! उनका स्मरण करना चाहिए था, इसमें राजनीति या परिवारवाद नहीं होना चाहिए!

लेकिन प्रधानमंत्रीजी, आपने ऐसा क्यों किया? मैं यह तो समझता हूँ कि आप अटलजी को याद न करें—आपकी मर्यादाएँ मैं समझता हूँ, लेकिन आप लालबहादुर शास्त्रीजी को याद न करें यह बात हमारे गले नहीं उतरती है! सरदार पटेल, जिन्होंने जीवन भर कांग्रेस के लिए अपना जीवन खपाया था, उनको याद न करें तब जाकर दिल को चोट पहुँचती है।

उत्तराखंड आपदा में हम पीड़ितों के साथ हैं

प्रधानमंत्रीजी, कल जो नौसेना की दुर्घटना घटी, उसकी पीड़ा हम सबको है। उत्तराखंड में यात्रियों की सेवा करते-करते जान की बाजी लगानेवाले हमारे शहीदों के प्रति हमें गर्व है। लेकिन जब आप उत्तराखंड की चर्चा कर रहे थे, तब आपने बहुत बड़ी

मात्रा में कहा कि दिल्ली सरकार ने क्या किया, कैसे किया, किस प्रकार से कर रहे हैं आदि। आप देश के प्रधानमंत्री हो, आप लाल किले से बोल रहे हो, पूरा हिंदुस्तान सुन रहा है, आप कम-से-कम देश के सवा सौ करोड़ नागरिकों का भी जिक्र करते, जो उत्तराखंड के पीड़ितों के साथ खड़े थे।

उत्तराखंड आपदा में मदद करनेवालों का भी स्मरण होना चाहिए

अपनी बुद्धि, शक्ति, क्षमता के अनुसार हर देशवासी ने उत्तराखंड की मदद करने का प्रयास किया है, कभी उनका भी जिक्र करना चाहिए था। इतना ही नहीं, हिंदुस्तान की सभी सरकारें, मैं गुजरात की बात नहीं कर रहा हूँ, हिंदुस्तान की सभी सरकारें, चाहे केरल हो, तमिलनाडु हो, नॉर्थ-ईस्ट हो, सभी सरकारों ने उत्तराखंड की मदद के लिए अपनी शक्ति झोंकने की कोशिश की। प्रधानमंत्रीजी, पीड़ा की बात करते समय अच्छा होता, आप उनका भी स्मरण कर देते। उनको भी दो शब्दों में याद कर लेते तो भारत की शक्ति का लोगों को परिचय होता, एहसास होता, अपनेपन का भाव पैदा होता! लेकिन प्रधानमंत्रीजी, आप एक परिवार की भक्ति में इतने डूब गए हैं कि आप देश के इतने बड़े व्यापक फलक को पहचानने में नाकाम हो गए हो और उसके कारण देश को चिंता हो रही है।

देश पूछता है, आप लोगों ने देश को क्या दिया?

मैं हैरान हूँ कि देश में सबसे अधिक समय झंडा फहरानेवाले लोगों में आपका नाम दर्ज हो गया, लेकिन उसके बाद भी आप लाल किले पर से वही बोल रहे हो, जो पं. नेहरू ने पहले भाषण में बोला था! पं. नेहरूजी ने जिन मुसीबतों को पहले भाषण में गिनाया था, उन्हीं मुसीबतों को आपने भी गिनाया! तो सवाल यह उठता है कि साठ साल आपने क्या किया? देश पूछना चाहता है, अगर वैसी की वैसी मुसीबतें धरी की धरी रह गईं तो फिर आप लोगों ने देश को क्या दिया?

रुपए की गिरती कीमत के लिए कौन जिम्मेदार है?

भाइयो-बहनो, आज मैं बहुत ही दुःखी होकर बोल रहा हूँ। मैं हिंदुस्तान के आखिरी छोर से, अकाल पीड़ित, मरुभूमि कच्छ की सीमा पर से बोल रहा हूँ, जिससे मेरी आवाज पाकिस्तान को तो पहले सुनाई देती है, दिल्ली को बाद में सुनाई देती है। मैं पाकिस्तान की सीमा पर से बोल रहा हूँ। प्रधानमंत्रीजी, आपने देश की आर्थिक स्थिति में भी नरसिम्हा रावजी के समय का जिक्र किया; लेकिन आज रुपया जिस प्रकार से गिर रहा है, रुपए की कीमत तबाही के कगार पर आकर के खड़ी है, इसके लिए कौन जिम्मेदार

है ? मान लो, आज के अवसर पर जिम्मेदारी तय न भी करें, लेकिन कम-से-कम आप देश को बताते कि रुपया ताकतवर कैसे बनेगा, कौन से आर्थिक कदम उठाए जाएँगे ! इसके बजाय आपने क्या कहा कि ये वैश्विक मंदी का दौर है और इसलिए हिंदुस्तान भी उससे अछूता नहीं रह सकता।

हिंदुस्तान की विकास यात्रा में रुकावट के लिए भी आपकी नीतियाँ जिम्मेदार हैं

प्रधानमंत्रीजी, हिंदुस्तान का कोई राज्य अगर प्रगति नहीं करता, उसको किसी क्षेत्र में रुकावट हो, संकट हो, आगे बढ़ना चाहता हो और वह राज्य अगर यह कहे कि दिल्ली का संकट हमें भी झेलना पड़ता है तो क्या आप मानने के लिए तैयार हैं ? जैसे हिंदुस्तान की विकास यात्रा में रुकावट के लिए वैश्विक मंदी आपको कारण लगता है, तो हिंदुस्तान के राज्यों की विकास यात्रा में रुकावट के लिए भी आपकी नीतियाँ जिम्मेदार हैं।

खाद्य सुरक्षा बिल में सुधार की जरूरत

भाइयो-बहनो, देश परेशान है ! प्रधानमंत्रीजी, आप खाद्य सुरक्षा बिल की क्या चर्चा कर रहे हो। मैंने आपको चिट्ठी लिखी है, अच्छा होता कि आज देश को आप अपना दृष्टिकोण समझाते ! मैंने प्रधानमंत्रीजी को चिट्ठी लिखी है कि खाद्य सुरक्षा बिल में बहुत कमियाँ हैं। उसमें सुधार करने की जरूरत है। हमने बिल का विरोध नहीं किया है ! गरीब की थाली में रोटी जाए, यह हमारे लिए भी उतना ही महत्त्वपूर्ण है; लेकिन उसकी जो कमियाँ हैं, उन कमियों को दूर करने का आपका दायित्व बनता है। आप उस पर चर्चा करने को तैयार नहीं हैं।

गरीब की थाली में रोटी परोसने के बजाय दिल्ली की सरकार में बैठे हुए लोग गरीब की खाली थाली में नमक छिड़कते जा रहे हैं। कोई कहता है, पाँच रुपए में खाना मिल जाता है; कोई कहता है, बारह रुपए में खाना मिल जाता है—और इतने विश्वास के साथ बोल रहे हैं कि बस, घर से बाहर निकलते ही मिल जाएगा।

अंत्योदय अन्न योजना भी सही तरह से लागू नहीं

और प्रधानमंत्रीजी, हमने आपसे जो सवाल पूछा कि आज हिंदुस्तान के अंदर अंत्योदय अन्न योजना के कारण गरीबों को जो लाभ मिल रहा है, क्या खाद्य सुरक्षा बिल के कारण उनको कोई नया लाभ मिलने वाला है ? आज पूरा हिंदुस्तान, सभी राज्य अपनी तिजोरी से दो रुपए किलो गेहूँ, तीन रुपए किलो चावल गरीबों को देते हैं, सब सरकारें देती हैं तो आपका कानून क्या नया लेकर आया है ?

इतना ही नहीं, अंत्योदय अन्न योजना में आपका कानून न संख्या में वृद्धि करता है, न जत्थे में वृद्धि करता है, न उसकी कीमत में कटौती करता है, और फिर आप कहते हैं कि गरीब के लिए खाद्य सुरक्षा लाए हैं? मित्रो, सामान्य समझ का विषय है। मेरे देशवासी सुन रहे हैं लालन कॉलेज के इस मैदान को, हिंदुस्तान की सीमा पर पड़े हुए जिले को देश सुन रहा है तब मैं कहना चाहता हूँ। सामान्य नियम यह है कि जब आप किसी भी योजना को लागू करते हैं तो लाभार्थियों के पैरामीटर तय होते हैं कि इसमें लाभार्थी कौन होंगे। इसके बाद सर्वे होता है। सर्वे होने के बाद संख्या तय होती है और संख्या के अनुसार व्यवस्थाएँ खड़ी की जाती हैं, बजट बनाया जाता है। यह पहली बार देश में हुआ कि आपने दिल्ली में बैठकर तय कर दिया कि उस राज्य में इतने करोड़ लोगों को लाभ मिलेगा, उस राज्य में इतने लाख लोगों का लाभ मिलेगा! अब उनको कहा जा रहा है कि हमने जो संख्या तय की है, उसके नीचे किसको मिले वह आप खोजो।

अन्न जुटाना सरकार का काम

मित्रो, क्या कमाल किया है दिल्ली के कानून ने। उन्होंने कहा है कि अगर देश में अकाल हुआ हो, अन्न की पैदावार कम हुई हो और राज्यों को अन्न की जरूरत होगी तो भारत सरकार अन्न नहीं देगी, वह बदले में सिर्फ पैसे दे देगी। यह राज्य का काम होगा कि वह दुनिया में कहीं से भी अन्न जुटाकर ले आए। अरे प्रधानमंत्रीजी, आयात-निर्यात पूरी तरह से आपके हाथ में है, राज्य बेचारा कहाँ जाएगा। उत्तर-पूर्व के छोटे-छोटे राज्य कहाँ जाएँगे दुनिया में अनाज खोजने के लिए। उनको चावल चाहिए तो वे किस देश में जाएँगे? यह भारत सरकार की जिम्मेदारी होनी चाहिए कि अगर अन्न का अभाव हो तो राज्यों को विदेशों से अन्न लाकर पहुँचाए, यह दिल्ली की केंद्र सरकार का दायित्व होना चाहिए! यह राज्यों पर थोपकर लोगों को भूखे रखने का काम नहीं होना चाहिए।

महँगाई की जिम्मेदार सरकार

भाइयो-बहनो, आप देख रहे हैं, देश महँगाई में किस प्रकार से डूब रहा है। महँगाई ने किस प्रकार से देश को परेशान किया है। गरीब के घर में रात को चूल्हा नहीं जल रहा है। गरीब की माँ बेटे को शांत करने के लिए रात-रात भर रोती रहती है। क्या प्रधानमंत्रीजी, आजादी के इतने सालों के बाद गरीब रात को खाना खाकर सो सके, इतना प्रबंध करना हम लोगों का दायित्व नहीं है? इस दायित्व को हमें निभाना चाहिए कि नहीं निभाना चाहिए? हम उस काम को नहीं कर रहे हैं।

प्रधानमंत्रीजी अब कौन सा फासला तय करेंगे?

प्रधानमंत्रीजी, आज मैं देश के सभी मीडिया चैनलों पर एक बात सुनकर हैरान था। देश के सभी मीडिया चैनल एक बात बार-बार कह रहे थे कि लाल किले से प्रधानमंत्री का यह आखिरी भाषण है! यह आखिरी भाषण है, ऐसा सभी चैनलों ने कहा है। एक तरफ देश का मीडिया कह रहा है कि प्रधानमंत्री का यह भाषण आखिरी है और दूसरी तरफ प्रधानमंत्री कह रहे हैं कि अभी हमें और फासला तय करना है! यह कौन सा फासला तय करेंगे? किस रॉकेट में बैठकर फासला तय करोगे, प्रधानमंत्रीजी?

देश को गरीबी के गर्त में डुबो दिया है, देश को भ्रष्टाचार में डुबो दिया है, देश को तबाही के कगार पर लाकर खड़ा कर दिया है, सुरक्षा पर सवालिया निशान खड़ा है और तब देश की जनता एक नई उम्मीद के लिए तड़प रही है, नई सोच के लिए तड़प रही है।

देश को मुक्ति चाहिए

भाइयो-बहनो, देश को भाई-भतीजावाद से मुक्ति चाहिए, देश को शासकों के अहंकार से मुक्ति चाहिए, देश को परिवारवाद से मुक्ति चाहिए, देश को असुरक्षा की भावना से मुक्ति चाहिए, देश को अशिक्षा और अंधश्रद्धा से मुक्ति चाहिए। और इसलिए हम सभी को मिलकर इन फासलों को तेजी से दूर करना होगा। ये फासले शायद जनता को नए फैसले लेने के लिए मजबूर करने वाले हैं। देश की जनता नए फैसले करने के लिए मजबूर हो जाएगी, क्योंकि इन फासलों की बातों में अब उनका भरोसा नहीं रहा है।

हम देश को मुक्ति दिलाएँगे

जब हम आजादी का जश्न मना रहे हैं तब हम सबके लिए आवश्यक है कि हम संकल्प करें, जैसे हमने भारत को अंग्रेजों से मुक्त करवाया, वैसे ही हम भारत को भ्रष्टाचार से मुक्त करवाएँगे। जैसे हमने भारत को अंग्रेजों से मुक्त करवाया, वैसे हम भारत को महँगाई से मुक्त करवाएँगे। जैसे हमने भारत को अंग्रेजों से मुक्त करवाया, वैसे हम भारत को पुरानी सोच, घिसी-पिटी सोच से मुक्त करवाएँगे, हम भारत को अविश्वास के इस वायुमंडल से मुक्त करवाएँगे। हम एक विश्वास का सेतु पैदा करेंगे! देश का भरोसा टूट चुका है, जन-जन का भरोसा टूट चुका है। उस जन-जन के भरोसे को फिर से एक बार जगाने के लिए देश की जनता को भरोसा पैदा हो, ऐसे कुछ ठोस कदम उठाएँगे।

गुजरात की विकास-यात्रा का श्रेय गुजरात की जनता को

आज गुजरात ने विकास की यात्रा में कदम उठाए हैं। हमने कभी यह नहीं कहा है कि आज गुजरात जहाँ पहुँचा है वह सिर्फ मोदी सरकार के कारण पहुँचा है। हमने डंके की चोट पर एक बार नहीं, कई बार कहा है कि गुजरात आज जहाँ पहुँचा है, उसमें मेरे 6.5 करोड़ गुजरातियों का सबसे बड़ा योगदान है। गुजरात आज जहाँ पहुँचा है, उसमें गुजरात में अब तक काम करनेवाली सभी सरकारों को योगदान है। गुजरात आज जहाँ तक पहुँचा है, उसमें गुजरात के सभी मुख्यमंत्रियों का योगदान है। यह सबकी मिली-जुली ताकत का परिणाम है कि हम यहाँ पहुँचे हैं।

हमने प्रगति की गति बढ़ाई है

लेकिन हमने गति बढ़ाई है। हमने दिशा तय की है। हमने लक्ष्य तय किए हैं। हमने परिणाम के विषय में बड़ी कठोरता से मानदंड तय किए हैं और उसी का परिणाम है कि आज भारत सरकार की खुद की विभागीय रिपोर्ट कहती है कि हिंदुस्तान में सबसे कम बेरोजगार किसी राज्य में हैं तो उस राज्य का नाम गुजरात है।

आखिरी छोर पर बैठे व्यक्ति को योजनाओं का लाभ मिलना चाहिए

प्रधानमंत्रीजी, आपकी सरकार ने हमें कई अवॉर्ड दिए हैं। स्वयं आपने हमें अवॉर्ड दिए हैं। आपसे कहना चाहता हूँ कि क्या कारण है कि सर्वाधिक अवॉर्ड हिंदुस्तान में उन सरकारों को मिल रहे हैं, जो सरकारें आपके दल को पसंद नहीं हैं, चाहे मध्य प्रदेश की सरकार हो, चाहे छत्तीसगढ़ की सरकार हो, पिछले दिनों अभी जो चुनाव में हार गई वह कर्नाटक की सरकार हो, चाहे शिक्षा के क्षेत्र में हिमाचल की सरकार हो और गुजरात का नाम तो हर बार आता है। और इसलिए मैं कहना चाहता हूँ कि प्रधानमंत्रीजी, आज देश में आखिरी छोर पर बैठे व्यक्ति को हमारी योजनाओं का लाभ कैसे मिले, इस पर गंभीरता से सोचने की आवश्यकता है।

राज्यों के विकास की मॉनीटरिंग आवश्यक है

इस देश में श्रीमती इंदिरा गांधी के जमाने से गरीबों की सहायता के लिए 20 सूत्रीय कार्यक्रम चलता है और भारत सरकार उस पर मॉनीटरिंग करती है। पहले हर छह महीने में इसकी रिपोर्ट निकलती थी। किस राज्य ने गरीबों की भलाई के लिए कितना परफॉर्मेंस किया, इसका सारा खाका निकलता था और देश के सामने रखा जाता था। लेकिन जब मैंने इस खाके का अध्ययन किया तो ध्यान में आया कि कांग्रेस और कांग्रेस के मित्र राज्यों की सरकारें श्रीमती इंदिरा गांधी के गरीबों की भलाई के बीस सूत्रीय

मुद्दे के कार्यक्रम को लागू करने में विफल रही है और सिर्फ भारतीय जनता पार्टी और उसके सहयोगी दलों के द्वारा चुनी गई सरकारों ने बीस मुद्दों के अमलीकरण में, गरीबों की भलाई के लिए जो काम करना चाहिए उस काम में आज हिंदुस्तान में सबसे अधिक काम किया है। प्रधानमंत्रीजी, पहले एक से पाँच में वे ही सरकारें आती हैं। आप जिनको प्रेम करते हैं वे सरकारें नहीं आती हैं।

जन-हित के क्षेत्र में राज्य सरकारों की स्पर्धा होनी चाहिए

और जब यह बात ध्यान में आई तो आपने सुधार करने का रास्ता नहीं सोचा, गलतियाँ कम करने का मार्ग नहीं सोचा। आपने यह सोचा कि अब इसका मॉनीटरिंग नहीं होगा, अब इसका खाका घोषित नहीं किया जाएगा। यह रैंक नहीं दिया जाएगा, क्योंकि अगर देश को पता चल जाए कि गरीबों की भलाई के लिए काम करनेवाली सरकारें और हैं और गरीबों की भलाई में उदासीनता रखनेवाली सरकारें और तो आपके लिए संकट पैदा होगा और इसलिए आपने नियम बदल दिए। खेल के मैदान में आने के बाद खेल के नियम बदल देते हो! प्रधानमंत्रीजी, देश की माँग है कि आओ, हम स्पर्धा करें!

आपकी कंप्यूटर ब्रिगेड की व्यस्तता नकारात्मक है

प्रधानमंत्रीजी, आज देश जब तिरंगा झंडा लहरा रहा है, तब आपकी एक ब्रिगेड सिर्फ कंप्यूटर पर जाकर बैठी है। तिरंगे झंडे को सलाम करने के लिए उनके पास समय नहीं है। वंदे मातरम्, जन-गण-मन गाने के लिए उनके पास समय नहीं है, लेकिन वे कंप्यूटर पर बैठकर मोदी को गालियाँ कैसे दी जाएँ, इसी में व्यस्त हैं। अरे, कम-से-कम आज आजादी के पर्व पर तो तिरंगे के सामने सिर झुका देते। कम-से-कम आज तो वंदे मातरम्, जन-गण-मन का गान करके एक नई प्रेरणा लेकर के चलते! लेकिन उनके लिए मोदी से बाहर कोई दुनिया ही नहीं। उनकी दुनिया मोदी में सिमट गई है। और इसलिए पीड़ा होती है।

विकास की स्पर्धा होनी चाहिए

प्रधानमंत्रीजी, मैं आह्वान करता हूँ कि आइए, इतना बड़ा हिंदुस्तान का कारोबार आपके पास है, हम एक छोटे से राज्य का कारोबार चला रहे हैं। आइए, गुजरात और दिल्ली की स्पर्धा हो जाए। विकास की स्पर्धा हो। आप विकास के क्षेत्र में क्या कर रहे हैं, हम विकास के क्षेत्र में क्या कर रहे हैं। हमारी कमियाँ भी बाहर आएँ, आपकी अच्छाइयाँ भले बाहर आएँ, लेकिन देश में एक तंदुरुस्त माहौल बनेगा। विकास की चर्चा होगी। कौन राज्य पीछे रह गया, कौन इलाका पीछे रह गया, उस पर हमारा ध्यान

केंद्रित होगा। आज आजादी के इतने वर्षों के बाद सबसे अधिक स्पर्धा करने की यदि आवश्यकता है तो वह है विकास की स्पर्धा, सुशासन की स्पर्धा।

नागरिकों को उनके अधिकार मिलने चाहिए

सामान्य नागरिक को उसके हक जो कानून ने दिए हैं, वे उन्हें मिलने चाहिए। वह हक के लिए तड़प रहा है। हमें अपनी कार्य-संस्कृति बदलनी पड़ेगी, हमें अपनी निर्णय प्रक्रिया बदलनी पड़ती है। कभी-कभी तो मैं कहता हूँ, हिंदू परंपरा में अगर कोई व्यक्ति चार धाम की यात्रा करता है तो उसे मोक्ष मिल जाता है। लेकिन सरकार का कारोबार ऐसा है कि फाइल बेचारी 40-40 धामों की यात्रा करें, 40-40 टेबल पर जाए, उसके बाद भी उस फाइल का मोक्ष नहीं होता है! क्या हम व्यवस्थाएँ नहीं बदल सकते? हाँ, मैं यह नहीं कह रहा हूँ कि गुजरात सब कर रहा है, लेकिन हम करने का प्रयास कर रहे हैं, हम सही दिशा में जाने की कोशिश कर रहे हैं।

कमियाँ सोच में नहीं होनी चाहिए

प्रधानमंत्रीजी, कमियाँ हर व्यवस्था में होती हैं, लेकिन कमियाँ सोच में नहीं होनी चाहिए। कमियाँ हर काम में होती हैं, लेकिन कमियाँ इरादों में नहीं होनी चाहिए! प्रधानमंत्रीजी, गति किसी की कम और किसी की तेज हो सकती है, लक्ष्य नीचा नहीं होना चाहिए। और इसलिए इस देश का नौजवान तड़पता है, हिंदुस्तान का नौजवान बेरोजगार है।

21वीं सदी में आपने निराश किया

हम कई वर्षों से सुन रहे हैं कि 21वीं सदी आ रही है, 21वीं सदी आ रही है। आ गई, पहला दशक चला भी गया, क्या हुआ? जब अटल बिहारी वाजपेयी और लालकृष्ण आडवाणी का शासनकाल था, उस समय पूरे विश्व में हिंदुस्तानियों के मन में एक भाव जगा था कि अब देश चल पड़ा है, अब देश उठ खड़ा हुआ है। अब हम 21वीं सदी में नई ऊँचाइयों को पार करेंगे, यह विश्वास पैदा हुआ था। लेकिन वर्ष 2004 के बाद वह विश्वास टूट गया। अब तो गड्ढे में से बाहर कैसे निकलें। इसके लिए देश छटपटा रहा है।

देश के विकास हेतु राज्यों का विकास अनिवार्य

दस साल के भीतर-भीतर इतना बड़ा गड्ढा हो गया है कि देश उसमें से कैसे बाहर निकले यह चिंता का विषय हो गया है और तब जाकर प्रधानमंत्रीजी, ये देश कहना चाहता है कि राष्ट्र को विकास की नई ऊँचाइयों पर ले जाने के लिए सवा सौ करोड़ देशवासियों में वह जज्बा पैदा करना पड़ेगा! राज्यों के विकास के बिना यह देश विकास

नहीं कर पाएगा। जब राज्य ताकतवर बनेंगे, हमारे राज्यों के सारे पिलर मजबूत बनेंगे, हर राज्य सामर्थ्यवान् होगा तो हमारा हिंदुस्तान सामर्थ्यवान् बनेगा। अगर एकाध राज्य भी दुर्बल रहा तो हिंदुस्तान कभी सामर्थ्यवान् नहीं हो सकता! और इसलिए आपकी सोच, आपका विचार हिंदुस्तान के हर राज्य को मजबूत बनानेवाला होना चाहिए। भारत के संघीय ढाँचे का सम्मान करना चाहिए। भारत के संघीय ढाँचे का गौरव करते हुए हर राज्य को साथ लेते हुए निर्णयों को करना चाहिए, तब जा करके देश बनता है!

राज्य का सही विकास—जिलावार विकास

भाइयो-बहनो, कोई एक जिला आगे बढ़ेगा तो गुजरात आगे बढ़ेगा क्या? नहीं बढ़ेगा। सभी जिलों में प्रगति होनी चाहिए, सभी तहसीलों में प्रगति होनी चाहिए, हर गाँव में विकास की यात्रा आगे बढ़नी चाहिए, तब जाकर गुजरात आगे बढ़ता है! देश का भी ऐसा ही है! और इसलिए आज 15 अगस्त को गुजरात की जनता के चरणों में हमने सात नए जिले दिए हैं, सात नए जिलों का निर्माण किया है और अब गुजरात 33 जिलों का राज्य बना है, ताकि उन छोटे-छोटे जिलों को विकास करने का नया अवसर मिले। वे अपने जिले के हिसाब से अपनी योजनाएँ बना सकें, उनको जिले के अंदर नई सरकार का नेतृत्व मिले, नई व्यवस्थाएँ मिलें। इसके कारण सरकारी तिजोरी पर बोझ आता है, लेकिन यह बोझ जनता की भलाई के लिए है। उन सभी सात जिलों का जो निर्माण हुआ है, आज वहाँ नए कलेक्टरों की नियुक्ति कर दी है। नए कलेक्टर आज वहाँ झंडा भी फहराने वाले हैं। मैं उन सभी सात जिलों को आज 15 अगस्त के पावन अवसर पर बहुत-बहुत शुभकामनाएँ देता हूँ! और ये भले ही नए जिले होंगे, लेकिन पुराने जिलों से भी तेज गति से आगे बढ़ जाएँगे, ऐसी मेरी पूरी श्रद्धा है, पूरा विश्वास है!

गरीबों की भलाई कई स्तरों पर करनी होगी

हमें अगर गरीबों की भलाई करनी है तो हमारे आदिवासियों की चिंता करनी होगी, समुद्र तट पर रहनेवाले हमारे मछुआरों की चिंता करनी होगी, हमारे शहरी गरीबों की चिंता करनी होगी। और गरीबी के खिलाफ लड़ना है तो शिक्षा को बल देना पड़ेगा, रोजगार को बल देना पड़ेगा, स्वास्थ्य की चिंता करनी पड़ेगी और हम इन्हीं बातों को लेकर आगे बढ़ रहे हैं।

गुजरात के विकास मॉडल के तीन अहम कारक

आज मैं कहना चाहता हूँ कि गुजरात ने जो विकास का मॉडल अपनाया है, उस

विकास के मॉडल में तीन बातों पर हमने विशेष रूप से बल दिया है। हमने एक-तिहाई कृषि क्षेत्र पर बल दिया है, एक-तिहाई निर्माण क्षेत्र पर बल दिया है और एक-तिहाई सेवा क्षेत्र पर बल दिया है। हम एक संतुलित विकास के लिए, समाज के हर तबके को जोड़ने के लिए जिस काम में आगे बढ़े हैं, उस काम को हम और तेजी से बढ़ाना चाहते हैं।

गुजरात में यूनिवर्सिटीज का सफल विकास

प्रधानमंत्रीजी, मैं हैरान हूँ, आज आप लाल किले से यूनिवर्सिटियों की संख्या गिना रहे थे। हो सकता है, किसी डिपार्टमेंट के लिए आपको ज्यादा बोलने की जरूरत होगी, शायद मजबूरी होगी; लेकिन प्रधानमंत्रीजी, आपके दस साल हुए हैं। मेरे यहाँ गुजरात में वर्ष 2001-02 से पहले 11 यूनिवर्सिटीज थीं, आज गुजरात में 42 यूनिवर्सिटीज काम कर रही हैं। हमने दस साल में 42 यूनिवर्सिटीज बनाई हैं! विकास की नई ऊँचाइयों को पार करने का काम हमने किया है, शिक्षा के क्षेत्र में काम किया है।

प्राथमिक शालाओं का ग्रेडेशन

गुजरात पहला राज्य है, जिसने सरकारी प्राथमिक शाला में गुणोत्सव करके सरकार की प्राथमिक शालाओं का ग्रेडेशन किया। हमारे यहाँ बिजनेस स्कूल के ग्रेडेशन होते हैं, इंजीनियरिंग कॉलेज के ग्रेडेशन होते हैं; लेकिन गुजरात अकेला राज्य है, जहाँ सरकार की प्राथमिक शाला, जो जंगलों में हैं, गरीबों के बीच में हैं, आदिवासी क्षेत्रों में हैं और उनमें 'ए' ग्रेड का स्कूल, 'बी' ग्रेड का स्कूल, 'सी' ग्रेड का स्कूल—ऐसा ग्रेडेशन किया है और उसके सुधार के लिए हमने एक लंबी योजना बनाई है।

रोजगार के नए क्षेत्रों की तलाश

गुजरात में रोजगार के नए क्षेत्रों पर भी हमने बल दिया है। आपको जानकारी होगी, खुशी होगी मेरे गुजरात के भाइयों को कि गुजरात सरकार में कुल कर्मचारियों की संख्या करीब-करीब 5,00,000 है। पिछले दस साल में 2,50,000 लोगों को सरकार में रोजगार देने का काम इस सरकार ने किया है! 2,50,000 नौजवानों को सरकार में रोजगार मिला, इसके कारण एक नई पीढ़ी नई सोचवाली पीढ़ी, टेक्नोसेवी पीढ़ी आज सरकारी तंत्र में शामिल हुई है। इतना ही नहीं, इसी कार्यकाल में हम गुजरात में 80,000 से ज्यादा नवयुवकों को सरकार में भरती करने का एक बहुत बड़ा अभियान चला रहे हैं।

नई सरकारी नौकरियों की शुरुआत

पहले एक समय था कि सरकार की एक बड़ा विज्ञापन निकालती थी और इंटरव्यू के कार्यक्रम चलते थे। हम एक नई पद्धति को ला रहे हैं। उस नई पद्धति के अनुसार सरकारी नौकरी चाहनेवाले नौजवानों के लिए परीक्षा का एक विभाग लगातार काम करता रहेगा और कोई भी नौजवान एक बार, दो बार, तीन बार भी परीक्षा दे सकता है। उसको अवसर मिलेगा और वह परीक्षा में जा-जाकर अपने गुणांक बढ़ाता जाएगा और एक डेटा बैंक बनाई जाएगी, फिर जो योग्य लोग हैं उनको इंटरव्यू में बुलाकर तत्काल नौकरी दी जाएगी। सारी प्रक्रिया को वैज्ञानिक तरीके से बनाया जा रहा है। सारी प्रक्रिया को संकलित करने का प्रयास किया जा रहा है और उसके कारण अधिकतम नौजवानों को रोजगार मिले, जल्द-से-जल्द रोजगार की व्यवस्था हो, इसकी हम चिंता करने वाले हैं।

निजी क्षेत्र में रोजगार के नवीन अवसर

इतना ही नहीं, गुजरात के अंदर निजी क्षेत्र में गुजरात के नौजवानों को रोजगार मिले, वे सम्मान के साथ जी सकें, अपने माँ-बाप का भरोसा टूटे नहीं, माँ-बाप ने बच्चों को पेट काटकर बड़ा किया हो, पढ़ाया हो, वे माँ-बाप के लिए बोझ न बनें यह देखना हमारा जिम्मा है और इसलिए हमने क्षमता विकास का अभियान चलाया है। निजी क्षेत्र में, स्वरोजगार के क्षेत्र में हमारे नौजवानों को रोजगार मिले, उस दिशा में हमने कदम उठाए हैं। और प्रधानमंत्रीजी, क्षमता विकास के क्षेत्र में आपने स्वयं गुजरात को श्रेष्ठतम काम के लिए सबसे बड़ा सम्मान दिया है। पिछले साल आपने हमको बुलाकर अवॉर्ड दिया है। ये काम हमारे गुजरात की धरती पर नौजवानों के लिए किया जा रहा है।

कृषि में आधुनिक टेक्नोलॉजी का प्रयोग

हमने कृषि में आधुनिक टेक्नोलॉजी आए, इसके लिए आनेवाले 9 और 10 सितंबर को गुजरात में जैसे इजराइल में किसानों के लिए कृषि मेला आयोजित होता है, हम गुजरात के अंदर हमारे किसान टेक्नोलॉजी के साथ कैसे जुड़ें, इसके लिए एक कृषि मेले का आयोजन किया है। मैं देश भर के किसानों को आमंत्रण देता हूँ कि 9 और 10 सितंबर को गुजरात आएँ, दुनिया भर में कृषि के क्षेत्र में नई टेक्नोलॉजी क्या आई है, वह आप देखिए! हम उस टेक्नोलॉजी के माध्यम से हमारी सीमित जमीन में उत्पादकता कैसे बढ़ाएँ, हमारे पशु कम हैं तो दूध ज्यादा कैसे उत्पादित हो, हमारी कृषि व्यवस्था में मूल्य-वृद्धि कैसे हो, वैल्यू एडिशन कैसे हो, इसके लिए हम सब काम करें और इसलिए हमने एक नया, एक वैश्विक स्तर का, पूरे एशिया को संकलित करनेवाला एक ग्लोबल

एग्रोटैक फेयर गुजरात में आयोजित किया है। मुझे विश्वास है, मेरे देश के किसान गुजरात के इस प्रयास को देखने के लिए आएँगे।

गुजरात और दूध का रिकॉर्ड उत्पादन

आज दुनिया में दूध के क्षेत्र में हमने गुजरात का नाम रोशन किया है। हमारे किसानों ने किया है, हमारे पशुपालकों ने किया है। और इसकी ऊँचाई कहाँ तक पहुँची है! ये हमारे कच्छ में, पाकिस्तान की सीमा पर, रेगिस्तान के अंदर, जहाँ कभी 45-50 डिग्री तापमान होता है और कभी माइनस 3-4 डिग्री भी होता है, वहाँ एक बन्नी की भैंस होती है। और दोनों मौसमों के बीच भी उसके दूध के उत्पादन में कमी नहीं होती है। उसकी जीने की ताकत कुछ विशेष है। हमने पिछले कई वर्षों से प्रयास किया और भारत सरकार से जेनेटिकली स्पेशल यूनिट स्पेसिफाइड है, उस प्रकार से उसको स्वीकृति मिली है। और वो हमारी भैंस की कीमत क्या है? अगर आज आपको हमारी बन्नी की भैंस खरीदनी हो तो दो नैनो कार बेचनी पड़ती है, तब एक बन्नी की भैंस आती है। यह काम कच्छ की धरती पर रेगिस्तान में करके दिखाया गया है।

किसान देश की आय का सबसे बड़ा स्रोत

यह हमारा कच्छ का किसान आज दुनिया के बाजार में कृषि उत्पाद निर्यात कर रहा है। हमारे कच्छ की केसर केरी दुनिया के बाजार में बिकने लगी है। हमारा किसान आज दुनिया के बाजार में पहुँच रहा है। अगर हम हिंदुस्तान के किसानों को वैज्ञानिक तौर-तरीकों की ओर ले जाएँ आधुनिक सुविधाओं की ओर ले जाएँ तो मुझे विश्वास है कि देश का किसान न सिर्फ देश में अन्न के भंडार भरेगा, बल्कि हिंदुस्तान की तिजोरी भी भर देगा, यह ताकत हमारे देश के किसान में है। आज जो करंट अकांउट डेफिसिट का मुकाबला कर रहे हैं, संकटों से घिरे हैं, वही हिंदुस्तान का किसान दुनिया का पेट भरने के लिए सामर्थ्यवान् बन सकता है। और अब आयात-निर्यात के बीच जो एक बहुत बड़ी खाई पैदा हो गई है, उसको भरने में जिस प्रकार से कारखाने में काम करनेवाला कारीगर काम करता है, उसी प्रकार से खेत में काम करनेवाला मेरा किसान भी योगदान दे सकता है।

एक भारत, श्रेष्ठ भारत

आइए, 'एक भारत, श्रेष्ठ भारत' बनाने का सपना पूरा करने के लिए हम आगे बढ़ें! और मैं एक बात साफ कहना चाहता हूँ कि सरकार की जिम्मेदारियाँ होती हैं, सरकार का एक धर्म होता है, सरकार की अपनी कार्यशैली होती है और मैं जब यह कहता हूँ, तब मैं आज मेरे हिंदुस्तान के भाइयो-बहनो से कहना चाहता हूँ, सरकार

गुजरात की हो या दिल्ली की हो, सरकार राज्य की हो या देश की हो, यह बात साफ है कि सरकार का एक ही मजहब होता है—'इंडिया फर्स्ट'।

सरकार के गुण और सूत्र

सरकार का एक ही मजहब होता है—'इंडिया फर्स्ट'। सरकार का एक ही धर्मग्रंथ होता है—भारत का संविधान। सरकार की एक ही भक्ति होती है—भारत-भक्ति! भारत की भक्ति ही सरकार की भक्ति होती है। सरकार की एक ही शक्ति होती है—जन-शक्ति! सवा सौ करोड़ देशवासियों की जन-शक्ति ही देश की शक्ति होती है। सरकार की एक ही पूजा होती है—सवा सौ करोड़ देशवासियों की भलाई! सरकार की एक ही कार्यशैली होती है, सरकार की एक ही पूजा-पद्धति होती है—'सबका साथ, सबका विकास'।

देश-हित में गुजरात के विकास की यात्रा

सबको साथ लेना होगा और सबकी भलाई के लिए आगे बढ़ना होगा, इसी मंत्र को लेकर के गुजरात ने विकास की यात्रा में अपने कदम रखे हैं। हम गुजरात की भलाई के लिए और भी शक्ति के साथ आगे बढ़ना चाहते हैं। ईश्वर का आशीर्वाद बना रहे और जनता-जनार्दन ईश्वर का रूप होती है, जनता-जनार्दन का भी आशीर्वाद बना रहे।

इस वर्ष परमात्मा ने भी कृपा की है। कच्छ में भी देर से ही सही, लेकिन अच्छी बारिश हुई है।

आइए, हम हिंदुस्तान को हरा-भरा बनाएँ

आइए, हम हिंदुस्तान को हरा-भरा बनाएँ, हिंदुस्तान के गरीब की थाली को हरी-भरी बनाएँ, हिंदुस्तान की तिजोरी को हरी-भरी बनाएँ, हिंदुस्तान के हर सपनों को हरा-भरा करके हम भारत माँ की आजादी के लिए लड़नेवाले उन सभी शहीदों को सच्ची श्रद्धांजलि दें।

वर्ष 2012 के गुजरात चुनाव

वर्ष 2012 के इन चुनावों में आपका विधायक कौन बनेगा, यहीं तक चुनाव सीमित नहीं है। किसी पार्टी को जिताने के लिए या किसी पार्टी की जमानत जब्त करवाने के लिए मतदान नहीं करना। आपके मत का मूल्य बहुत ज्यादा है। जब मत देने जाएँ, तब गुजरात के भविष्य के बारे में सोचना। यह सोचना कि आनेवाले पाँच सालों में गुजरात को विकास की नई ऊँचाइयों तक ले जाए, ऐसे कैप्टन के रूप में आप किसे देखना चाहते हैं।

किसी भी चुनाव का गणित समझना हो तो बैठकों की संख्या, मतों का विभाजन,

मार्जिन इत्यादि आँकड़ों की जानकारी हासिल करना जरूरी है। लेकिन इन आँकड़ों और जानकारियों से ऊपर उठकर देखें तो वर्ष 2012 के गुजरात विधानसभा के चुनाव में हमें दो बातों की झलक दिखाई पड़ती है। एक, भारत के लोगों की इच्छा-शक्ति की प्रचंड ताकत। दूसरी एक बात जो नजर आती है, वह यह कि गुजरात का यह चुनाव भारत के लोगों के चुनावों के प्रति अभिगम को पूर्णत: बदलकर रख देगा। लोग चुनाव को एक अलग ही दृष्टिकोण से देखना शुरू करेंगे।

आतंकवाद

आतंकवाद युद्ध से भी बदतर है। एक आतंकवादी के कोई नियम नहीं होते। एक आतंकवादी तय करता है कि कब, कैसे, कहाँ और किसको मारना है। भारत ने युद्धों की तुलना में आतंकी हमलों में अधिक लोगों को खोया है।

केंद्र सरकार

कांग्रेस के शासनकाल में शाला प्रवेश दर कम थी और ड्रॉप आउट दर बहुत ज्यादा। केंद्र सरकार ही कहती है कि गुजरात में प्राथमिक शिक्षा में सबसे ज्यादा सुधार हुए हैं। आप सभी राज्यों को शिक्षा के लिए बजट देते हैं, लेकिन गुजरात को फूटी कौड़ी भी नहीं देते।

सर क्रीक की जमीन

आपके लिए सर क्रीक सिर्फ जमीन का एक टुकड़ा होगा, लेकिन हमारे लिए देह का टुकड़ा है। प्रधानमंत्री को देश को आश्वासन देना चाहिए कि सर क्रीक की जमीन का एक टुकड़ा भी पाकिस्तान को नहीं देंगे।

स्वतंत्रता दिवस पर

आज ऐसे अनेक लोग होंगे, जिनका जन्म 1947 के बाद हुआ या फिर उस समय वह बहुत ही छोटे थे, जिसकी वजह से स्वतंत्रता की लड़ाई को निकट से देख नहीं पाए होंगे। मैं भी उनमें से एक हूँ। परंतु जब मैंने स्वतंत्रता सेनानियों द्वारा दिखलाई गई हिम्मत के बारे में सुना, तब मैं गर्व की भावना और कर्तव्यपरायणता के विचारों में खो गया। आज हम भारत राष्ट्र की स्वतंत्रता के लिए शहीद होनेवाले लोगों के प्रति आदर महसूस करते हैं। परंतु हमारे पास राष्ट्र के लिए जीने तथा अपने पूर्वजों के सपनों को साकार करने का एक सुनहरा मौका है।

आज वे तमाम पराक्रमी लोग, जिन्होंने राष्ट्र की स्वतंत्रता के लिए जन्मभूमि के लिए शहीद होने के संकल्प सहित उनके बहुमूल्य जीवन को समर्पित कर दिया, उनके प्रति हम सभी आदर का भाव महसूस करते हैं।

जब मैं हाल ही की घटनाओं पर नजर डालता हूँ, तब अपने अंतर्मन में गहरे दुःख की भावना को महसूस करता हूँ। हमारे बहादुर सैनिक बारंबार शहीद होते हैं, इसके बावजूद पिछले नौ वर्षों से गहरी नींद में सोई हुई हमारी सरकार जागती नहीं है। अपने सशस्त्र बलों पर हमें गर्व है और इस देश का एक भी नागरिक ऐसा नहीं होगा, जो पिछले कुछ महीनों से घट रही घटनाओं को सहन कर सके। इसके बावजूद यह काफी पीड़ादायक है।

निरंतर बढ़ रही महँगाई के कारण राज्य की अर्थव्यवस्था को आराम महसूस नहीं होता। डॉलर की तुलना में रुपए की कीमत ने सभी रिकॉर्ड तोड़ डाले हैं। क्या यह सब गरीब या नवीन मध्यम वर्ग, जिन्होंने आनेवाले उज्ज्वल भविष्य के लिए ऊँची आशाएँ सँजोई हैं, उनके लिए सहायक हो सकता है? क्या हमारे युवाओं को जरूरत के अनुसार रोजगार प्राप्त हुआ है? यह हमारे राष्ट्र के इतिहास का एक बहुत ही तूफानी चरण है और इसकी वजह से गहरा अविश्वास, विषाद और निराशावाद का वातावरण बना है। और ऐसे समय, जो लोग अपने वादों में चाँद दिखलाते थे और कुछ दे नहीं सके, उनके प्रति हमें काफी जाग्रत् होने की जरूरत है। हमें महसूस हो रही परेशानियों के प्रति मात्र औपचारिक होना इसका निराकरण नहीं है। अब काम करने का समय आ गया है।

पिछले 65 वर्षों से ऐसे अनेक विभाजन हुए, जिनकी वजह से हम आगे बढ़ने में असमर्थ हो गए। अब इस प्रकार के विभाजन और लोगों के लिए, खास तौर पर निर्धन लोगों के लिए हानिकारक प्रक्रियाओं के खिलाफ खड़े होने का समय आ गया है।

हाल ही में हैदराबाद में आयोजित सार्वजनिक रैली में मैंने कहा था कि सरकार का एक ही धर्म होता है और वह है—इंडिया फर्स्ट। उसका एकमात्र धर्म-ग्रंथ होता है और वह है—भारत का संविधान। मात्र एक ही भक्ति है, जिसे भारत-भक्ति के साथ जोड़ा जा सकता है और जन-शक्ति एकमात्र ऐसी शक्ति है, जिसे समर्पित रहना चाहिए। सरकार का पवित्र धर्म 125 करोड़ भारतीयों का कल्याण ही होना चाहिए और 'सबका साथ, सबका विकास' ही उसकी कार्य-पद्धति होनी चाहिए।

जब हम महात्मा गांधी, स्वामी विवेकानंद और सरदार पटेल जैसे महापुरुषों के सपनों को साकार करेंगे, तभी यह संभव होगा। 15 अगस्त, 1947 को प्राप्त स्वराज्य से ही हमारा काम पूरा नहीं हो जाता। इस यात्रा का ज्यादा मुश्किलों भरा भाग अभी बाकी है। और वह है सुराज को हासिल करना। चलो, हम सब सुराज-प्राप्ति के विराट् आंदोलन की मशाल को उठाएँ और वाइब्रेंट तथा उदार लोकतांत्रिक नागरिक के तौर

पर सुराज प्राप्ति के इस आंदोलन के प्रति सशक्त मार्ग की नागरिक-शक्ति बनें। इस जिम्मेदारी की शुरुआत मतदाता के तौर पर पंजीकृत होने के साथ होती है। मैं अपने युवा मित्रो को मतदाता के तौर पर पंजीकरण करवाने और अपने आस-पास के दस अन्य लोगों को भी उनके परिवारों, मित्रो और पड़ोसियों सहित तमाम लोगों से मतदाता के रूप में पंजीकृत होने का आग्रह करता हूँ। चलिए, किसी भी यूनिवर्सिटी का एक भी विद्यार्थी मतदाता के तौर पर पंजीकरण बगैर न हो, यह तय करें। वास्तव में इस महान् राष्ट्र का नागरिक होने के नाते पंजीकृत मतदाता के तौर पर हमें गर्व महसूस होना चाहिए।

मैं आई.एन.एस. सिंधु रक्षक मंडल के बहादुर नौसैन्य कर्मियों की दुःखद मृत्यु पर हृदयपूर्वक प्रार्थना करता हूँ। उनके परिवार के प्रति अपनी गहरी सहानुभूति व्यक्त करता हूँ। उनकी आत्मा को शांति मिले, ऐसी प्रार्थना।

स्वतंत्रता दिवस के मौके पर मैं फिर एक बार सभी को हृदयपूर्वक शुभकामनाएँ देता हूँ। आनेवाले वर्षों में देश नई ऊँचाइयाँ हासिल करे, ऐसी कामना। मैं अपने स्वतंत्रता दिवस के संदेश के साथ एक वीडियो भी शेयर करता हूँ, जिसके साथ मतदाता पंजीकरण संबंधी आवश्यकता का एक वीडियो भी उपलब्ध है।

वंदे मातरम्, जय हिंद!

तेलंगाना का संघर्ष, गठन और रास्ते आगे भी हैं

घटनाओं की इन शृंखलाओं के बीच कांग्रेस पार्टी जो काम पिछले नौ वर्षों से करने से कतरा रही थी, उसने ओवरटाइम करके रातोरात तेलंगाना संबंधी यह फैसला ले लिया। यह निर्विवाद सत्य है कि अलग तेलंगाना राज्य के गठन के बारे में कांग्रेस का आचरण पारदर्शक और स्पष्ट नहीं है। इसलिए एक पार्टी और एक सरकार जिसने तेलंगाना के मुद्दे पर विश्वासघात किया था और इस मुद्दे पर उस पर शायद ही विश्वास किया जा सकता है।

इसके अनुरूप यह सत्य है कि तेलंगाना राज्य के निर्माण के समर्थन में भाजपा प्रतिसाद देने के मामले में पारदर्शी रही है।

छोटे-छोटे राज्यों के संबंध में जिसका इतिहास प्रभावशाली रहा हो, ऐसी एकमात्र पार्टी भाजपा है। यह आपको स्मरण ही होगा कि श्री अटल बिहारी वाजपेयी के नेतृत्ववाली एनडीए सरकार ने अपने शासनकाल के दौरान वर्ष 2000 में तीन नए राज्यों—छत्तीसगढ़, उत्तराखंड (जो उस समय 'उत्तरांचल' के नाम से जाना जाता था) एवं झारखंड का गठन किया था और इस क्षेत्र के लोगों में आशा की नई किरण जगाई थी।

मित्रो, इसी कांग्रेस पार्टी ने वर्ष 2004 में तेलंगाना के मुद्दे पर वादा करके विजय

हासिल की थी। उसने पिछले नौ वर्षों से लोगों की भावनाओं का भद्दा उपहास किया है। अब जब इस देश के लोगों को फिर से मतदान करने में कुछ ही महीने बाकी हैं, तब कांग्रेस पार्टी तेलंगाना की घोषणा करने आ गई। यह कांग्रेस पार्टी की गंभीरता और मंसूबों के बारे में उसकी साँठ-गाँठ को दरशाता है।

वर्ष 2004 और 2009 में डॉ. वाई.एस. राजशेखर रेड्डी के नेतृत्व में आंध्र प्रदेश में भारी विजय प्राप्त करने के बाद कांग्रेस ने इस राज्य में अपने भूतपूर्व मुख्यमंत्री के निधन के बाद पीठ फेर ली थी। इसके बाद दिसंबर 2009 में श्री चिदंबरम ने अलग तेलंगाना राज्य बनाने की प्रक्रिया की शुरुआत को अवैचारिक पद्धति से वापस खिंच लिया था। इसके बाद, कांग्रेस पार्टी ने समयानुसार तेलंगाना मुद्दे पर अन्य एक समिति के गठन का शोर मचाया; परंतु प्रशासन, हिंसा और तेलंगाना के युवाओं की आत्महत्या की दुर्भाग्यपूर्ण घटनाएँ हुईं और खराब ढंग से इसका काम रुक गया। इस दौरान आंध्र प्रदेश की शासन व्यवस्था मंद पड़ी।

वर्तमान समय में कांग्रेस और यूपीए सरकार के इरादे कितने वास्तविक हैं, इस बारे में जब हम तेलंगाना के मुद्दे पर किसी आंदोलन का स्वागत करेंगे तब फिर से कहेंगे।

हकीकत यह है कि कांग्रेस पार्टी ने आंध्र प्रदेश के लोगों से मिलने के बजाय उसकी कमेटी, उसकी रिपोर्ट और बेकार की चर्चाओं में समय गँवाया है। सच्चाई तो यह है कि आंध्र प्रदेश ने वर्ष 2004 और 2009 में सबसे ज्यादा कांग्रेस सांसद दिए, लेकिन इसके बावजूद कांग्रेस प्रेसीडेंट या वाइस प्रेसीडेंट ने किसी प्रकार के कदम नहीं उठाए। क्या कांग्रेस नेताओं को, अपने राजनीतिक व्यवहार के अनुरूप हो उस तरह, आंध्र प्रदेश के लोगों के प्रति खराब व्यवहार करने के लिए माफी नहीं माँगनी चाहिए?

आंध्र प्रदेश के प्रत्येक क्षेत्र के नक्शे के लिए भाजपा के सिद्धांत

हम तेलंगाना को एक राज्य के रूप में प्रस्थापित करने की अपनी प्रतिबद्धता को समर्थन देते हैं। हमारा मत है कि नक्शा ऐसा होना चाहिए कि क्षेत्र के सभी लोगों को सरलता से मार्ग मिले। किसी एक क्षेत्र में राज्य की स्थापना करने के लिए दूसरे क्षेत्र को खर्च करना पड़े, ऐसा नहीं होना चाहिए।

हमारा यह मानना है कि हमें आंध्र प्रदेश क्षेत्र में विशाखापट्टनम, विजयवाड़ा, गुंटूर, वारंगल, करीमनगर, ओंगोल, अनंतपुर, कुर्नूल और कडप्पा जैसे बड़े शहरों का विकास करने का अवसर मिला है।

हम संविधान का आदर करते हैं, जिसने हर नागरिक को अधिकार दिए हैं। आंध्र

प्रदेश में रहनेवाले प्रत्येक व्यक्ति, प्रत्येक परिवार, व्यापारियों और संपत्तियों की रक्षा के लिए भाजपा तमाम आवश्यक कदम उठाएगी।

आंध्र प्रदेश की अर्थव्यवस्था को फिर से गतिशील करने के लिए हम प्रतिबद्ध हैं। कानून और व्यवस्था, राजनीतिक स्थिरता और गतिशील कार्यपद्धति हमारी प्राथमिकता होगी। भाजपा निश्चित रूप से नदी के पानी को हर क्षेत्र में पहुँचाएगी।

हम प्रत्येक क्षेत्र में विश्वास और हिम्मत को वापस लाने के लिए प्रतिबद्ध हैं। अब ज्यादा राजनीतिक खेल या दगाखोरी नजर नहीं आएगी।

यह शायद ऐसा पहला राज्य होगा, जो भाषाई स्तर पर विभाजित होगा। यह एक भावनात्मक पल है।

वर्तमान में यह राज्य विभाजित हो रहा है, इसके बावजूद जन-भावनाओं को सम्मान देकर श्री पोट्टी एवं श्री रामुलु, जिन्होंने आंध्र प्रदेश के निर्माण के लिए अपना जीवन समर्पित कर दिया था। उनके सम्मान में आइए, हम सब सिर झुकाएँ। उनकी याद से प्रेरणा लेकर इन तमाम क्षेत्रों के तेलुगु लोगों की प्रगति के लिए हम सब अपने आपको कार्यरत करें।

तेलंगाना के मुद्दे पर पाँच प्रश्न

मैं कांग्रेस पार्टी और यूपीए सरकार के नेताओं से ये प्रश्न पूछना चाहता हूँ।

प्रश्न 1—तेलंगाना मुद्दे पर जब अलग-अलग दिशाओं में से दिए जा रहे बयानों के बीच आपकी खुद की पार्टी, आपकी सरकार और गठबंधन की तमाम पार्टियों में सर्वसम्मति के मामले में आपका होमवर्क कहाँ है?

प्रश्न 2—दो राज्यों की सीमाओं पर बँटे विशिष्ट राजधानी के तौर पर स्थित शहर हैदराबाद को तेलंगाना में उसका ज्यादा हिस्सा होने के बावजूद बँटी हुई राजधानी के तौर पर रखा गया। हालाँकि कम समय होने के कारण राजधानी के बँटवारे का यह तर्क उचित नहीं है, इससे व्यवस्थापन की परेशानी की संभावनाएँ रहेंगी। इसलिए, एक राज्य के प्रति उसकी सीमा में न आता हो या उसके अधिकार में न आता हो, ऐसे शहर को राजधानी के रूप में निश्चित करना कितना व्यावहारिक है?

प्रश्न 3—तेलंगाना के इस निर्णय का स्वागत करने के लिए आंध्र प्रदेश और रायलसीमा के लोगों के मन में कैसे रचनात्मक मानदंडों को आपने अमल में लिया? आपने इसके मंडल के गठन और उनकी चिंताओं का निराकरण करने के लिए क्या भरोसा दिया था? लोगों में सर्वसम्मति का निर्माण करने के लिए हमारे पास एक तकनीकी प्रक्रिया होती है। इसके अनुसंधान में आपका पॉलिटिकल रोडमैप कहाँ है?

प्रश्न 4—तेलंगाना के लोग आपके अनेक विश्वासघातों के कारण गंभीर मानसिक यातनाएँ भुगत रहे हैं। इसके लिए आपकी क्या प्रतिबद्धता और क्या तैयारी है?

प्रश्न 5—तेलंगाना के कई युवाओं ने आत्महत्या की है। हैदराबाद ने पूँजी निवेश के स्थल के रूप में काफी त्याग किया है। इसके कारण आंध्र प्रदेश राज्य खराब स्थित में है। जो राज्य पहले भारत में चावल के घड़े के नाम से जाना जाता था, उसमें अब कृषि क्षेत्र का विनाश हुआ है। कई किसानों ने आत्महत्या की है।

(30 जुलाई, 2013)

भगवान् जगन्नाथ रथयात्रा

कल 10 जुलाई, 2011 को 136वीं रथयात्रा के अवसर पर भगवान् जगन्नाथजी अमदावाद के विभिन्न क्षेत्रों में विहार कर भक्तों पर आशीर्वाद बरसाएँगे। अमदावाद की गलियाँ भगवान् जगन्नाथ की भक्ति में मस्त होकर 'जय रणछोड़ माखनचोर' के नारों से वातावरण को गूँज उठेगी। भक्तिभाव से सराबोर इस माहौल का वर्णन मात्र शब्दों में बयाँ नहीं किया जा सकता।

रथयात्रा अमदावाद और गुजरात की संस्कृति का अभिन्न अंग बन चुकी है। अध्यात्म, भक्ति और एकता के पवित्र संगम रूपी इस रथयात्रा की एक झलक पाने के लिए साधु-संत और भक्त अमदावाद में उमड़ पड़ते हैं। अमदावाद के साथ ही गुजरात भर के करीब 140 स्थानों पर रथयात्रा निकलेगी। भगवान् जगन्नाथजी गरीबों के देवता हैं।

भगवान् जगन्नाथजी के साथ अमदावाद शहर का एक गहरा ऐतिहासिक नाता रहा है। जैसे कि यह शहर भगवान् की ही कृपादृष्टि में पलकर बड़ा हुआ हो। अमदावाद गरीब मिल मजदूरों का शहर था और भगवान् जगन्नाथ के आशीर्वाद से ही इस शहर ने गरीबी से समृद्धि तक का सफर तय किया है। उनके आशीर्वाद हम पर बरसते रहें, ऐसी प्रार्थना करें। उनकी आशीष गरीबतम व्यक्ति और किसानों पर बरसे और उनकी कृपा से आगामी वर्षों में भारत विकास की नई ऊँचाइयाँ हासिल करे, यही कामना। आनेवाले दिनों में अच्छी वर्षा हो और हमारे किसान भाई-बहनों को इसका लाभ मिले, ऐसे आशीर्वाद की याचना भगवान् जगन्नाथजी से करें।

रथयात्रा भारतीय संस्कृति और सांप्रदायिक एकता का प्रतीक बन चुकी है। हमारे बीच शांति, एकता और सद्भावना बनी रहे, यह प्रार्थना भगवान् जगन्नाथजी से करें।

कच्छी नूतन वर्ष और आषाढ़ी दूज के अवसर पर मैं अपने कच्छी भाई-बहनों को हार्दिक शुभकामनाएँ देता हूँ। आनेवाला वर्ष आपके जीवन में खुशियाँ और समृद्धि लाए।

कल रथयात्रा की शुरुआत में भगवान् जगन्नाथजी की यात्रा का मार्ग साफ करने की पाहिंद विधि करने का गौरव मुझे प्राप्त होगा। आप सभी इस यात्रा को निहारें, ऐसा मेरा आग्रह है। इसी के साथ मैं पहले की रथयात्राओं के कई फोटोग्राफ्स रख रहा हूँ। आशा है, आपको पसंद आएँगे। जय श्रीकृष्ण!

(9 जुलाई, 2013)

समूह लग्नोत्सव

समूहलग्न समाज को स्वस्थ रखने का सही दिशा में लिया गया एक मजबूत कदम है। अभी शायद इस योजना को सफल बनाने के लिए जिनके विवाह हो रहे हैं, उस दंपती को 15 हजार रुपए की छोटी-मोटी भेंट-सौगातें समाज द्वारा मिलती होंगी। हम हिसाब लगाकर देखें कि 101 परिवारों में अलग-अलग परिवार के अनुसार लग्न हों तो सगे-संबंधियों एवं परिवार के लोगों को सात-आठ दिन कितनी दौड़-धूप करनी पड़ती है। बस का किराया, रेल का किराया और संबंधियों का खर्चा लड़की के पिता को जो व्यय करना पड़े, वह इन सबका हिसाब लगाएँ तो लाखों रुपए का अंधा अपव्यय होता है। समूह लग्न से ऐसे लाखों रुपए की बचत होती है। अनेक लोग कई-कई बीघा जमीन गिरवी रखने से बच जाते हैं और व्यक्ति ब्याज के चक्कर में फँसने से बच जाता है। उधार लेने के बाद रात-रात भर जागना और नींद के लिए दूसरे अन्य उपाय ढूँढ़ने पड़ते हैं।

गरीब कल्याण मेला

हमारी सरकार के गरीब कल्याण मेले के आयोजन से धीरे-धीरे लोगों में स्व की भावना जन्म ले रही है। वे आत्मनिर्भर हो रहे हैं। किसान को ट्रैक्टर क्यों नहीं मिले? गरीब कारीगरों को आवश्यक औजार क्यों नहीं मिले? अब देखो, कोई सुथारी काम के औजार ले गया, कोई दर्जी के काम के औजार और सिलाई मशीन ले गया, कोई वायरमैन के औजार ले गया। मैं जानता हूँ कि इस देश का आदमी आलसी नहीं, कंगाल या लाचार नहीं है। उसे दूसरे के सामने हाथ फैलाकर माँगना अच्छा नहीं लगता है। उसे कठोर मेहनत करनी है। वह गरीबी और कंगाली का जीवन जीना नहीं चाहता है। उसे तो मात्र एक ऐसे सहारे की आवश्यकता है, जो उसे स्वनिर्भर बनने में सहयोग करे। इस गरीब कल्याण मेले में उसे सहारा मिल जाए, वह गरीबी से लड़ाई लड़ने को तैयार हो जाए, यही मेरा प्रयास है। मुझे गरीब आदमी की जिंदगी बदलनी है, उसमें बदलाव लाना है। इस बदलाव को लाने के लिए एक व्यवस्था के के भाग के रूप में उसे मकान मिले, साधन मिले, गौरवमय जीवन जीने का अवसर मिले और वे जो भी उत्पादन करें उन्हें उस हेतु बाजार मिले, माल

का प्रचार हो, उसे ब्रांड मिले, उसकी वेब साइट बनाए। आप विचार करो कि गरीब व्यक्ति की जिंदगी का संपूर्ण गुजरात की इस सरकार ने उठा लिया है और गरीब कल्याण मेला उसी का एक स्वरूप है। अभी मुझसे मिलने आए एक गरीब भाई से मैंने पूछा, 'सरकार आपके लिए हर प्रकार की सहायता कर रही है। आप मेरे लिए क्या करोगे?' बोला कि 'मैं गरीब आदमी हूँ, क्या कर सकता हूँ?' मैंने कहा कि 'एक काम मेरे लिए करो, तुम अपने बच्चों को पढ़ाओ। यह मेरा काम है, तुम करो।' उसकी आँखों में आँसू आ गए और उसने मुझे वचन दिया कि वह अपने बच्चों को पढ़ाएगा। इसलिए मैं कल्याण मेले में आग्रहपूर्वक कहता हूँ कि अपनी संतानों को पढ़ाओ। वे पढ़ें, इसकी चिंता हमें करनी है।

आँगनवाड़ी

कई बार लोगों को लगता है कि आँगनवाड़ी का क्या काम है? आँगनवाड़ी का काम आनेवाली पूरी सदी का भला करने का है। शिक्षा से शायद कुछ परिवार सुधारे जा सकते हैं, लेकिन आँगनवाड़ी के काम से एक पूरी पीढ़ी सुधारी जा सकती है। आँगनवाड़ी का काम कोई छोटा काम नहीं है। केवल बच्चों को बुलाकर ले जाना और उन्हें दो-चार घंटे रोककर रखना ही काम नहीं है। दुनिया के सभी संशोधकों, मनोवैज्ञानिकों और विज्ञान ने यह सिद्ध किया है कि व्यक्ति के व्यक्तित्व के विकास की नींव तीन-चार वर्ष की उम्र में ही बनती है। इस समय उसके जीवन में प्रवेश करती है। आँगनवाड़ी इस समय प्रवेश करती हैं आँगनवाड़ी की कार्यकारी बहनें। वे यदि एक भूल करेंगी तो किस प्रकार के समाज की रचना होगी? तब जो समाज-रचना होगी वह सारी सदी के लिए कितना कुप्रभाव या सुप्रभाव पैदा करेगी, इसका निर्णय होना है। आँगनवाड़ी की बहनें कितनी सजग हैं, वह इस पर आधारित है। उस बहन के हृदय में यह भाव होना चाहिए कि ये नन्हे-नन्हे बच्चे, ये नन्ही-नन्ही कलियाँ मेरे पास हैं। ये पुष्प बनें, इससे पहले मन से स्वस्थ बनें, इनकी ग्रहण-शक्ति तीव्र बने। उन्हें रोज नया-नया देखने का अवसर मिले। इसमें से ईश्वर ने जितना दिया होगा, वह बालक पकड़ेगा। हम उसे सुंदर वातावरण के भीतर ले जाएँ। आप देखना, परिस्थिति एकदम पलट जाएगी।

'बेटी बचाओ' आंदोलन

सामाजिक जीवन एक ईश्वर-प्रदत्त व्यवस्था है। इस व्यवस्था को जब भी तोड़ा-फोड़ा जाता है तब समाज अपनी सारी शक्ति को गँवा देता है। इस कारण भ्रूण-हत्या के सामने लोक-जागृति आनी चाहिए। भ्रूण-हत्या के सामने जन-आक्रोश प्रचंड बनाना चाहिए। 'बेटी बचाओ' आंदोलन में सब लोग सहयोगी बनें 'बेटी बचाओ' की पुकार

एक संवेदना भरा भाव पैदा करे। इस जागृति में सारा समाज जुड़े। अनेक डॉक्टर मित्र आगे आए हैं और व्रत लिया है कि हम यह पाप नहीं करेंगे। यह एक आनंद और अभिनंदन की बात है। वास्तव में 'बेटी बचाओ' एक जन-आंदोलन बनना चाहिए, 'बेटी बचाओ' का एक आंदोलन खड़ा होना चाहिए। राष्ट्रीय दलों से मेरी विनती है कि राजनीतिक विरोध छोड़कर समाज की चिंता और सेवा कंधे-से-कंधा मिलाकर करें। समाज के इस कलंक को मिटाने के लिए मुझे माताओं की मदद चाहिए। बेटी परिवार का गौरव होना चाहिए और विश्वास रखना, लड़का किसी दिन आपका नाम डुबो सकता है, लेकिन बेटी कभी नाम नहीं डुबोएगी। संस्कार में इतना विश्वास है तो बेटी के साथ अन्याय क्यों? यह मात्र सरकार या दल का कार्यक्रम नहीं, बल्कि सारे समाज की वेदना का प्रतिबिंब है। तुम्हारा दर्द हम सबका दर्द बने, तुम्हारी पीड़ा हम सबकी पीड़ा बने और हमारा आनेवाला कल बेटियों से शोभायमान हो, बेटी घर का दीपक बनकर प्रकाश फैलाए, यह संकल्प करें।

महिला सरपंच

इस देश में अभी भी सबको यह विचार नहीं आता है। पुरुष चाहे जितने शक्तिशाली लगते हों, जब दस बहनें खड़ी हों और एक पुरुष से कहें कि जाओ, बात करके आओ तो जा नहीं सकेगा। दस पुरुष खड़े हों और एक बहन से कहो कि जाओ, इतना कहकर आओ उन्हें, तो वह बहन हिम्मत से वहाँ जाकर दसों को अपनी बात कहकर वापस आ जाएगी। इतनी हिम्मत होती है बहनों के मन में। पहला भाव यह चाहिए कि मुझे मेरे गाँव में कुछ सुधार करना है। मुझे कुछ भी गलत नहीं होने देना है। मैं बहनों को विश्वास दिलाता हूँ कि तुम सफल हो, इसलिए राज्य सरकार को जो भी करना पड़ेगा, वह सब करेगी। मैं वहाँ के टी.डी.ओ., डी.डी.ओ. से कहूँगा कि बहनें सफल हों, यह आप देखें। आप दूसरों को पाँच की सहायता करते हो तो इनको छह की सहायता करो। इनकी सक्षमता एक प्रेरक संदेश देनेवाला एक प्रेरक तत्त्व बने।

तीर्थ गाँव एवं पावन गाँव

हमने अपने प्रदेश में 'तीर्थ गाँव' योजना चलाई है। यह 'तीर्थ गाँव' योजना ऐसी है कि यदि पाँच वर्ष तक किसी गाँव में किसी प्रकार के झगड़े-टंटे न हुए हों, कोर्ट-कचहरी न हुई हो, शिकायत न हुई हो तो ऐसे गाँव को हम 'तीर्थ गाँव' कहते हैं। ऐसे तीर्थ गाँव को हम एक लाख रुपए देते हैं। कुछ लोगों ने कहा कि पाँच वर्ष तो बहुत होते हैं, कोई प्रोत्साहन योजना लाइए। तो फिर हमने इस नई योजना को वहीं गाँव में रखा और मैंने एक नई योजना पर विचार किया। इस योजना का नाम है 'पावन गाँव'।

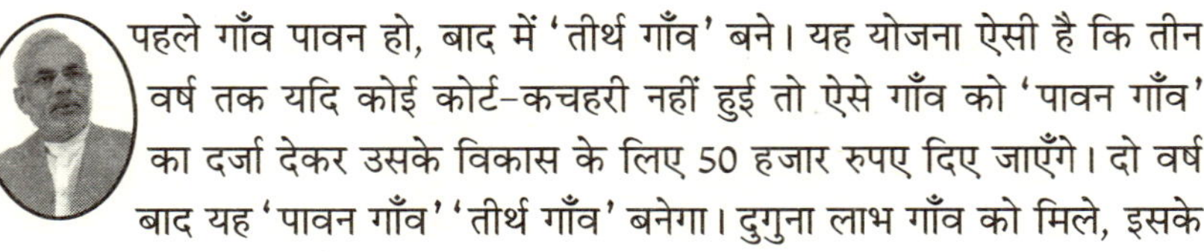

पहले गाँव पावन हो, बाद में 'तीर्थ गाँव' बने। यह योजना ऐसी है कि तीन वर्ष तक यदि कोई कोर्ट-कचहरी नहीं हुई तो ऐसे गाँव को 'पावन गाँव' का दर्जा देकर उसके विकास के लिए 50 हजार रुपए दिए जाएँगे। दो वर्ष बाद यह 'पावन गाँव' 'तीर्थ गाँव' बनेगा। दुगुना लाभ गाँव को मिले, इसके लिए यह योजना बनाई है।

समरस ग्राम

पिछले पाँच वर्षों में गुजरात में पंचायती राज व्यवस्था में आए परिवर्तन ने समग्र देश को राह बतानेवाले समरस ग्राम की अनोखी योजना को हजारों गाँवों से व्यापक प्रतिभाव मिल रहा है। मेरी दृष्टि में, गाँवों में सर्वसम्मति का होना उनके विकास की पहली शर्त है। विनोबाजी ने एक बार कहा था कि गावों में चुनावों के वैर की जहरीली भावना न पहुँचे, उसकी चिंता करो। गावों में सर्वसम्मति का वातावरण बनाओ। लोकनायक जयप्रकाश नारायण ने भी लोगों की सक्रियता पर आधारित पंचायती राज की कल्पना की थी। इन दोनों महानुभावों के ग्राम्य जीवन को समरस बनाने के सँजोए हुए सपनों को मूर्तिमान करने के प्रयास और मंथन में से ही 'समरस ग्राम योजना' का जन्म हुआ है। पंचायतें हमारे देश की पुरानी संस्थाएँ हैं, जहाँ से हमारी संस्कृति का प्रवाह बहता है। उस गाँव को राजकीय बुराइयों और पूर्वग्रहों से मुक्त रखना चाहिए। अतएव इन समरस गाँवों में के ग्रामवासी आपस में मिलकर अपने में से ही सर्वसम्मति से ग्राम पंचायत के प्रबंधन और कार्य करने के लिए प्रतिनिधि निश्चित करते हैं, जिसमें अनेक योग्य व्यक्ति अपने अधिकार को छोड़कर समाज के लिए प्रेरणा-स्वरूप आचरण कर गाँव का भला करने हेतु एक श्रेष्ठ अभिगम अपनाते हैं।

स्वामी विवेकानंद

स्वामी विवेकानंद केवल आध्यात्मिक उन्नति की बात करनेवाले एकमार्गी संन्यासी नहीं थे। विवेकानंदजी की प्रत्येक बात दबे-कुचले, दलितों-पीड़ितों, पिछड़े वर्ग के विकास की चिंता व्यक्त किए बिना पूरी नहीं होती थी। उनके जीवन की चिंतनधारा की यही विशेषता थी कि उन्होंने दरिद्र नारायण की एक नई कल्पना समाज के सामने रखी थी। आज जैसे दलितों व पीड़ितों के नाम पर वचन और बातें करनेवाले वे मत के भूखे राजनेता नहीं थे। वे भव्य भारत के भविष्य के लिए श्रेष्ठ मार्ग का दर्शन करनेवाले मनीषी थे। वे सही मायनों में अंत्योदय के पुरस्कर्ता थे। समाज के छोटे-से-छोटे मानव की चिंता करते हुए विवेकानंदजी ने कहा था, 'हमारी प्रतिज्ञा इस प्रकार से है—निम्न-से-निम्न मनुष्य के लिए जगत् का उच्च-से-उच्च हित करना और ऐसा करते-करते मुक्ति मिले या नरक, उसका

स्वागत करना।' विवेकानंद के लिए मुक्ति या मोक्ष की अपेक्षा दलितों-पीड़ितों का उद्धार अत्यंत महत्त्वपूर्ण था। वेदांत को माननेवाले विवेकानंद सामाजिक विकृतियों से बहुत व्यथित थे, समाज को विकृतियों से मुक्त करने के लिए दृढ़ संकल्पित थे। संपूर्ण मानव जाति के कल्याण के लिए समरस समाज हो, ऐसा वे दृढ़ रूप से मानते थे।

कांग्रेस ने वीर सावरकर का चित्र संसद् में नहीं लगने दिया

भारत की आजादी के लिए जिनके सारे परिवार ने बलिदान दिया था, उस वीर सावरकर का चित्र थोड़े समय पहले ही संसद् में लगाया गया। वीर सावरकर देश के लिए मर-खप गए। वे बैरिस्टर थे। अंग्रेजी सल्तनत के सामने लड़ाई लड़ी थी। भारत की सशस्त्र क्रांति का बीज रोपा था उस वीर ने। अंदमान-निकोबार की जेल के अंदर अपनी सारी युवा अवस्था खपा दी थी। एक ही परिवार के दो भाई एक ही जेल में 20 वर्ष से रहते रहे, परंतु दोनों ने एक-दूसरे के चेहरे नहीं देखे थे। जेल जाने के बाद वे अपने परिवार से कभी नहीं मिले थे। उनका तीसरा भाई नारायण साबरमती जेल में पड़ा-पड़ा सड़ रहा था। घर में मात्र महिलाएँ थीं। अंग्रेजी हुकूमत उन्हें भी यातनाएँ देती थी। घर में चूल्हा नहीं जले, रसोई बने नहीं—ऐसी स्थिति थी। देश के लिए इतना बड़ा बलिदान देनेवाले वीर सावरकर का चित्र भारत के संसद् भवन में लगाने का अवसर था। जिन ठेकेदार लोगों का दावा है कि आजादी तो सिर्फ उन्हीं लोगों ने दिलाई है, उन्होंने वीर सावरकर को स्मरणांजलि देने से भी इनकार कर दिया था। उन्होंने कार्यक्रम का बहिष्कार किया। गुजरात की सरकार ने डंके की चोट पर कहा कि देश के महापुरुषों का अपमान होता है तो इस अपमान का बदला हम उनका सम्मान करके देंगे और इसलिए हमारी सरकार ने गुजरात विधानसभा भवन में वीर सावरकर का चित्र लगाकर उस महान् पुरुष को श्रद्धांजलि देने का प्रयास किया। दुर्भाग्य है कि उस समय भी आजादी के लड़ाई के ठेकेदारों ने इस कार्यक्रम का बहिष्कार किया था।

बाबा साहेब आंबेडकर

बाबा साहेब निर्भय क्रांतिवीर थे। उनकी व्यथा अपार थी। सवर्ण समाज के अत्याचारों से उन्हें दलित समाज को ऊपर उठाना था, परंतु किसी बदले की भावना से नहीं। उन्होंने दूसरों से मार-काटकर बड़े होने की बात कभी नहीं की। 'अपने सत्य को, अपने अस्तित्व को पूरी शक्ति से समाज के सामने रखने की मैं प्रेरणा दूँगा।' ऐसा भाव उनके समग्र चिंतन में रहा था। बाबा साहेब ने देश के लिए कार्य किया, इसलिए वे पूजनीय हैं। परंतु बाबा साहेब को मात्र दलितों का तारणहार मानकर उन्हें एक सीमा में

बाँध दिया गया है। बाबा साहेब तो सभी पिछड़े व उपेक्षित लोगों के तारणहार थे। उन्हें मात्र दलितों का तारणहार बनाकर उनको छोटा करने का पाप भूल से भी नहीं होना चाहिए। उस विश्व-मानव को एक छोटे से वृत्त में बंद न करें। बाबा साहेब हमें समता-ममता का संदेश देते हैं। उनका स्वप्न था—जाति-विहीन समाज की रचना। अर्थात् समग्र समाज एकात्म और समरस बने, कोई ऊँचा नहीं, कोई नीचा नहीं!

तेलंगाना : कांग्रेसी कार्यशैली का नमूना

जब मैं छत्तीसगढ़ के बारे में सोचता हूँ तो मुझे अटल बिहारी वाजपेयीजी के इस महान् निर्णय पर नमन करने का मन करता है। मैंने संयुक्त मध्य प्रदेश में भी काम किया है और जब अलग छत्तीसगढ़ राज्य बना, तब भी मैं आपके बीच में संगठन का काम करता था। भारतीय जनता पार्टी की कार्य-संस्कृति क्या है, निर्णय प्रक्रिया क्या है, शासन चलाने के तौर-तरीके क्या हैं—इसका उत्तम उदाहरण देखना है तो छत्तीसगढ़ की रचना, उत्तराखंड की रचना और झारखंड की रचना देखिए। और उधर कांग्रेस ने अभी जो पूरे आंध्र प्रदेश में आग लगा दी है, जिस तरीके से उसे बनाया। जब छत्तीसगढ़ बना, मध्य प्रदेश भी मिठाई बाँट रहा था। जब उत्तराखंड बना तो उत्तर प्रदेश भी मिठाई मिठाई बाँट रहा था और उत्तराखंड भी मिठाई बाँट रहा था। जब झारखंड बना, बिहार मिठाई बाँट रहा था और झारखंड भी मिठाई बाँट रहा था। लेकिन जब तेलंगाना बना, तब कर्फ्यू लगाना पड़ा। यह कांग्रेसी कार्यशैली का नमूना है।

सोने को मिट्टी करना कांग्रेस की परंपरा

सबको विश्वास में लेकर, उनके हर सवाल को समाधान देकर निर्णयों की प्रक्रिया विकसित की जा सकती है। लेकिन उस संस्कार की अहंकार से भरी कांग्रेस से अपेक्षा नहीं की जा सकती। कांग्रेस का अहंकार सातवें आसमान पर चढ़ा हुआ है। वे देश के नागरिकों को नागरिक मानने को तैयार नहीं हैं। वे एक सर्वसामान्य नागरिक के साथ हमेशा एक वोट बैंक जैसा व्यवहार करते आए हैं। और उसका परिणाम यह है कि वे आज जहाँ भी हाथ लगाते हैं, सोना मिट्टी हो जाता है, समस्याएँ विकराल हो जाती हैं, संकट गहरे हो जाते हैं, जनता की पीड़ा अपरंपार बढ़ती जाती है। यह कांग्रेस की परंपरा रही है।

डॉ. रमन सिंह का सराहनीय निर्णय

मैं छत्तीसगढ़ के जन्म के प्रारंभ से यहाँ से जुड़ा हुआ हूँ और जब डॉ. रमन सिंह

यहाँ के मुख्यमंत्री बने तो उनके सामने दो रास्ते थे—एक तो दिन-रात रोते रहना—हम मध्य प्रदेश से निकले हैं, यहाँ तो आदिवासी रहते हैं, यहाँ तो बिजली-पानी नहीं है। अब मैं क्या करूँगा? दिल्ली कुछ दे दे। कुछ दे दे दिल्ली, कुछ दे दे। एक तो यह रास्ता हो सकता था और दूसरा रास्ता यह हो सकता था कि छत्तीसगढ़ जैसा है वैसा है, हम पूरी कोशिश करेंगे कि छत्तीसगढ़ में सामर्थ्य जुटाएँगे, छत्तीसगढ़ के नौजवानों को जोड़ेंगे, छत्तीसगढ़ के आदिवासियों के भरोसे छत्तीसगढ़ के विकास के नए रास्ते खोलेंगे। और डॉ. रमन सिंहजी ने यह दूसरा रास्ता चुना। मैं उनका अभिनंदन करता हूँ कि उन्होंने दिल्ली के दरवाजे बैठने का रास्ता नहीं चुना। उन्होंने तय किया दिल्ली कुछ करे या न करे, दिल्ली कुछ दे या न दे, दिल्ली रुकावट डालती रहे, लेकिन छत्तीसगढ़ की जनता के भरोसे, छत्तीसगढ़ के संसाधनों के भरोसे हिंदुस्तान के एक शानदार राज्य का विकास करके दिखाऊँगा—यह रास्ता उन्होंने चुना। यह रास्ता कठिन था। दिल्ली जाकर माँगने का रास्ता सरल होता है। कई राज्य ऐसा करते हैं। राज्य के विकास करने की बजाय दिल्ली जाकर रोते बैठते हैं। रमन सिंहजी ने रोना-बैठना पसंद नहीं किया। वे दिल्ली के साथ लड़ते रहे, जूझते रहे, लेकिन कभी चुकते नहीं दिखे। ये रमन सिंहजी की ताकत है, जिसके कारण आज छत्तीसगढ़ खड़ा हुआ है।

रमन सिंह और मनमोहन सिंह

दिल्ली में भी एक सिंह है और छत्तीसगढ़ में भी एक सिंह है। दिल्ली में मनमोहन सिंहजी को दस साल होने जा रहे हैं और यहाँ भी रमन सिंहजी को दस साल होने जा रहे हैं। वे भी डॉक्टर हैं और ये भी डॉक्टर हैं। ये इनसानों के डॉक्टर हैं, वे रुपयों के डॉक्टर हैं। जो रुपयों के डॉक्टर थे वह रुपया आज अस्पताल में जीवन और मृत्यु के बीच पड़ा हुआ है।

अहंकार से भरी सरकार

राष्ट्र के जीवन में कभी-कभी अच्छे-बुरे दिन आते हैं, कभी संकट आता है, लेकिन उस संकट के समय नेतृत्व की कसौटी होती है कि जनता-जनार्दन को भरोसा कैसे दें, जनता-जनार्दन को विश्वास कैसे दें, संकटों से बाहर आने की कोशिशों में जनता का भरोसा हो। हिंदुस्तान ने पिछले दस सालों में दिल्ली में एक ऐसी सरकार देखी है जिस सरकार के कारनामे अहंकार से भरे हुए हैं। जिस सरकार की कार्यशैली है जनता को कोई जवाब नहीं देना। यह सरकार जवाबदेही से मुक्त है।

पुणे : एक पवित्र भूमि

छत्रपति शिवाजी की जय-जयकार। पुणे एक ऐसी पवित्र भूमि है, जहाँ से सदियों तक आक्रांताओं के खिलाफ युद्ध चलता रहा। विदेशी ताकतों को परास्त करने का सामर्थ्य इस पुण्य भूमि से प्राप्त होता था। पुणे की धरती से लोकमान्य तिलकजी ने ललकारा था और अँगरेज सल्तनत के सामने ललकारा था, संकटों की संभावनाओं के बीच ललकारा था। लोकमान्य तिलकजी ने मंत्र दिया था—'स्वराज मेरा जन्मसिद्ध अधिकार है।'

सुराज हमारा अधिकार है

आजादी के आज 66 साल हो गए। आज फिर से एक बार पुणे की धरती से आवाज उठनी चाहिए। लोकमान्य तिलकजी ने कहा था कि स्वराज हमारा अधिकार है। फिर से एक बार पुणे ललकार रहा है—सुराज हमारा अधिकार है। स्वराज मिला, लेकिन सुराज नहीं मिला।

रुपए की कीमत तबाही के रास्ते पर

देश जब आजाद हुआ था, 1 रुपए बराबर 1 डॉलर था। आजादी के समय हमारे रुपए की कीमत और डॉलर की कीमत दुनिया के अंदर समान थी। और आज रुपए की कीमत दिनोंदिन गिरती जा रही है और ऐसा लग रहा है, जल्दी ही वह हमारे वित्त मंत्री की उम्र के बराबर हो जाएगी। एक डॉलर 60 रुपए और वह भी तब जब इस देश के प्रधानमंत्री अर्थशास्त्र के विद्वान् हैं। यह कौन सा अर्थशास्त्र है?

कांग्रेस-मुक्त भारत अर्थात् संकट-मुक्त भारत

प्रधानमंत्री अर्थशास्त्र के विद्वान् हैं, मगर कांग्रेस एक ऐसी धारा है कि अच्छे-से-अच्छा अर्थशास्त्री भी अनर्थशास्त्री बन जाता है। यह कांग्रेस की धारा ऐसी है कि वहाँ कोई भी गया वह तबाही के रास्ते पर ही चल पड़ता है और देश को भी चलने के लिए मजबूर कर देता है। इसलिए जब तक हम भारत को कांग्रेस से मुक्त नहीं करेंगे, यह देश संकटों से मुक्त नहीं होगा।

देश की सरकार खाने और लुटाने में व्यस्त है

कोई मुझे बताए सवा सौ करोड़ का देश, अर्थशास्त्री प्रधानमंत्री, पूरे विश्व में इतनी बड़ी क्रय शक्ति रखनेवाला देश। उसकी तुलना में पकिस्तान, श्रीलंका, बँगलादेश, मालदीव जैसे छोटे-छोटे देश—उनकी करेंसी की कीमत गिर नहीं रही है। उनकी करेंसी

की ताकत गिर नहीं रही है तो क्या कारण है कि भारत का रुपया बाजार में अपनी ताकत खो रहा है? रुपया ताकत इसलिए नहीं खो रहा है कि रुपए का साइन बदल गया है, रुप्रया इसलिए ताकत नहीं खो रहा है कि रुपए की डिजाइन बदल गई है, बल्कि रुपया अपनी ताकत इसलिए खो रहा है कि दिल्ली में बैठे लोग खाने और लुटाने में इतने डूबे हुए हैं कि उन्हें देश के रुपए को बचाने की फुरसत नहीं है और उसके कारण यह हाल हो रहा है।

गरीबी हटाने का नारा दिया था, उसका क्या हुआ?

मैं दिल्ली की सरकार से, अपने देश के मीडिया से, अर्थशास्त्रियों से और राजनीतिक पंडितों से प्रार्थना करता हूँ—अगर आप इतने स्वतंत्र हैं, अगर आप इतने सामर्थ्यवान् हैं, अगर आप लोकतंत्र के एक महत्त्वपूर्ण स्तंभ हैं तो एक बार कांग्रेस के नेताओं से पूछो तो सही, उनकी अध्यक्षा से पूछो तो सही कि आपने 42 साल पहले गरीबी हटाने का नारा दिया था, उसका क्या हुआ? मेरे पुणे के भाइयो-बहनों, आप ये बताइए क्या कांग्रेस को हिसाब देना चाहिए या नहीं? कोई तो हिसाब दो! कांग्रेस को जवाब देना चाहिए कि नहीं? गरीबी हटाने का वादा किया था, वादा निभाया? क्या यह देश के साथ धोखा नहीं है? क्या यह देश के साथ विश्वासघात है या नहीं है?

गरीब की थाली में कानून का कागज

और इसीलिए कांग्रेस के शाहजादे गरीबों के घर में जा करके रात गुजारते हैं। मीडियावालों को बुलाते हैं कि ये मेरे पूर्वजों का पराक्रम देखिए, देखिए हमने क्या किया है!

इतना ही नहीं, इन्होंने गरीबी हटाने को कहा था। गरीबी तो नहीं हटी, पर गरीब को कांग्रेस के शासन में दो समय का भोजन भी असंभव हो गया है। और इसीलिए कांग्रेस पार्टी को स्वीकार करना पड़ा है कि हम गरीब की थाली में चपाती दे पाएँ या न दे पाएँ, कम-से-कम एक कानून का कागज तो पकड़ा देंगे, उसकी थाली में परोस देंगे। शायद उसी से उसका पेट भर जाए।

कांग्रेस को अपने साथियों पर भरोसा नहीं

मैं दिल्ली की केंद्र सरकार से पूछना चाहता हूँ संसद् सत्र में संसद् को विश्वास में ले करके और सबसे राय ले करके एक अच्छा खाद्य सुरक्षा बिल लाने की बजाय आपने ऑर्डिनेंस की जल्दबाजी क्यों की? आपको मालूम है दोस्तो ऑर्डिनेंस में जल्दबाजी क्यों की? क्योंकि उनको यूपीए के अपने साथियों पर भरोसा नहीं था। उनको भरोसा नहीं है। उनको लगता है कि संसद् में हम बिल लाएँगे, बहस होगी और यूपीए की मदद

से बिल पारित हो जाएगा तो उसमें साथी दलों को क्रेडिट मिल जाएगा। साथी दलों को क्रेडिट न मिले, उनके प्रति समाज में अविश्वास का माहौल बने, सारा क्रेडिट खुद के खाते में जाए, इसलिए संसद् का भी अपमान, यूपीए के सहयोगी का भी अपमान। संसद् की प्रकिया को ताक पर रखकर ऑर्डिनेंस लाने का काम दिल्ली की सरकार कर रही है।

हिंदुस्तान को मजबूत सरकार चाहिए

अब देश को मजबूत सरकार की जरूरत है। कांग्रेस पार्टी ऐसी है, जिसके पास नेता भी नहीं है, नीति भी नहीं है, नियत भी नहीं, नैतिकता भी नहीं है। किसके भरोसे देश चलेगा? ऐसी कांग्रेस पार्टी को देश से हटाना होगा। आजादी के बाद भी पूरा देश एक परिवार की भक्ति में लीन है, जबकि भाजपा भारत-भक्ति में लीन है।

जल, नभ और थल तीनों में कांग्रेस का भ्रष्टाचार

कांग्रेस की सरकार में अब दम नहीं रहा है क्योंकि कांग्रेस में भ्रष्टाचारियों की तरक्की होती है। कांग्रेस की सरकार ने जल, नभ और थल तीनों में ही भ्रष्टाचार पैदा कर दिया है। कांग्रेस ने देश को तबाही के कगार पर खड़ा कर दिया है और भ्रष्टाचार की हदें पार हो गई हैं। आजादी के पहले और आजादी के बाद की कांग्रेस में जमीन-आसमान का अंतर है। आजादी के बाद की कांग्रेस एक परिवार तक सीमित हो गई है।

एक परिवार की भक्ति में डूबी कांग्रेस

आज की कांग्रेस एक परिवार की भक्ति में डूबी हुई है और आजादी के पहले की कांग्रेस देश की भक्ति में डूबी हुई थी। परिवार-भक्ति के कारण कांग्रेस सरकार को देशवासियों की परवाह नहीं है। भाजपा भारत-भक्ति में लीन है। भाजपा देश के कल्याण के लिए प्रतिबद्ध होकर आगे बढ़ रही है। देश को भ्रष्टाचार से मुक्त करने के लिए देश को कांग्रेस-मुक्त करना होगा। कांग्रेस के रहते हुए भ्रष्टाचार-मुक्त होना असंभव है।

गैर-जवाबदेह कांग्रेस सरकार

देश में दस साल से ऐसी सरकार चल रही है, जिसे निर्णय लेने का अधिकार नहीं है। जो निर्णय कर रहे हैं, उनकी देश से जवाबदेही नहीं है। केंद्र एवं राज्य की कांग्रेसनीत सरकार ने देशवासियों एवं प्रदेशवासियों को सुरक्षा, शिक्षा, स्वास्थ्य, सड़क की सुविधा देने में विफल रही है। केंद्र में सत्ता की दो धुरी बनी हुई है और प्रधानमंत्री प्रभावहीन हैं। प्रधानमंत्री मनमोहन सिंह ने विदेश सम्मेलन से लौटते हुए राहुल गांधी के नीचे काम

करने की इच्छा जताकर लोकतांत्रिक मर्यादाओं का खयाल नहीं रखा।

नौजवान करें मतदान

नौजवान राष्ट्र की शक्ति हैं। अधिक-से-अधिक नौजवान, यदि उन्होंने अपना नाम मतदाता सूची में शामिल नहीं करवाया है तो, सूची में शामिल करवाकर अपने अधिकार (मताधिकार) का उपयोग कर कांग्रेस को सत्ता से उखाड़ फेंकें। राजस्थान के 40 प्रतिशत मतदाता युवा हैं, जो कांग्रेस के लिए सिर्फ वोटर हैं; जबकि हमारे लिए पावर। युवा भारत में देश को कांग्रेस से मुक्त कराने की लौ उत्पन्न होनी चाहिए, तभी कांग्रेस के भ्रष्टाचारी शासन से मुक्ति मिल सकती है—और कोई भी जड़ी-बूटी कांग्रेस के भ्रष्टाचार को खत्म नहीं कर सकती।

बच्चों के लिए नई वर्णमाला

कांग्रेस सरकार के कारनामों को देखते हुए लगता है कि वे बच्चों को अंग्रेजी वर्णमाला के नए अर्थ पढ़ाएगी। अब बच्चे स्कूल में पढ़ेंगे— A मतलब आदर्श घोटाला, B का मतलब बोफोर्स घोटाला, C का मतलब कॉमनवेल्थ घोटाला और D का मतलब दामाद का कारोबार।

कांग्रेस-मुक्त भारत अर्थात् भ्रष्टाचार-मुक्त भारत

कांग्रेस सरकार सत्ता में आने पर देशवासियों के कल्याण का काम भूलकर अपने विरोधियों का हिसाब चुकता करने और भ्रष्टाचार करने में तथा सरकार के अंतिम साल में देशवासियों को रेवड़ियाँ बाँटने में लगाती है। कांग्रेस ने देश को तबाही के कगार पर खड़ा कर दिया है और भ्रष्टाचार की हदें पार हो गई हैं। देश को भ्रष्टाचार से मुक्त करने के लिए देश को कांग्रेस-मुक्त करना होगा। कांग्रेस के रहते हुए भ्रष्टाचार-मुक्त होना असंभव है।

देश को मजबूत सरकार की जरूरत

अब देश को मजबूत सरकार की जरूरत है। कांग्रेस देश की आन-बान-शान को सुरक्षित नहीं रख सकती। किसके भरोसे देश चलेगा? ऐसी कांग्रेस पार्टी को देश से हटाना होगा।

वोट बैंक की राजनीति नहीं, विकास की राजनीति चाहिए

वोट बैंक की राजनीति ने बहुत नुकसान किया है। देश में जरूरत है विकास से जुड़ी राजनीति की। इसी व्यवस्था और इसी संविधान से सफलता की इबारत लिखी जा

सकती है। इसके लिए गुजरात का उदाहरण सबके सामने है।

युवा : नए युग की ताकत

कुछ राजनीतिक दल युवाओं को केवल नई उम्र का वोटर मानते हैं। समाज का एक तबका, और खास तौर पर राजनीतिक वर्ग, युवाओं को केवल नए वोटर के तौर पर देखता है। यह सोच गलत है। युवाओं को नए युग की ताकत मानने से बदलाव होगा।

गुजरात की तर्ज पर भारत का विकास

गुजरात भारत के अंदर है। अगर गुजरात विकास कर सकता है तो पूरे देश का उसी तर्ज पर विकास हो सकता है। केवल इच्छा-शक्ति दिखानी होगी। पूरी दुनिया में भारत की छवि नेताओं ने नहीं, युवाओं ने बदली है। आज देश की 60 प्रतिशत आबादी युवा है। हमें इनके लिए काम के अवसर ढूँढ़ने होंगे। नए आयामों की खोज करने की जरूरत है। इन्हीं युवाओं को देखकर मैं आशावान् हूँ कि इस संविधान और कानून के बूते हम एक दिन सबकुछ पलट सकते हैं।

आइए, भारत को एक ब्रांड बनाएँ

अगर पूरा राष्ट्र ठान ले तो हम दुनिया को अपना बाजार बना सकते हैं। हम भारत को नया अंतरराष्ट्रीय ब्रांड बना सकते हैं।

इसी कड़ी में उन्होंने गुजरात में शिक्षक प्रशिक्षण, रक्षा, फोरेंसिक जैसे विषयों पर विश्वविद्यालयों की स्थापना जैसे प्रयासों को गिनाया।

गुजरात के सफल उदाहरण

सुशासन के मामले में गुजरात देश से कहीं आगे है। आज देश की हर चाय में गुजरात का दूध है। गुजरात कपास का रिकॉर्ड उत्पादन करता है। देश में कृषि विकास दर है, जबकि गुजरात में 10 प्रतिशत।

प्रो-पीपल गुड गवर्नेंस

मैं महात्मा गांधी और सरदार पटेल की भूमि से आ रहा हूँ। देश की आजादी की लड़ाई को दो मुख्य धाराओं ने प्रभावित किया। एक धारा महात्मा गांधी की थी और दूसरी पटेल की। अनेक महापुरुषों ने त्याग किया, ताकि देश को स्वराज मिले। हमें स्वराज मिला। हमें स्वराज मिलने के बाद छह दशक से अधिक समय बीत

चुका है, लेकिन देश सुराज के लिए चिंतित है। आज पूरे विश्व में गुजरात की विकास यात्रा की चर्चा है। अगर उसके मूल कोई देखे तो वहाँ गुड गवर्नेंस की बात सामने आती है। लेकिन मैं इसे प्रो-पीपल गुड गवर्नेंस मानता है। आम तौर पर हमारे यहाँ शासन फायर फाइटर की तरह काम करता है। लेकिन शासन का काम स्थितियों को विजुअलाइज करे, नए आयाम खोजे और उसके अनुकूल व्यवस्था का निर्माण करे। लेकिन हम देख रहे हैं, देश ऐसे कामों को करने में विफल रहा है। आज हम देख रहे हैं कि देश में निराशा का माहौल है। हर कोई कहता है कि सब बेकार है। यह आवाज सबको सुनाई दे रही है। लेकिन मेरी सोच अलग है।

तीसरा दृष्टिकोण : पूर्णता-युक्त दृष्टिकोण

गुजरात के मुख्यमंत्री के तौर पर यह मेरा चौथा कार्यकाल है। मैं अनुभव के आधार पर कह रहा हूँ कि इसी कानून, इन्हीं फाइलों, कर्मचारियों और दफ्तर होने के बावजूद हम लोग बहुत कुछ कर सकते हैं। मैं गुजरात का उदाहरण देकर कह सकता हूँ। एक ही चीज को देखने के कई नजरिए हो सकते हैं। कुछ लोग कहते हैं कि गिलास पानी से आधा भरा है तो कुछ कहते हैं, यह आधा खाली है। लेकिन मेरा तीसरा दृष्टिकोण है—गिलास आधा पानी और आधा हवा से भरा है।

अवसर का उपयोग : सबसे बड़ी चुनौती

मुझसे एक राजदूत मिलने आए थे। बातों-बातों में वे राजनीति की तरफ मुड़ गए। उन्होंने पूछा, भारत में सबसे बड़ी चुनौती क्या है? मैंने जवाब दिया, अवसर का इस्तेमाल कैसे करें, यह चुनौती है। उन्होंने फिर पूछा, कैसे? मैंने जवाब दिया, हम दुनिया के सबसे नौजवान देश हैं। लेकिन हमारा दुर्भाग्य यह है कि हम इसका इस्तेमाल नहीं कर पाते। हम गरीब देश नहीं हैं। हमारे पास प्राकृतिक संसाधन भरा पड़ा है। लेकिन हम उसका सही इस्तेमाल कर समृद्धि की तरफ नहीं जा पा रहे हैं। इसलिए हम अवसर खोते जा रहे हैं। हमें इसी चुनौती का मुकाबला करना है।

विकास मॉडल के तीन स्तंभ

इन दिनों गुजरात की बड़ी चर्चा हो रही है। लेकिन हम सिंगल पिलर पर टैंक खड़ा नहीं करना चाहते हैं। हमने अपने विकास के मॉडल को तीन स्तंभों पर खड़ा किया है। एक हिस्सा कृषि, दूसरा उद्योग और तीसरा सेवा क्षेत्र का है। देश में कृषि का विकास आपके सामने है। लेकिन गुजरात में 10 प्रतिशत से अधिक का विकास

कृषि क्षेत्र में हुआ है। जबकि गुजरात में एक तरफ रेगिस्तान और दूसरी तरफ पाकिस्तान है।

सशस्त्र बल बीमा पॉलिसी की तरह हैं

हमारे सशस्त्र बल बीमा पॉलिसी की तरह हैं। अगर वे मजबूत होंगे तो हम भी मजबूत होंगे। देश को मजबूत करना है तो सेना का सम्मान करना होगा।

सेना में तकनीकी आधुनिकता चाहिए

हमें सेना को आधुनिक बनाना होगा। सीमा पर तकनीक का अभाव होने की वजह से ज्यादा संघर्ष हो रहा है ।

युवा शक्ति की पहचान

हमें देश की युवा शक्ति को पहचानने की जरूरत है। हमारे पास अपनी शक्ति और सामर्थ्य होना चाहिए।

समस्याओं के समाधान हेतु

सब लोगों के साथ एक समान व्यवहार हो। हम सब मिलकर कार्य करेंगे, तभी देश के हालात सुधरेंगे। राष्ट्रीय सुरक्षा के लिए सशक्त सरकार, सशक्त नेतृत्व और सशक्त सेना की जरूरत है। ऐसा करके ही हम समस्याओं का समाधान कर सकेंगे।

सशक्त नेतृत्व आवश्यक

जब आप युद्धक्षेत्र में सेना के बीच खड़े होते हैं तो आपकी नेतृत्व-क्षमता देखी जाती है। यदि देश को मौजूदा संकट से निकालना है तो उसे मजबूत सरकार की जरूरत है, जिसमें कोई व्यक्ति आगे रहकर नेतृत्व कर सके।

बदलाव का आह्वान

हरियाणा रणबाँकुरों और वीरों की भूमि है। यहाँ सैनिकों के बीच आने का मुझे सौभाग्य मिला। यहाँ आना मेरे लिए बहुमूल्य अवसर है। हरियाणा रिजांगला, त्रिशूल व कारगिल की लड़ाई में शहादत का शतक करनेवाले बाँकुरों की भूमि है। आज की यह रैली बदलाव का आह्वान कर रही है और हरियाणा की भूमि ने दिल्ली की सल्तनत को चुनौती दी है।

वाजपेयीजी की सरकार

अटलजी और आडवाणीजी की सरकार के बारे में याद करके अच्छी अनुभूति होती है। जब वाजपेयीजी की सरकार थी तो पाकिस्तान अलग-थलग पड़ गया था और दुनिया को आतंकवाद पर ध्यान देने पर मजबूर होना पड़ा था। दुनिया ने पाकिस्तान की बात सुननी बंद कर दी थी। लेकिन पिछले नौ साल में दुनिया में आतंकवाद के विरुद्ध वैसा क्षोभ नहीं रहा है जैसा होना चाहिए।

मतदान अवश्य करें

यदि देश को मौजूदा संकट से निकालना है तो उसे मजबूत सरकार की जरूरत है, जिसमें कोई व्यक्ति आगे रहकर नेतृत्व कर सके। अगर आप देश को मजबूत देखना चाहते हैं, यदि आप दिल्ली (केंद्र) में मजबूत सरकार चाहते हैं तो पता लगाइए कि आपका नाम मतदाता सूची में है या नहीं।

श्वेत-पत्र जारी करें

हिंदू-मुसलिम के आधार पर सेना में सैनिकों की गिनती करवानेवाली केंद्र सरकार 'वन रैंक, वन पेंशन' के लिए श्वेत-पत्र जारी करे।

दिल्ली का ढुलमुल रवैया

चीन अरुणाचल प्रदेश हड़पना चाहता है और नदियों का पानी तक रोकने पर उतारू है। ऐसा सेना की कमजोरी के कारण नहीं हो रहा है, बल्कि दिल्ली में बैठी केंद्र सरकार के ढुलमुल रवैए के कारण ही चीन की ऐसा करने की हिमाकत हो पा रही है।

सुरक्षा के प्रति लापरवाह है देश की सरकार

हम हर दिन समस्याओं का सामना कर रहे हैं। पाकिस्तान अपनी करतूतों से बाज नहीं आ रहा। चीन घुसपैठ करके अपनी ताकत हमें दिखा रहा है। वह ब्रह्मपुत्र नदी का पानी रोकना चाहता है और अरुणाचल प्रदेश पर कब्जा करना चाहता है। दिल्ली में बैठी केंद्र सरकार को इन सबकी कोई फिक्र नहीं है। उसे लगता है कि ऐसी घटनाएँ तो होती रहती हैं।

सेना का अपमान बंद करें

सरकार सीमा पर तैनात जवानों की समस्याओं और देश की पीड़ा के प्रति पूरी तरह संवेदनहीन है। सरकार सैनिकों का अपमान करती है, जबकि सेना उत्तराखंड में देश की मदद कर रही होती है।

अच्छी खबरों का इंतजार

हार की खबरें सुनकर हमारे कान पक गए हैं और देश को अच्छी खबरें सुनने को नहीं मिल रही हैं। आज सुबह एक अच्छी खबर सुनने को मिली। भारत के वैज्ञानिकों का अभिनंदन करता हूँ, जिन्होंने 'अग्नि 5' का परीक्षण किया।

अब आतंकवाद और माओवाद से खतरा

युद्ध ने अपना रंग बदल लिया है। प्रथम और द्वितीय विश्व युद्ध में जितने लोगों और देशों को समस्याओं को सामना करना पड़ा, उससे अधिक देशों और लोगों को अब आतंकवाद व माओवाद से खतरा है। युद्ध से ज्यादा आतंकियों की गोली से जवान ज्यादा शहीद हुए।

पाकिस्तान की प्रगति भारत-विरोध के भरोसे नहीं

पाकिस्तान अगर आतंकवादी हरकतें छोड़ दे और 10 साल तक अपनी जमीन पर आतंकियों को पनाह न दे तो पाकिस्तान भी प्रगति के रास्ते पर चल सकता है। पाकिस्तान को यह समझना चाहिए कि उस देश का जन्म बेशक भारत-विरोध में हुआ हो, लेकिन अब उनकी तरक्की भारत-विरोध में नहीं है। 60 साल से जो गलत रास्ते पर चलते रहे हों, अब गरीबी और अशिक्षा के खिलाफ लड़ाई करो। भारत-विरोधी मानसिकता को भूलकर 10 वर्ष के लिए प्रगति की नई पहल करें। अगर पाकिस्तान ऐसा कर पाया तो दस वर्ष में ही गरीबी, भुखमरी, अशिक्षा से मुक्ति मिल जाएगी। भारत भी विकास में काफी आगे पहुँच जाएगा।

सरकार की रुचि तो सेना के टेंडरों में

पाकिस्तान अपनी हरकतों से बाज नहीं आ रहा है। बार-बार हमारे सैनिकों पर हमले करता है। लेकिन दिल्ली में बैठी हमारी सरकार को इससे फर्क नहीं पड़ता है। केंद्र सरकार की हमारी सुरक्षा में कोई रुचि नहीं है। उसे हमारे सैनिकों की भी कोई चिंता नहीं है। उनके लिए तो घटनाएँ होती रहती हैं। सुरक्षा और सुरक्षा बल सरकार की प्राथमिकता नहीं हैं। दिल्ली की सरकार की सेना के कल्याण में भी रुचि नहीं है। उसकी रुचि तो सेना के टेंडरों में है। वाजपेयी सरकार होती तो जरूर रास्ता निकल आता।

सेना को संप्रदाय में बाँटने की कोशिश

जितना अंग्रेजों ने नहीं बाँटा उतना 60 सालों में अपनों ने बाँटा। सेना को वोट

बैंक के चलते संप्रदाय में बाँटने की कोशिश दिल्ली की सरकार कर रही है। पहली बार इस देश में सच्चर कमेटी के माध्यम से कौन हिंदू है, कौन मुसलिम है, इसकी गिनती करने का पाप किया गया है। इस कदम का विरोध करने का सेना का कदम सराहनीय है। हम संप्रदाय के आधार पर सेना को बाँटने की कोशिश सफल नहीं होने देंगे।

सेना से सीखें धर्मनिरपेक्षता

अगर हमारे नेताओं को सही में धर्मनिरपेक्षता सीखनी है तो सेना से सीखें। सन् 1857 का संग्राम भी धर्मनिरपेक्षता की मिसाल था। यह परंपरा आज भी कायम है।

सरदार पटेल की सबसे ऊँची मूर्ति

मैं गुजरात में सरदार पटेल की सबसे ऊँची मूर्ति बनवाने जा रहा हूँ। उन्होंने इस मूर्ति के लिए प्रत्येक गाँव से लोहा देने की अपील की। सरदार पटेल की मूर्ति बनाने के लिए लोहा माँगने का अभियान शुरू किया जाएगा। इसके लिए हरेक किसान से लोहा माँगा जाएगा। 31 अक्तूबर से यह व्यापक अभियान शुरू किया जाएगा।

पाक और बँगलादेश को सलाह

मैं पाकिस्तानी मित्रो को बताना चाहता हूँ कि बम और पिस्तौल समाधान नहीं हैं। इससे पिछले 60 साल में पाकिस्तान को कोई फायदा नहीं हुआ। भारत, पाकिस्तान और बँगलादेश को गरीबी, अशिक्षा व अंधश्रद्धा के खिलाफ लड़ाई लड़नी चाहिए।

दुनिया को हथियार बेचने का सपना

सेना के लिए छोटा-मोटा पुर्जा भी लाना हो तो विदेशों से लाना पड़ता है। देश की युवा शक्ति का उपयोग करते हुए खुद हथियार बनाने चाहिए और बेचने चाहिए। और अब दूसरे देशों से हथियार खरीदना बंद कर देना चाहिए। हमें हथियारों का खरीदार नहीं बल्कि दुनिया को हथियार बेचने का सपना देखना चाहिए। हमें अब सेना को आधुनिक बनाने की जरूरत है।

□

कहीं हम उनको भूल न जाएँ

(राष्ट्रीय स्वयंसेवक संघ के समर्पित राष्ट्र-निर्माताओं पर नरेंद्र मोदी ने ज्योतिपूँज पुस्तक लिखी है उसके कुछ अंश)

डॉ. केशवराव बलिराम हेडगेवारजी

एक बार स्वामी विवेकानंद ने तत्कालीन समाज की मन:स्थिति को देखकर आक्रोशपूर्वक कहा था, 'आनेवाले 50 वर्षों तक भारत की प्रजा को अपने तमाम देवी-देवताओं को भूलकर, मात्र अपनी भारत माता को आराध्या देवी मानकर उसी के चरणों में सबकुछ न्योछावर कर देना चाहिए। इस प्रकार यहाँ भी विवेकानंद की हृदयेच्छा को डॉ. हेडगेवार ने चरितार्थ कर दिखाया। अपनी सूझ-बूझ और कार्यशैली द्वारा डॉ. साहब ने भारत माता को ही अपनी आराध्या देवी मान कर समाज-पुरुष की रचना की। व्यापक रूप में समाज में भारत माता की आराधना करने की प्रवृत्ति का विकास हुआ। 'भारत माता की जय' वाक्य आजादी से पहले 'वंदे मातरम्' की तरह ही घोष वाक्य बन रहा था।

हमारे देश में संन्यासी की परंपरा सतत रही है। विवेकानंदजी ने संन्यासी की व्याख्या को ही बदल डाला। व्यक्तिगत साधना में लीन संन्यासी ने समाज-सेवा को ही अपना ध्येय बना लिया। रामकृष्ण मिशन के संन्यासी के लिए दरिद्र नारायण की सेवा ही उनकी आराधना है। डॉ. साहब ने भी ऐसी ही एक महान् क्रांति की सर्जना की। उन्होंने संघ में प्रचारक परंपरा का शुभारंभ किया। व्यक्तिगत जीवन की सभी आकांक्षाओं का त्यागकर केवल राष्ट्र और समाज के लिए जीनेवाले व्यक्तियों की इस प्रचारक परंपरा के विषय में चिन्मय मिशन के श्री चिन्मयानंदजी कहते हैं, 'डॉ. साहब ने इस देश को सफेद वस्त्रधारी संन्यासियों की भेंट दी है।'

पूजनीय श्रीगुरुजी (माधवराव सदाशिवराव गोलवलकर)

परम पूज्य हेडगेवारजी मृत्युशय्या पर थे, जीवन की अंतिम साँस ले रहे थे। मृत्यु निश्चित थी। सन् 1925 में राष्ट्रीय स्वयंसेवक संघ की स्थापना हुई थी, जिसका विस्तार वर्ष 1940 तक समग्र देश में हो गया था। 34 वर्ष के एक नवयुवक के हाथ में इस राष्ट्रीय स्वयंसेवक संघ की जिम्मेदारी सौंपनी थी। उस समय पर उन्होंने अति सहजता के साथ गुरुजी से कहा था, 'माधव, तुम्हें यह काम सँभालना है।' सन् 1940 में उन्होंने एक ही वाक्य कहा था। रात भर जागरण करने के पश्चात् डॉ. हेडगेवारजी ने गुरुजी को बताया नहीं कि देश की परिस्थिति कैसी है। एक हजार वर्ष की गुलामी से हिंदू समाज में पता नहीं कितने कुसंस्कार आ गए हैं, उनका उन्होंने जरा भी जिक्र नहीं किया था। डॉ. साहब ने न तो कोई देशभक्ति के गीत गाए और न ही सिखाए थे। बस, सहज भाव से कह दिया था—माधव, इस काम को सँभालना।

पारदर्शी पारस पप्पाजी : डॉ. प्राणलाल दोषी

गुजरात में करीब 15 प्रतिशत लोग जंगलों में जीवन व्यतीत करते हैं। आजादी के 40-50 वर्षों बाद भी वन बंधु विकास की प्रक्रिया से वंचित हैं। यह बात पप्पाजी के मन में पीड़ाकारक थी। उन्होंने वनवासियों के सर्वांगीण विकास की दिशा में कुछ कर दिखाने का संकल्प लिया। 75 वर्ष की आयु में वे राजकोट से बस में रात भर सफर कर वलसाड जिले के धरमपुर स्थान पर पहुँचे। वहाँ हर महीने जंगलों में पहुँचना, वनवासियों के बीच रहकर उनकी समस्याओं को समझना, उनमें शक्ति जगाना, समस्याओं से मुक्ति हेतु आयोजन करना, व्यवस्था कायम करना—बस, इन्हीं सब कामों में वे डूब जाते थे। छोटी-से-छोटी बात का भी वे ध्यान रखते थे। अनेक वनवासी परिवारों को उन्होंने अपना परिवार बनाया था। राजकोट के दाँत के डॉक्टर जब देह त्याग रहे हों, उस समय उमरगाम से लेकर अंबाजी तक की पट्टी पर विस्तृत आदिवासी जनजाति की आँखें आँसुओं से छलक रही हों, जीवन की ऐसी ऊँचाई प्राप्ति से और अधिक क्या हो सकता है!

युग ऋषि : शतायु शास्त्रीजी (के.का. शास्त्री)

जो व्यक्ति अठारह-अठारह घंटे केवल काम नहीं, साधना करते हों, उस विरले पुरुष की नियमितता, सहजता और विचारों की स्पष्टता भी जबरदस्त थी। राष्ट्रीय स्वयंसेवक संघ में संघ शिक्षा वर्ग का विशेष महत्त्व होता है। गरमियों की छुट्टियों में 40-50 डिग्री तापमान के बीच करीब सभी लोग आराम और छुट्टी का आनंद

लेते हैं, तब राष्ट्रीय स्वयंसेवक संघ के कार्यकर्ता राष्ट्र-आराधन की कठोर तपश्चर्या करते हैं। तीस दिनों का वर्ग एक साधना के समान होता है। वर्ग में सर्वाधिकारी रूप में समाज में से प्रतिष्ठित नागरिकों को जोड़ने की परंपरा है। सन् 1972 में राष्ट्रीय स्वयंसेवक संघ का संघ शिक्षक वर्ग अमदावाद में था। पूज्य शास्त्रीजी को संघ शिक्षा वर्ग में सर्वाधिकारी रूप में पसंद किया गया था। सामान्य रूप में सर्वाधिकारी पूरे समय वर्ग में रहते थे, किंतु प्रथम बार संघ ने नियमों में छूट दी थी—शास्त्रीजी को दोपहर को ले आना। बौद्धिक वर्ग में वे आए। अमदावाद में 44 डिग्री की गरमी में शास्त्रीजी स्कूटर से आते थे। उनको लेने स्कूटर भेजा जाता था तो वे किसी के पीछे बैठकर स्कूटर से आ जाते थे। लेकिन जब वे वर्ग में पाँव रखते थे तो इतने जीवंत होते थे कि सारे वातावरण को हलका-फुलका कर देते थे और समय कैसे बीत जाता था, किसी को पता भी नहीं चलता था।

संघ योगी वकील साहेब : लक्ष्मण राव इनामदार

सन् 1982-83 का वर्ष होगा। वकील साहब की तबीयत बिगड़ती जा रही थी। एक स्वयंसेवक ने उनके पास आकर कहा, 'प्रभु की कृपा से मुझे चार पैसे मिले हैं, जिसमें से कुछ आपकी देखभाल के लिए खर्च चाहता हूँ। आप उसे स्वीकार करें।' वकील साहब ने कहा, 'भाई, मैं तेरी भावनाओं को समझता हूँ; पर मेरी देखभाल तो संघ बहुत अच्छी तरह से करता है। इसलिए अपनी देखभाल के लिए पैसे लेने का सवाल नहीं उठता।' आए हुए स्वयंसेवक के पास इसका कोई जवाब न था। फिर भी उसके मन में उन्हें पैसे देने की तीव्र इच्छा थी। जिन्होंने उसे और उसके परिवार के जीवन को योग्य मार्ग दिखाया, सुख-दु:ख में जो आप्त जन के रूप में उनके साथ खड़े रहे, उनके लिए उनकी बीमारी की अवस्था के लिए कुछ तो करना ही चाहिए, ऐसा उन्हें लगता था। वकील साहब का जवाब भी सच्चा था, जो उनकी ऊँचाई को और उनकी संत के साथ समरसता का परिचय देता था। फिर भी, स्वयंसेवक के मन में पैसे देने की बात अडिग थी। अंत में वकील साहब ने मार्ग निकाला। उन्होंने कहा, 'अब आप जब इतना कह रहे हैं तो मैं पैसे रखूँगा। हम अपने गरीब बंधुओं के लिए जो चिकित्सा केंद्र चलाते हैं, उसमें इसका उपयोग करेंगे। क्यों, ठीक है न? वैसे भी आपको यह पैसा बीमारी की दवाई के लिए ही खर्च करना है।' उन्होंने पैसे रख लिये और उस स्वयंसेवक को भी संतोष हुआ।

मधुरम मधुकर—मधुकरराव भागवत

गुजरात में संघ अभी शैशव काल में ही था, तभी वहाँ वर्ष 1948 में संघ पर प्रतिबंध लाद दिया गया था। सात वर्ष संघ कार्य रूपी शिशु पर लादे गए प्रतिबंध को भला मधुकर राव कैसे सहन कर लेते। सौम्य व मृदुभाषी मधुकर राव के अंतर में संघर्ष की ज्वाला भड़क उठी। उन्होंने एक माँ की तरह अपने सात वर्ष के बालक रूपी संघ को बचाने के लिए अपनी पूरी शक्ति लगा दी। गुजरात की धरती पर असत्य की आँधी में सत्य की ज्योति को जलाए रखना कितना कठिन था, उसकी तो केवल कल्पना ही की जा सकती है। किंतु मधुकर राव धैर्य के साथ तत्कालीन स्वयंसेवकों में आत्मविश्वास जगाते हुए संघर्ष के लिए तैयार करते हुए सत्याग्रह की नई दिशा दिखाने में जुट गए। स्वतंत्रता आंदोलन के किसी भी एक कार्यक्रम में जितने लोगों को सत्याग्रह करके जेल जाना स्वीकार्य था, उससे भी कहीं अधिक लोगों ने संघ पर लगे प्रतिबंध को दूर करने के लिए गुजरात की जेलें भर दीं। किसी भी अच्छे कार्य के लिए मनुष्य के अंदर प्रेरणा रूपी भाव जगाने में ज्यादा मेहनत नहीं लगती है। लेकिन सत्कार्यों को संकटों से मुक्त कराने के लिए संघर्ष में मर मिटने के लिए एक अलग ही प्रकार की प्रेरणा की जरूरत होती है। मधुकर राव में इस प्रकार की प्रेरणा जाग्रत् करने की एक अनोखी शक्ति थी। मधुकर राव स्वयं प्रचारक रहे और अपने सुपुत्र श्री मोहन राव भागवत को प्रचारक के रूप में राष्ट्र-चरणों में समर्पित करके इस आहुति यज्ञ में नव ज्योति प्रदान की।

कार्यनिष्ठ अनंतराव काले

डॉ. हेडगेवारजी का संपर्क तो साधना में परिवर्तित हो गया, इससे उनके जीवन का लक्ष्य निर्धारित हो गया। आद्य सरसंघचालक के अंतिम संदेश से संवेदनशील अनंत रावजी का हृदय द्रवित हो उठा और छोटी सी उम्र में उन्होंने व्यक्तिगत जीवन को तिलांजलि दे दी। संपन्न परिवार का अपनापन, प्यार और सुख छोड़कर उन्होंने संघ की योजना से ही जीवन जीने का संकल्प किया। दृढ़ संकल्प और स्पष्ट योजना के साथ वे महाराष्ट्र के जोशी कंस्ट्रक्शंस में काम करने के लिए महाराष्ट्र आए थे। खेड़ा के पास जो वात्रक पुल है, उसे बनाने का काम उन्होंने हाथ में लिया था। पुल बनाने का तो केवल बहाना था। उनका शरीर और बुद्धि उस निर्जीव पुल को बनाने में लगा रहता, लेकिन हृदय तो व्यक्ति-निर्माण की योजना में निमग्न था। उन्होंने जल्द-से-जल्द गुजराती भाषा सीख ली। संपर्क बढ़ने के साथ ही संघ कार्य करना आरंभ कर दिया। पुल का काम पूरा होते ही उन्होंने जोशी कंस्ट्रक्शंस की नौकरी को छोड़ दिया। लक्ष्य की प्राप्ति के लिए नडियाद को कार्यक्षेत्र बनाया। संघ कार्य की

प्रारंभिक दिनों में मनुष्य की सामान्य जरूरतें जैसे अन्न, आवास इत्यादि की कोई सुविधा न होते हुए भी अनेकविध कष्ट सहकर अहर्निश संघ कार्य की साधना चल दी। देखते-ही-देखते अनेक सहकारों से एक जूथ तैयार हो गया।

गतिशील व्यक्तित्व : केशवराव देशमुख

सन् 1945 के वर्ष में अपनी अच्छी-खासी नौकरी छोड़कर देशमुखजी प्रचारक निकले और संघ कार्य के लिए सूरत पहुँचे। आज दो लोगों से मुलाकात की तो कल चार से। कभी भोजन अवकाश के समय मिलने जाते। इस प्रकार सामान्य संपर्क करते गए और उनके प्रयासों के परिणामस्वरूप शाखा शुरू हुई। पहले छोटे बच्चे खेल भावना और उनके माता-पिता देशमुखजी की वाणी, व्यवहार और अभ्यास से आकर्षित हुए। इसलिए सूरत के निवासियों के साथ एकरूप होने में उन्हें देर न लगी। इस प्रकार सूरत में संघ कार्य का श्रीगणेश हुआ और प्रजा भी संघ की ओर आकर्षित हुई। उसके बाद नई योजना को आकार देने के लिए देशमुखजी को दक्षिण विभाग का कार्य सौंपा गया और बडोदरा उनका मुख्य केंद्र बना। इसलिए देशमुखजी बडोदरा आए। उनका प्रवास कार्यक्रम भी चलती-फिरती संगठन शाला की तरह था। वे अधिकतर प्रवास बस या ट्रेन में करते थे। गुजरात में एक स्थान से दूसरे स्थान जाते, तब मार्ग में जो नए-नए कार्यकर्ता मिलते, उन्हें साथ में रखते।

मध्याह्ने सूर्यास्त : वसंतभाई गजेंद्र गडकर

वसंतभाई संवेदनशील व्यक्तित्व होने के कारण नाराज भी होते थे। नाराज होने का कारण भी बिलकुल अलग। वसंतभाई से मेरा परिचय सामान्य स्वयंसेवक के रूप में हुआ था, इसलिए स्वाभाविक रूप से वे हमारे नेता होने के कारण हमारे बीच में respectable distance (आदरणीय दूरी) थी। लेकिन थोड़े समय में मैंने अमदावाद में संघ के प्रचारक के रूप में काम करना शुरू किया। वसंतभाई के मन में संघ के प्रचारक के प्रति बहुत आदर था। प्रचारक उनके घर आए। उनसे मिलना, उनसे बातचीत करना—यह सब उन्हें अच्छा लगता था। लेकिन मैं कभी भी उनके घर नहीं जाता था, क्योंकि पहले से ही मेरे मन में उनके लिए एक respectable distance था। एक बार एक कार्यक्रम में हम मिले। अभिवादन के साथ ही वसंतभाई ने अपनी नाराजगी उग्र शब्दों में व्यक्त करनी प्रारंभ कर दी—'हाँ, आप तो अब माननीय प्रचारक हो न, बहुत बड़े हो गए हो न! मैं भी स्वयंसेवक हूँ। मेरे घर यदि अब आपको आना ही नहीं है तो न कह दो।' बस, इतना कहकर वे आगे चले गए।

शाम को मैं उनके घर गया। सुबह की बात मानो हुई ही न थी। इस तरह उन्होंने मेरे साथ देर तक बातचीत की और रात्रि-भोजन भी करवाया। इतना ही नहीं, हर गुरुवार को मैं उनके घर पर भोजन करूँ, ऐसा आग्रह भी रखा। और गुरुवार को भोजन करने का हमारा क्रम अंत तक चला।

सेवाव्रती : डॉ. विश्वनाथ वणीकर

पाँच-सात वर्ष के अल्पकाल में ही डॉ. वणीकर ने गुजरात के कोने-कोने में विश्व हिंदू परिषद् का नाम गुंजार दिया था। लेकिन डॉ. वणीकर अलग ही मिट्टी के बने हुए थे। सच्चे अर्थों में उनका जीवन संतों जैसा था। उन्हें संस्था के कद, उसके प्रभाव, उसकी ख्याति से संतोष न था। वे हमेशा सच्ची सेवा करने के लिए तत्पर रहते थे। गुजरात में कई बार अकाल की स्थिति का सामना करना पड़ता था। सन् 1972-73 के अकाल के समय में डॉ. वणीकर ने आदिवासियों की सेवा का बीड़ा उठाया था। वे साबरकाँठा विस्तार के पाल, चितारिया, भिलोड़ा, खेडब्रह्मा और विजयनगर में घूमते रहते थे। सप्ताह के तीन दिन समाज के सुखी-संपन्न लोगों को वे आदिवासियों के बीच ले जाते और उनकी गरीबी के दर्शन करवाते। समाज के लिए कुछ करने की भावना इन सुखी-संपन्न लोगों में जागे, इसके लिए वे प्रयत्नशील रहते थे। कहीं छाछ (मट्ठा) केंद्र चलाते तो कहीं अकाल-पीड़ितों के लिए सुखड़ी (आटा, घी और गुड़ से बनी मिठाई) अभियान चलाते थे। इंग्लैंड की धरती पर उच्च अभ्यास करनेवाले डॉक्टर को आदिवासियों के बीच जंगल में भटकते देखकर कोई कल्पना भी नहीं कर सकता था कि ऐसा समर्पित जीव भी कोई हो सकता है। साबरकाँठा के विजयनगर तालुका के पाल-चितरिया विस्तार में आश्रम स्कूल और आदिवासियों के लिए उन्होंने खेती-बाड़ी स्कूल का निर्माण भी किया, जो आज भी वहाँ के आदिवासी परिवारों के लिए शिक्षण और संस्कार का धाम बन गए हैं।

कर्मठ कर्मयोगी : काशीनाथ बागवड़े

वर्ष 1945 में काशीनाथ ने देश-हित के लिए सर्वस्व न्योछावर करने का संकल्प लिया। घर छोड़ा, नौकरी छोड़ी, परिवार छोड़ा और गुलामी से मुक्ति के लिए हिंदू समाज को संगठित करने के सपने के साथ संघ कार्य में प्रचारक के रूप में समर्पित हो गए। शुरुआत में वे खेड़ा में संघ कार्य करने में प्रवृत्त रहे। उन दिनों वे गुजराती भाषा सीखने के लिए जिज्ञासु भाव से सतत प्रयत्न करते रहे। बहुत कम समय में वे भाषा से गुजराती बन गए। संघ कार्य के अनुरूप जीवन-विकास के लिए जाग्रत् प्रयासरत अनेक साथी उनसे प्रभावित थे। विशाल गुण-संपदा, सादगी और मेहनत के

कारण शैक्षणिक डिग्री न होने का अभाव उनके लिए कभी भी अवरोध न बना था। प्रचारक जीवन की शुरुआत में ही काशीनाथजी ने खेड़ा जिले में ठीक-ठीक पकड़ बना ली थी। बहुत वर्षों तक गुजरात में—खास तौर पर यदि किसी को कच्छ जाना पड़ता तो—वह सजा का पात्र माना जाता; जबकि युवा काशीनाथजी की कर्मठता के कारण खेड़ा जिले के हरे-भरे वातावरण से उन्हें वीरान कच्छ की जिम्मेदारी सौंपी गई। आजादी से पहले कच्छ जाने के लिए समुद्री मार्ग का भी उपयोग करना पड़ता था। युवा काशीनाथ ने कच्छ में डेरा जमाया। उन्होंने कच्छ की विशेषताओं, कच्छ का अपनापन, कच्छ की आंतरिक शक्तियों को खूब पहचाना। आज भी कच्छ की प्रथम पीढ़ी के स्वयंसेवक काशीनाथजी की पद-यात्रा, साइकिल यात्रा और खाना न मिले, फिर भी शरीर को अनेकानेक कष्ट देकर भी काम करने की उनकी लगन की बातें करते थकते नहीं हैं। उस जमाने में उनके द्वारा उठाए गए कष्ट और परिश्रम की पराकाष्ठा की बातें आजकल के लोगों को किसी दंतकथा से कम प्रतीत नहीं होती हैं।

संघर्षमय जीवन : नाथाभाई झगड़ा

सन् 1961-62 में नाथाभाई ने प्रचारक जीवन की शुरुआत की। सोने की गढ़ाई का काम छोड़कर वे जीवन गढ़ने में जुट गए। उन दिनों संघ कार्य की अभी शुरुआत ही हुई थी और वह धीरे-धीरे आगे बढ़ रहा था। नाथाभाई के प्रचारक जीवन की शुरुआत जन संघ के संगठन मंत्री के रूप में हुई। वसंतभाई और नाथाभाई की जोड़ी जन संघ के विकास और विस्तार के लिए दौड़ती रही। वसंतभाई की बौद्धिक प्रतिभा और नाथाभाई की समझ-बूझ की जोड़ी ने जन संघ की नींव मजबूत की थी। संघ कार्य में एकत्वकारी शक्ति (सीमेंटिंग फोर्स) के रूप में जिस अटूट शक्ति का भंडार बह रहा था वह था परिवार-भाव। संघ कार्य में यदि परिवार के साथ न जुड़ सके तो वह कार्य की खामी मानी जाती। नाथाभाई में कुटुंब-प्रेम विशिष्ट था। गुजरात के हजारों परिवारों में नाथाभाई एक कुटुंब के सदस्य बनकर रहे। आपातकाल के दिनों में जब भूमिगत लड़ाई चल रही थी, तब छोटे-मोटे अनेक कार्यकर्ता भूमिगत रहते थे। उस समय सभी ने अनुभव किया कि नाथाभाई द्वारा तैयार किए गए अनेक कुटुंब और उनके घर आपातकाल की इस लड़ाई में अभेद्य किले साबित हुए थे। भाजपा की वर्तमान पीढ़ी नाथाभाई के नाम से अधिक परिचित नहीं होगी, लेकिन भाजपा के पास आज जो कुछ भी है, उसमें नाथाभाई के पसीने की महक है। नाथाभाई ने अपने अस्तित्व को खाद बनाकर कमल खिलाया है।

बहुमुखी प्रतिभा : बाबूभाई ओझा

राष्ट्रीय स्वयंसेवक संघ की व्यवस्था में संघचालक के रूप में जिम्मेदारी अत्यंत गौरवमय और प्रतिष्ठा से भरपूर होती है। निवृत्ति के साथ ही उन्हें गुजरात के सहप्रांत-संघचालक की जिम्मेदारी दे दी गई। अपना पूरा समय संघ को समर्पित करने के निर्णय के साथ वे गुजरात के कोने-कोने में प्रवास करके संघ कार्य की वृद्धि के काम में जुट गए। दुर्भाग्य से थोड़े ही समय में गुजरात के प्रांत प्रचारक केशवराव देशमुख का अचानक स्वर्गवास हो गया। संघ जीवन में प्रांत प्रचारक संघ कार्य का मुख्य चालक बल होता है। अचानक ही संघ के प्रतिष्ठित व्यक्ति ने विदाई ली थी। ऐसी विकट परिस्थिति में पहली बार बाबूभाई ओझा जैसे गृहस्थ जीवन जीनेवाले व्यक्ति को प्रांत प्रचारक के रूप में पसंद किया गया। परिवार की अनेक जिम्मेदारियाँ होते हुए भी बाबूभाई ने पूर्ण समर्पण भाव से यह जिम्मेदारी भी उठाई। संघ के कार्यालय को ही घर बना लिया। परिवार के लोगों के साथ संपर्क फोन या पत्रों तक ही सीमित रह गया। प्रचारक परंपरा का कार्य वे पूरी निष्ठा के साथ करते थे और निरंतर संगठन में नए प्राण का संचार करने की कोशिश में लगे रहते थे। बाबूभाई ने प्रांत प्रचारक की जिम्मेदारी में कोई कमी न रह जाए, इसके लिए सामर्थ्य से भी अधिक श्रम किया और कष्ट-साध्य जीवन को सहज स्वीकार कर लिया।

गंगाघाट : बचुभाई भगत

संघ में मन लगने के कारण वे पिताजी के व्यवसाय में ध्यान ज्यादा न दे सके। धीरे-धीरे उधार बढ़ता गया। माणेक चौक के दो-दो मकान उन्हें बेचने पड़े। एक घर बच गया था वह भी गिरवी रखना पड़ा। कॉलेज में पढ़ना भी मुश्किल हो गया। कॉलेज के द्वितीय वर्ष से ही पढ़ाई अधूरी छोड़नी पड़ी। गवर्नमेंट कॉमर्शियल डिप्लोमा का कोर्स करके चंदुभाई रावजी भावसार के यहाँ 270 रुपए मासिक की नौकरी की, जिसमें से उधार चुकाया जाए या घर चलाया जाए, ऐसी कठिन परिस्थिति आ पड़ी। इतनी मुसीबतों के बावजूद वे संघ कार्य के वर्ग में नियमित जाते और अपनी मुसीबतों के बारे में कभी भी किसी को पता न लगने देते। उनकी संघ-भक्ति इतनी तीव्र थी कि पिताजी का स्वर्गवास हो गया था, मृतदेह घर पर थी, फिर भी 'शाखा में प्रार्थना करके आता हूँ' कहकर शाखा में पहुँच गए। उनकी यह तीव्रता जवानी में ही थी, ऐसा न था। आखिर में गुजरात के महान् संकल्प शिविर से पहले बचुभाई की पत्नी, हम सभी की 'मोटी बेन' का स्वर्गवास हुआ। शिविर के प्रारंभ के दिन मोटी बेन की तेरहवीं की विधि थी। बचुभाई शारीरिक रूप से अस्वस्थ थे, फिर भी

तेरहवीं की विधि जल्दी करके सुबह दोपहर से पहले वे शिविर पहुँच गए थे। गुजरात की संघ गंगा के 60 वर्षों में एक भी शिविर का कार्यक्रम ऐसा नहीं होगा, जिसमें बचुभाई की उपस्थिति न रही हो।

विनोदी व्यक्तित्व : वासुदेवराव तलवलकर

वासुदेवराव की कार्य करने की अनेक विशेषताएँ थीं। वे संघ प्रचारकों में सामान्य एक ही रूप से जीवन-शैली जीनेवालों से बिलकुल अलग थे। व्यक्तिगत जीवन में वे अपनी ओर बिलकुल भी ध्यान नहीं देते थे। एक मस्तमौला की तरह बाल सँवारने का भी सलीका नहीं। कपड़े भी अस्त-व्यस्त पहनना। फटी-पुरानी चप्पल और मोटे-मोटे चश्मे पहनकर वे अनोखे ही लगते थे। व्यक्तिगत जीवन में वे जितने अव्यवस्थित थे, संघ कार्य में उतने ही व्यवस्थित थे। संघ कार्य-प्रणाली के सभी कार्यों के बारे में बहुत ही रुचिपूर्वक कार्य करते और कहीं भी किसी प्रकार की कमी न रह जाए, इसका पूरा ध्यान रखते थे। वासुदेवरावजी के जीवन में संघ कार्य के लिए आग्रह, समरूपतापूर्वक कार्य करना, नियमितता—सभी कुछ प्राथमिकता के आधार पर ही; लेकिन स्नान, भोजन, सोने का समय, अखबार पढ़ने में समय का कोई बंधन नहीं। कभी-कभी तो रात के एक बजे भी कपड़े धोने बैठते, तब सभी समझ जाते कि आज पूरा दिन उन्होंने अपने को अन्य काम पूरा करने में व्यस्त रखा होगा। बैठकों में उनके न होने पर बैठक नीरस और बेजान-सी लगती थी, क्योंकि वासुदेवरावजी की आदत थी कि वे किसी भी बैठक में किसी भी विषय में थोड़ी-थोड़ी देर पर बीच-बीच में हँसी-मजाक कर लेते थे और वातावरण को हलका बना देते थे। और बैठक में चल रहे किसी गंभीर विषय पर भी सभी लोग हलके मन से विचार करने लगते।

बिना पतझड़ का वसंत : वसंतराव चिपलूणकर

विश्व भर में विशाल संगठन के लिए जो पहचाना जाता है, ऐसे राष्ट्रीय स्वयंसेवक संघ के संगठन के व्याप और विस्तार के मूल में वसंतराव जैसे महापुरुषों के खून-पसीने की सुगंधि है। वसंतराव अपने प्रारंभिक काल में साबरकाँठा में संघ के कार्य का प्रारंभ करने गए थे। ईडर और हिम्मतनगर में काम खड़ा करने की ठान ली। वहाँ काम की शुरुआत करने के लिए कोई सहारा नहीं था, प्रयास के लिए पैसे नहीं थे। ऐसी कठिन परिस्थिति में भी अपने भरपूर यौवन काल में उन्होंने कार्य की शुरुआत की। संघ कार्य शुरू करने के लिए एक दिन हिम्मतनगर की संघ की शाखा लगाते और पाँच-पचास बच्चों को अंदर खींच लाते और वहाँ की शाखा

का काम निपटाकर वे हिम्मतनगर से ईडर के लिए चल पड़ते तो कभी दौड़ने लगते, क्योंकि बस में जाने के लिए उनके पास पैसे न थे। हर दूसरे दिन लगभग 28 किलोमीटर पैदल चलकर जाना उनका क्रम बन गया था। ईदर में जाकर संघ कार्य करना और फिर ईदर की प्राकृतिक गुफाओं में ही पत्थरों के बीच सो जाना। रात को खाना बनाने का न तो समय था, न ही जगह। इसलिए वे बाजार से बाजरे का आटा ले आते और उसे कच्चा ही पानी में भिगोकर पी जाते। महीनों तक ऐसी तपस्या करके संघ कार्य की नींव रखने का उन्होंने प्रयत्न किया था।

□

कवितांजलि

माँ, इस जगत् में मुझे आने दे!

माँ, अपनी उँगली पकड़कर
मुझे चलने दे
माँ, तू मुझे इस जगत् में आने दे!
माँ, अपनी उँगली पकड़कर
मुझे चलने दे
माँ, तू मुझे इस जगत् में आने दे!
वंश का अपना बीज
अंकुरित होने दे
गौरी माँ की छाँव में
मुझे हरियाली बोने दे
तू परीक्षण भ्रूण का किसलिए करती है?
अपनी आकृति को फिर आकार लेने दे।
माँ, इस जगत् में मुझे आने दे!

माँ, तेरे जैसे ही मैं पैदा होने वाली हूँ
अपनी आकृति का पुनः सृजन होने दे
मुझे बचपन की वह गुड़िया
वह घाघरा-चोली
वह मेहँदी वह सब।

बचपन का दीप मुझे तू प्रगटाने दे
माँ, इस जगत् में मुझे आने दे!

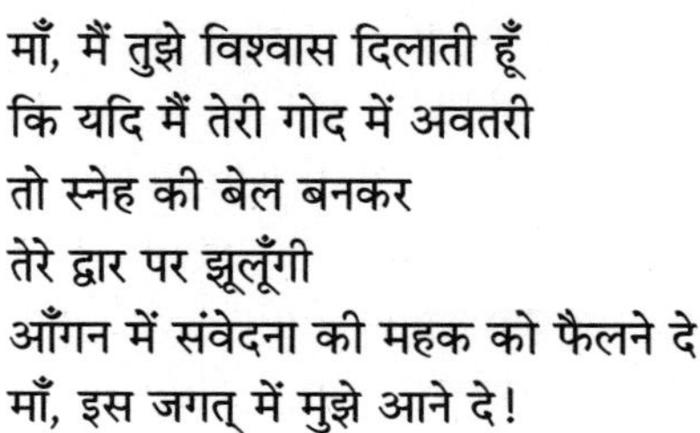

माँ, मैं तुझे विश्वास दिलाती हूँ
कि यदि मैं तेरी गोद में अवतरी
तो स्नेह की बेल बनकर
तेरे द्वार पर झूलूँगी
आँगन में संवेदना की महक को फैलने दे
माँ, इस जगत् में मुझे आने दे!

मेरी उपस्थिति ही
संवेदना का सेतु बाँधती है
इसलिए आँगन में संवेदना को महकने दे
माँ, इस जगत् में मुझे आने दे!

साँप का भारा नहीं माँ
मैं साँप का भारा नहीं हूँ
मैं तो तेरा ही अंश हूँ
तेरा ही तो अंश हूँ
यदि तू माँ है
तो मुझमें भी तो माता का अंश पड़ा है
लगाव के बंधन को बाँधने दे
माँ, इस जगत् में मुझे आने दे
माँ, इस जगत् में मुझे आने दे
माँ, इस जगत् में मुझे आने दे!!

जीवंत गंगाघाट, यानी स्व. बचुभाई भगत

गंगा घाट पर आकर करोड़ों लोगों ने
गंगा का अर्चन-पूजन-आचमन किया होगा
गंगा घाट पर कितनों ने तन का मैल धोया होगा,
तो कितनों ने ही मन का मैल भी धोया होगा।

कितनों ने दीप धूप जलाई होगी
तो कितनों ने ही जीवन दीप प्रज्वलित किए होंगे
किसी ने चंदन घिसकर सुगंध फैलाई होगी
तो किसी ने जीवन घिसकर सुगंध फैलाई होगी
किसी ने जीवन-साधना की होगी
तो संत तुलसी जैसे अनेक ने
अमर जीवन साहित्य का सृजन किया होगा
लेकिन, हमारी महान् सांस्कृतिक विरासत की
विशेषता को देखो,
गंगाघाट गंगा किनारे ही हो,
यह कोई जरूरी थोड़े ही है
गुजरात में बहती संग गंगा के तट पर
धीर, स्थिर, आस्था और संस्था रूप
एक जीवंत गंगाघाट यानी
स्वर्गीय बचुभाई भगत!

श्री वसंतभाई गजेंद्रगडकर की प्रथम पुण्यतिथि पर

भैया,
ऐसी आपको क्या
लगने लगी कि बस,
प्रज्वलित करते गए
प्रज्वलित करते गए
गाँव-दर-गाँव
घर-दर-घर
बस
दीप ही प्रज्वलित किए।
जरा
पीछे मुड़कर देखना तो था
कहीं
यह प्रज्वलित करनेवाला ही
प्रज्वल हो उठेगा

लेकिन भैया
पिछले वसंत से
इस वसंत तक
दूधेश्वर के दरवाजे से
निकलते
प्रकाश–पुंज के सहारे
वसंत के बिना
बहुत चले
बहुत चले
इसलिए,

प्रथम पुण्यतिथि से पूर्व
'मोर्चा'
'दल'
बन गया
लोकतंत्र की ज्योति को
जलती रखने के लिए।

विशाल व्यक्तित्व, यानी वसंतभाई गजेंद्रगडकर

कभी भी यदि समुद्र का
शब्दों में वर्णन करना हो तो
समुद्र यानी ?
विशाल जलाशय ?
विशाल यानी ?
बस, विशाल।
जिसकी कोई मर्यादा न हो
देखे बिना,
नजदीक गए बिना
समुद्र को पहचान नहीं सकते
बस, उसी तरह
हमारे वसंतभाई का व्यक्तित्व,

विद्वान, व्यवहार-कुशल,
विचारक, विनोदी
चैतन्य से भरा हुआ,
वैविध्य से भरा हुआ
विशाल व्यक्तित्व यानी
वसंतभाई गजेंद्रगडकर!

मान वंदना

(संघ-रत्न श्री अनंतराव रामकृष्ण काले की स्मृति में)

हँसती, कूदती, दौड़ती
किल्लोल करती
धरा को सुजलां सुफलाम् करती
नदी
देखना कितना अच्छा लगता है—
धसमसती वायुवेगी नदी
जब सागर की गोद में
समा जाती है
वह वेला कितनी अद्‌भुत होती है!

सौंदर्य के दृश्यों से आँखें भी भर आती हैं
सूर्योदय की वेला याद आती है
रक्तरंगी आकाश
पक्षियों का कलरव
गोधण (गायों को वापस जाने) की गति
धरा की धूल के रजकण के बीच में से
छानकर आती
सुकोमल किरणों का स्पर्श
कितना अच्छा लगता है!

मध्याह्न में सूर्य की तीव्र प्रखरता से
आँखें चौंधिया जाती हैं

सूर्य की अविराम गति
फिर
क्षितिज के उस पार झाँकती हैं ।

एक मुकाम
पल–दो पल की
वही सौम्य लालिमा
आँखें स्थिर हो जाती हैं
मन कहता है
इस सौंदर्य को कोई चुरा न ले।

आँखें, मन, बुद्धि
इस अप्रतिम सौंदर्य–सृष्टि को
पाने के लिए
कैसी तत्पर रहती है।

लेकिन कभी–कभी
हृदय कुछ और ही अनुभव करता है
आँखों से दिखता
मन से विचार किया हुआ
बुद्धि से तर्कमय
ऐसे जगत् के दूसरे छोर
हृदय का स्पंदन
रचता है भाव–विश्व।

सागर में समाकर
विलीन हुई नदी
चारों ओर छा जानेवाले
अंधकार के बीच
क्षितिज का दूसरा छोर छुपाए हुए
शांत–स्वस्थ सूर्य की स्मृति।

इस भाव-विश्व को कभी-कभी
करुणा के रंग में रँगती है
तो कभी-कभी विरह के विषाद में डुबोती है
तो कभी नदी
सागर बन जाने के संतोष का
एक-आध बूँद टपकाती है।

तो कभी उदय होता चंद्रमा
शीतलता फैलाती चाँदनी
टिमटिम होते तारों के अहोभाव
अँधेरे को दूर करने की चंद्र की कोशिश।

शांत-स्वस्थ सूर्य निष्काम भाव से
मीठी नजर से देख रहा है
कृपा बरसा रहा है
'गीता' के कर्मयोग के
सार्थक भाव का अनुभव होता है।

इस भाव-विश्व की रचना ऐसे ही नहीं हुई
क्षितिज के दूसरे छोर
झाँकने का मन हुआ
उसके पीछे एक घटना है
एक प्रेरणा है।

एक अखंड तपस्वी जीवन
बाती की तरह सतत जलते रहकर
अखंड ज्योति फैलाता
जीवन-रत्नागिरि की
गिरि-कंदराओं में आया हुआ
उंडील जैसे छोटे गाँव में
जन्म लिया एक शिशु ने।

यौवन धारण करते ही सर्वस्व त्यागकर
मातृभूमि के कल्याण के संकल्प के साथ
आज से चालीस साल पहले
गुजरात को अपनी कर्मभूमि बनाता है।

चेहरे पर सदा खिलता
सहज स्मित
आँखों में उभरते सपने
कभी बाँसुरी के सुर
तो कभी सुरीला गीत
अत्यंत मृदु जीवन में विराजित
कर्म कठोर साधना के
कितने ही साक्षीगण हैं।

आज उनके कर्म की गाथा कहने के लिए
कलम नहीं पकड़ी
आज तो क्षितिज के
दूसरे छोर के सूर्य की बात
सागर में समा गई
नदी की बात करनी है।

12 सितंबर, 1988
वलसाड़ का
राष्ट्रीय स्वयंसेवक संघ का कार्यालय
जिनके कानों में बात पहुँच चुकी है
ऐसे मुश्किल से दो-चार सहकार्यों के बीच
मुखर हास्य बिखेरता
हजारों को प्रेरणा देनेवाला
बिलकुल सहज व्यक्तित्व
निर्लिप्त भाव से बैठा हुआ
चालीस साल पहले
रक्तरंगी वर्ण के साथ

खिलते यौवन के साथ
गुजरात की भूमि पर पधारे
इस कर्मवीर का शरीर
बिलकुल क्षीण हो गया है।

अब इस शरीर के पास
मातृभूमि को इस समाज को
देने के लिए
कुछ भी शेष नहीं बचा है।

और इसी कारण
उन्होंने निर्णय लिया है
चालीस साल के बाद
उंडील की भूमि पर वापस जाने का
जिस धरा पर जन्म लिया था
वहाँ शेष जीवन पूर्ण करने का।

आज उनकी विदाई का पल है
एक प्रकाशमय जीवन
क्षितिज के दूसरे छोर पर
शांत–स्वस्थ भाव से
विराम को प्राप्त करने
प्रस्थान करने वाला है।

गीता पढ़ते हैं
गीता सुनते भी हैं
'निष्काम कर्मयोग' का
साक्षात् स्वरूप
आज पहली बार दृष्टिगोचर होता है।

खिलते या खिला हुआ कमल का
सौंदर्य तो सभी ने देखा होगा
सूर्यास्त की वेला में

पंखुड़ियाँ बंद कर देते
कमल के सहज भाव को
अनुभव करने का यह समय है

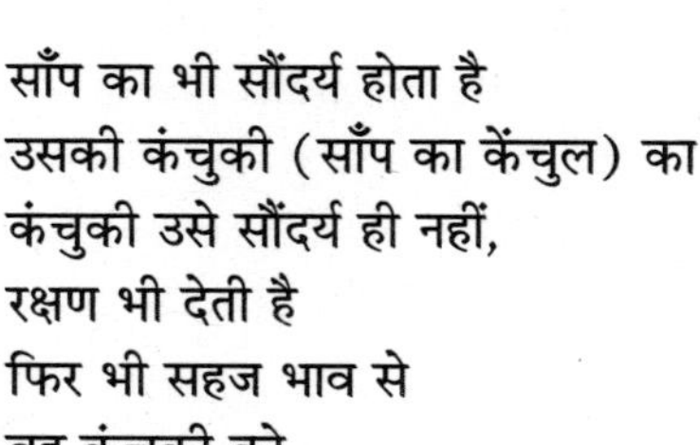

साँप का भी सौंदर्य होता है
उसकी कंचुकी (साँप का केंचुल) का
कंचुकी उसे सौंदर्य ही नहीं,
रक्षण भी देती है
फिर भी सहज भाव से
वह कंचुकी को
अपने से अलग कर देता है।

बस,
इतना ही सहज
इतना ही स्वाभाविक
इतने ही निष्काम भाव से
शांत-स्वस्थ सहज प्रकार से
कर्मक्षेत्र से जन्मक्षेत्र
का प्रयाण।

लेकिन
भाग्य उन्हें फिर से खींच लाया।

तीर्थभूमि की ओर
भूमि में ही समाविष्ट होने के लिए
जिस शरीर संपत्ति के साथ यहाँ आए
वह संपत्ति भी
अपने साथ रहने न दी।

जीवन के चालीस सालों तक
जीवन के हर पल की
शरीर के हर कण की
कर्म-यज्ञ में आहुति देते रहे थे

और उसी में से प्रकट हुई है
शत–सहस्रों की प्रेरणा
गूँज रहे हैं
'इदं राष्ट्राय स्वाहा, इदं न मम!'
के मंत्रोच्चार
इस तेज–पुंज समान
जीवन का नाम है
अनंत रामकृष्ण काले।

मा. अनंतरावजी
उनकी प्रस्थान वेला के समय
प्रणाम करने का अवसर मिल गया
जीवन धन्यता अनुभव करता है
हृदय में गौरव का अनुभव प्रकट है कि
हमें उनके सह–कार्यकर्ता बनने का
सौभाग्य प्राप्त हुआ।

फिर से स्मरण कराता हूँ
सागर में समा गई नदी को
क्षितिज के दूसरे छोर के सूर्य को
बंद हुए कमल को

और
हृदय से, मन से, बुद्धि से
करबद्ध वंदन करने के लिए
प्रेरित होता हूँ
आपकी तरह ही।

ऋषि–ऋण

अरु के रूप में
न अंजलि धरेंगे
और न ही हम शोक रूप छाया धरेंगे

ज्योति बनकर हम सदा जगमगाएँगे
हर घर के दीपक बनकर वेदकाल से
अखंड धारा
ऋषियों की रही सदा छाया
हमारे हृदय में उस ऋषि की काया।

जो नव-जीवन दीक्षा दाता
ऋषिऋण हमारे माथे पर सदा
जिसे जीवन भर हम करेंगे अदा
हमारे जीवन की कर्मधारा
तुम्हारे जीवन की गाएँगी गाथा।

काँटे छाँव का मार्ग पार कर
तन को तोड़कर मोह को मारकर
बाती बनकर खुद को जलाकर
हमारे हृदय में चिंगारी जलाकर।

खुद को खाली कर-कर
हमको नया जीवन देकर
खुद ने कभी न स्वप्न देखा
लेकिन तुम्हारे जैसा हो जीवन
यह स्वप्न हमने देखा।

वकील साहब का जन्मदिन हमारे लिए संकल्प दिन

हम अफसोस करने के लिए
या फिर भावनाओं के साम्राज्य में
डूबकर किंकर्तव्यविमूढ़
बनकर बैठनेवाले नहीं हैं
जो श्रेष्ठ है उसे स्वीकार करने
जो स्वीकार है उसे साकार करने

को संकल्पबद्ध होना है।

और इसीलिए आज का पवित्र दिन
हमने पसंद किया है
उनके सान्निध्य में पैंतालीस वर्ष की
लंबी अवधि में
सभी को अपनापन महसूस हो,
ऐसी उनकी निकटता थी
आज उन्होंने हमसे विदाई ली है।

जीवन जितना सूरज
की तरह प्रखर था
उतना ही
मृत्यु चाँद की तरह शीतल।
जीवन मानो कर्तव्य था।

वैसे ही
मृत्यु भी स्वयं स्वीकृत कर्तव्य का ही एक भाव रूप है!
यही तो थी उस व्यक्तित्व की अद्‌भुतता
हमने उनमें सचेतना तो देखी

लेकिन आलस्य नहीं,
आदर्शवाद देखा
लेकिन अव्यवहार नहीं,
तेजी देखी
लेकिन उतावलापन नहीं
स्नेह जरूर लेकिन
आसक्ति नहीं।

अनासक्ति थी लेकिन उदासीनता नहीं
प्रेम जरूर लेकिन लाड़ नहीं
कड़क जरूर लेकिन कठोर नहीं

दृढ़ता थी लेकिन जुनून नहीं
हाँ, यह सभी देखा, अनुभव किया
वह भी सरल-सहज भाव से।

महाजन धरा

शंकराचार्य का नाम लेते ही
अद्वैतवाद की याद आती है,
बुद्ध का नाम लेते ही
करुणा याद आती है,
महावीर के साथ अहिंसा जुड़ी है
राणा प्रताप के साथ
उनकी टेक की बात
शिवाजी महाराज के साथ
उनकी हिंद के लिए
स्वराज्य की गर्जना,
गुरु गोविंद सिंह का पंच प्यारा,
गुरु तेग बहादुर का शीश समर्पण,
रामकृष्ण देव परमहंस का ईश्वर-साक्षात्कार
स्वामी विवेकानंद की विश्व मंच पर सिंह गर्जना
और दरिद्र नारायण की सेवा,
तिलक का
'स्वराज मेरा जन्मसिद्ध अधिकार है'
का जयघोष,
आधुनिक मनु समान डॉ. आंबेडकर
स्वामी श्रद्धानंद का बलिदान
भगत सिंह की शहादत
सरदार की निष्कामता
गांधी की फकीरी।

जलते गए, जलाते गए

(डॉ. हेडगेवार को भावांजलि-स्वरूप)

आँधियों के बीच
जल चुके
कभी
बुझ चुके कुछ दीप थे,
और भी कुछ दीप थे
तिमिर से लोहा लिये थे
बहाते-बहाते प्रकाश
यों तो अंधकार में समा गए थे
पर एक दीप
जो आप थे
जलते गए,
जलाते-जलाते।

आँधी आए
तिमिर छाए
फिर भी जले
जलाते-जलाते।

अंधकार से जूझता था
संकल्प जो उर में भरा था
सूरज आने तक जलना था
बस, जलते गए
जलाते-जलाते।

जो जले थे
जो जले हैं
जो जल रहे हैं
बन किरण फहरा रहे हैं

रोशनी बरसा रहे हैं
तभी तो
सिद्धियों का सूरज
निकल पड़ा है
चहुँ ओर रोशनी-ही-रोशनी
रोशनी-ही-रोशनी में
समाया वो दीप जो।

□

अनमोल वचन

- कड़ी मेहनत कभी थकान नहीं लाती, वह संतोष लाती है।

- मन कोई समस्या नहीं है, समस्या मानसिकता है।

- जो निरंतर चलते रहते हैं, बदले में मीठा फल पाते हैं। सूरज की अटलता को देखो—गतिशील और लगातार चलनेवाला, कभी न ठहरनेवाला, इसलिए बढ़ते रहो।

- इच्छा + स्थिरता = संकल्प। संकल्प + कड़ी मेहनत = सफलता।

- समाज की सेवा करने का अवसर हमें अपना ऋण चुकाने का अवसर देता है।

- धर्मनिरपेक्षता की मेरी परिभाषा है—'पहले भारत'। आप जो भी करें, जहाँ कहीं भी काम करें, सभी नागरिकों के लिए भारत सर्वोपरि होना चाहिए।

- भारत के हित से कम कुछ भी हमारा लक्ष्य नहीं होना चाहिए और यदि ऐसा होता है तो धर्मनिरपेक्षता अपने आप हमारी रगों में दौड़ेगी।

- देश की सभी समस्याओं के निदान की कुंजी 'विकास' ही है।

- लोकतंत्र में कोई दुश्मन नहीं होता, किसी को कठोर बात भले बोली गई हो, क्योंकि राजनीति में जीत जरूरी है। जीत के बाद सबके लिए काम करना है।

- देश में व्याप्त मौजूदा 'अंधकार युग' में गुजरात आज 'आशा की एक किरण' है।

- काम को ही अपनी महत्त्वाकांक्षा बनाइए।

- दीपक की लौ के समान ऊपर उठना हममें से हर एक की स्वाभाविक वृत्ति है। आइए, इस वृत्ति का पोषण करें।

- समय की आवश्यकता को देखते हुए मैं पाँच 'टी'—टेलेंट, ट्रेडिशन, टूरिज्म, ट्रेड और टेक्नोलॉजी की बात करता हूँ। इनके माध्यम से हम 'ब्रांड इंडिया' को विश्व बाजार में मजबूती से टिकाए रख सकते हैं।

- इंडियन टैलेंट + इन्फॉर्मेशन टेक्नोलॉजी = इंडिया टुमोरो।

- हममें से हर किसी के अंदर अच्छे और बुरे गुण होते हैं। जो अच्छों पर ध्यान केंद्रित करने का निर्णय लेते हैं, वे जीवन में सफल होते हैं।

- असफलता कोई अपराध नहीं, छोटा लक्ष्य रखना अपराध है।

- सत्ता हमारे लिए भोग का साधन नहीं है।

- लोकतंत्र में जनमत हमेशा निर्णायक होता है और हम सभी को विनम्रता के साथ इसे स्वीकार करना होगा।

- देश को एक्ट नहीं, 'एक्शन' चाहिए।

- मेरे लिए धर्म काम के प्रति निष्ठा है और निष्ठापूर्वक काम करना धार्मिक होना है।

- हमारा लक्ष्य भारत के विकास के लिए गुजरात का विकास है।

- मैं हमेशा कहता हूँ कि लोकतंत्र की शक्ति आलोचना में ही है। यदि आलोचना नहीं हो रही है तो इसका अर्थ ये है कि लोकतंत्र का अस्तित्व ही नहीं है। यदि आगे बढ़ना है तो आलोचना का स्वागत करना चाहिए।

- लोकतंत्र में अंतिम निर्णय कौन लेता है? अंतिम निर्णय मतदाता का होता है।

- आज आपने मुझे जीत लिया है और आगे आनेवाले पाँच साल मुझे आपको जीतना है।

- मेरा स्वप्न है कि कश्मीर से कन्याकुमारी तक भारत एक रहे, नेक रहे। सब सुखी रहें, सबका कल्याण हो।

- मुसलमान भाई को भी आगे बढ़ने का उतना ही मौका मिलना चाहिए, जितना किसी हिंदू को। मन-मुटाव के रहते तो एक घर भी नहीं चल सकता। एक बहू अच्छी लगे और दूसरी न लगे तो घर में सुख-शांति नहीं हो सकती।

- मैं गुजरात के आखिरी छोर से बोल रहा हूँ। मेरी आवाज पाकिस्तान पहले पहुँचती है, देश के शासक तक बाद में।

- काम करने का कोई अवसर मिलना मेरे लिए सौभाग्य की बात है। मैं उसमें अपनी आत्मा डाल देता हूँ। ऐसा हर एक अवसर अगले का द्वार खोल देता है।

- केंद्र सरकार की आतंकवाद से निपटने की कोई इच्छा नहीं है। यह समय की माँग है कि आतंकवाद के खिलाफ सख्त काररवाई की जाए, जैसा कि अमेरिका ने 9/11 के बाद किया और तब से आतंकवादी उस देश की ओर देखने की हिम्मत नहीं कर पाए।

- मेरा संघर्ष 'फाइल' में 'लाइफ' लाना है।

- मैं केंद्र की सरकार को चेतावनी देना चाहता हूँ कि कश्मीर का मुद्दा बहुत संवेदनशील है और उन्हें किसी भी निष्कर्ष पर पहुँचने से पहले देश की जनता को विश्वास में लेना होगा।

- गुजरात ने हमेशा देश को एक नया रास्ता दिखाया है। महात्मा गांधी और सरदार पटेल ने आजादी के लिए देश का नेतृत्व किया और अब गुजरात कृषि, शिक्षा एवं पेट्रो रसायन जैसे कई क्षेत्रों में देश में अग्रणी है।

- मेरे लिए पूरा गुजरात एस.ई.जेड. है—स्पिरिचुएलिटी, एंटरप्राइज एंड जील।

- विकास हमारा मूलमंत्र है। हमने विकास की ऊँचाइयाँ पार कीं और हमें रुकना मंजूर नहीं है। हमें आगे बढ़ते रहना है। हमने विकास का यज्ञ शुरू किया है।

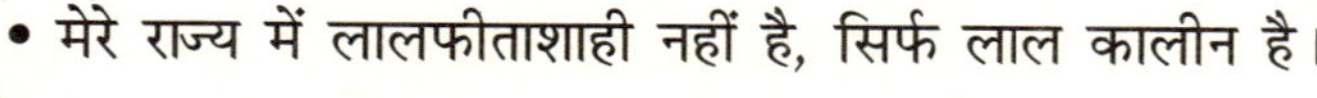

• मेरे राज्य में लालफीताशाही नहीं है, सिर्फ लाल कालीन है।

• स्यूडो सेकुलर वे होते हैं, जो नाम के सेकुलर होते हैं, काम के नहीं। जो बड़े-बड़े उपदेश देते हैं, काम फिरकापरस्ती के करते हैं।

• गुजरात के 6 करोड़ लोग मेरा परिवार हैं। राज्य के लोगों का दुःख मेरा दुःख है, उनकी चिंता मेरी चिंता है।

• बच्चे और बुजुर्ग भारतीय लोकतंत्र के रोल मॉडल हैं।

• मैं राष्ट्रवादी हूँ, मैं देशभक्त हूँ। मैं एक हिंदू पैदा हुआ हूँ। इसमें कुछ भी गलत नहीं। मैं एक हिंदू राष्ट्रवादी हूँ। वह मुझे उन्नतिशील, विकासपरक, जमकर काम करनेवाला कहते हैं तो कहने दें। इन दोनों में कोई विरोध नहीं है। यह एक और समान छवि है।

• जब बच्चे बड़े हो जाते हैं तो माता-पिता उन्हें अपना घर बसाने की सलाह देते हैं। पर आजकल के बच्चे अपने माता-पिता से कहते हैं कि उन्हें शादी से परहेज नहीं है, पर वे 'सरकारी दामाद' बनने के मौके का इंतजार कर रहे हैं।

• केवल अपनी संस्कृति की रक्षा से ही धर्म का ध्वज लहरा सकता है और एकता बनी रह सकती है। राष्ट्रवाद, देशभक्ति और राष्ट्र के प्रति समर्पण से प्रेरित संगठन ही लोगों की असली शक्ति को प्रतिध्वनित करते हैं।

• हम एक खुशहाल भारत देखना चाहते हैं। एक मजबूत भारत देखना चाहते हैं। 21वीं सदी भारत की सदी हो, यह हमारा स्वप्न है, जिसे साकार करना है।

- भारत 'स्नेक चार्मर्स' के देश से अब 'माउस चार्मर्स' के देश में बदल चुका है। (माउस से मतलब कंप्यूटर का माउस)

- मेरे जीवन में मिशन सबकुछ है, एंबिशन कुछ भी नहीं। यदि मैं नगर निगम का भी अध्यक्ष होता तो भी उतनी ही मेहनत से काम करता, जितना सी.एम. होते हुए करता हूँ।

- 2जी घोटाले की रकम को जमीन पर लिखा जाए तो रकम का अंक पी.एम. आवास से सोनिया के घर तक जाएगा।

- इस चुनाव के बाद प्रधानमंत्री? 2014 किसने देखा है? मैं केवल इतना जानता हूँ कि आज की शाम मैं कहाँ होऊँगा।

- कांग्रेस के शासन में हर काम के लिए लाइन में लगना पड़ता है—राशन के लिए, रोजगार के लिए। वास्तव में कांग्रेस को लाइन की ऐसी आदत पड़ गई है कि वह तो यहाँ तक कहती है कि अफजल गुरु की फाइल लाइन में है।

- युवा दुनिया को क्या कुछ नहीं दे सकता है, दुनिया के लिए क्या कुछ नहीं कर सकता है। एक प्रकार से न सिर्फ हिंदुस्तान की समस्याएँ, बल्कि विश्व की समस्याओं के समाधान के लिए भी यह युवा शक्ति काम आ सकती है। बशर्ते कोई करनेवाला हो, कोई सोचनेवाला हो, कोई दिशा देनेवाला हो, कोई उँगली पकड़ के चलनेवाला हो।

- मेरे जीवन का सिद्धांत है कि मैं किसी के जैसा बनने का सपना नहीं देखता। मैं कुछ करने का सपना देखता हूँ।

- मैं आधुनिकता का पक्षकार हूँ, लेकिन मॉडर्नाइजेशन विदाउट वेस्टर्नाइजेशन। आधुनिकता चाहिए, पर पश्चिमीकरण नहीं चाहिए।

• हमारी प्राथमिकताएँ अलग हैं। उनमें और हम में बड़ा अंतर है। दूसरे लोगों की दिलचस्पी पावर (सत्ता) में है। हम एंपावर (सशक्तीकरण) को प्राथमिकता देते हैं। उन्हें पावर चाहिए और हमें देश के हर नागरिक का एंपावरमेंट।

- यदि हम उन लक्ष्यों की बात करें, जो अगली सरकार को हासिल करने चाहिए तो मैं यही कहूँगा कि चाहे जो भी नई सरकार सत्ता में आए, उसका पहला लक्ष्य लोगों का खोया हुआ विश्वास प्राप्त करना ही होना चाहिए।

- मान लीजिए कि एक बच्चा मानसिक रूप से कमजोर है, उसके माँ-बाप की जिंदगी तो उसे पालने में खप गई! मेरा मानना है कि अगर कमजोर बच्चा है तो उसकी जिम्मेदारी सिर्फ माता-पिता की नहीं, बल्कि पूरे समाज की है। अगर हम यह कहें कि यह तुम्हारे घर में पैदा हुआ है, सिर्फ तुम इसे सँभाल लो, तो गलत होगा।

- पूरा देश गुजरात का दूध पीता है। देश आज से नहीं बल्कि सालों से गुजरात का नमक खाता चला आ रहा है।

- मेरे लिए राजनीति महत्त्वाकांक्षा नहीं है, बल्कि एक मिशन है।

- गुजरात संभवत: एकमात्र ऐसा राज्य है, जहाँ आँगनवाड़ी कार्यकर्ताओं को सम्मानित किया जाता है।

- पश्चिम में लोगों ने भारतीयों के प्रति एक गलत धारणा बना रखी है, क्योंकि हम पेड़ों की पूजा करते हैं। हम पेड़ों को देवी-देवता का नाम देते हैं और फिर भी उन्हें काट देते हैं। इसी तरह, हिंदू देवता किसी-न-किसी जानवर, पक्षी या पेड़ से संबंधित होते हैं। यह हमें उनका सम्मान करना सिखाता है।

- नाग पंचमी का पर्व इसलिए बनाया गया था, क्योंकि साँप मानसून में बाहर निकलते हैं। डरनेवाले उन्हें जान से मार सकते हैं। साँपों की पूजा करने की परंपरा इसलिए शुरू की गई थी, ताकि कोई उन्हें मारे नहीं।

- मैं आपको आश्वस्त कर सकता हूँ कि गुजरात में बनी ट्रेन दिल्ली में भारी चिंता का विषय बन सकती है।

- समाज के हर तबके तक विकास पहुँचाना है। मैं इतनी तेजी से काम करना चाहता हूँ कि विकास का फर्क दिखाई देना चाहिए। मैं रोज एक नया काम नहीं करता हूँ तो मुझे चैन नहीं पड़ता है। मुझे खुद के लिए कुछ नहीं करना है, इसलिए पूरी शक्ति जनहित में लगाता हूँ।

- जब कोई और खिलाड़ी कम रन बनाकर आउट होता है तो लोग दुःखी नहीं होते, लेकिन सचिन तेंदुलकर अगर 90 रन पर भी आउट होते हैं तो उनकी आलोचना होती है, क्योंकि लोग उनका आकलन एक अलग स्तर पर करते हैं। मैं खुश हूँ कि मुझे भी उम्मीदों के पैमाने पर आँका गया है, न कि यश-अपयश के पैमाने पर।

- हम किसी व्यक्ति की सनक के हिसाब से सरकार नहीं चलाते। हमारा विकास सुधारों द्वारा संचालित है। हमारे सुधार नीति द्वारा संचालित हैं और हमारी नीतियाँ लोगों द्वारा संचालित हैं।

- मैं 07-10-2001 को सी.एम. नहीं बना। मैं हमेशा से सी.एम. था, मैं आज भी सी.एम. हूँ और हमेशा सी.एम. रहूँगा। मेरे लिए सी.एम. का मतलब चीफ मिनिस्टर नहीं बल्कि 'कॉमन मैन' है।

- यदि आप स्वयं को नेता कहते हैं तो आप में निर्णय लेने की क्षमता होनी चाहिए। यदि आप में निर्णय लेने की क्षमता है, तभी आप नेता हो सकते हैं। ये दोनों एक ही सिक्के के दो पहलू हैं।

• हमें अमदाबाद और मुंबई के बीच एक तेज और ईको-फ्रेंडली परिवहन सुविधा की आवश्यकता है, जो गुजरात और पश्चिमी भारत की अर्थव्यवस्था के तीव्र विकास में मदद करेगी।

- राजनीति में कोई पूर्ण विराम नहीं होता।

- पाकिस्तान में सिखों पर अत्याचार किया जा रहा है। उन्हें जजिया (गैर-मुसलमानों की रक्षा के लिए कर) देने के लिए कहा जा रहा है। उन्हें पाँच करोड़ रुपए देने के लिए कहा जा रहा है। मैं प्रधानमंत्रीजी से पूछना चाहता हूँ कि उन्होंने अब तक इसके लिए क्या किया है?

- जब हम कहते हैं कि प्रधानमंत्री कमजोर हैं, तब हम उनकी शारीरिक योग्यता के बारे में बात नहीं कर रहे होते। हमारा मतलब होता है कि जिस पद पर वे बैठे हैं, उसकी गरिमा कम हो गई है। जिस कार्यालय में वे बैठते हैं, प्रधानमंत्री कार्यालय—उसे सबसे ताकतवर माना जाता है, सबसे सशक्त कार्यालय, लेकिन इस कार्यालय की शक्ति दिखाई नहीं देती।

- कुछ नेता मेरे खिलाफ कहानियाँ गढ़ रहे हैं। तुमने मेरी सेवाएँ लीं और अब मुझे किनारे करना चाहते हो। यह बिलकुल अनुचित और अस्वीकार्य है।

- कांग्रेस एक 125 वर्षीय बुढ़िया बन गई है और देश के लिए एक बोझ है। भारत को '29 साल की नौजवान' भाजपा की जरूरत है।

- गुजरात में मुसलमानों के बीच साक्षरता किसी भी अन्य राज्य की तुलना में अधिक है।

- हर एक नीति के लिए उनके पास एक मिसाल है। मेरी दादी ने यह किया, मेरे पिता ने वो किया और मेरे परदादा ने कुछ और किया। क्या ऐसे ही आप देश चलाते हैं?
